曲敬师 于磊 冯冰 主编

U0735318

小儿早期教育与智能康复方法

济南出版社

XIAOERZAOQIJIAOYU
YUZHINENGKANGFUFANGFA

编委会

前 言

  随着社会的高速发展和科学技术的不断进步，未来的社会必然是充满竞争的社会。面对未来，人们对小儿的早期教育与智力潜能开发寄予很多的关注。目前在我国大多是独生子女家庭，父母把未来的全部希望倾注在子女身上，投入了充分的精力去关爱子女，想创造最优越的教育条件来开发孩子的智力，想采用有效的训练方法使孩子得到成功的早期教育，这已成为无数年轻父母及儿童保健工作者迫切关心的问题。本书正是为了满足人们的这一需要，总结多年的早期教育方法与干预康复训练经验而编写的。

  我们多年从事儿科医疗保健工作，在整天与孩子"打交道"的实践中，我们对儿童的身体健康、心理健康、智力潜能开发积累了很多的临床经验。0~3岁是大脑发育的关键期，是智力潜能开发的最佳时期，也是接受教育与干预康复训练的敏感期。抓住脑发育的关键期进行早期教育和康复治疗，能够挖掘小儿的最大智力潜能，促使大脑迅速发育从而提高小儿的智力发育水平，达到事半功倍的效果。

  本书以早期教育为中心，根据小儿的生长发育特点和大脑神经发育规律，详细阐述了早期教育的重要性，围绕早期智力潜能开发，提高小儿的智力发育水平而为家长提供了系统的、具体的训练方法。从小儿出生后培养良好的生活习惯开始，到对视觉、听觉、触觉、运动和语言发育的早期刺激训练，以及全身皮肤按摩、健身操的具体操作方法，本书进行了详细的介绍，并配以操作手法图解。这些教育内容与训练方法对促进小儿的智力发育，培养良好的行为品德，提高心理发育质量都非常有益，适合年轻父母与儿童保健工作者阅读。家长和儿童保健工作者重视小儿的早期教育，注重孩子的早期教育与智力潜能开发，不但要使孩子身体健康不生病，还应该在大脑发育的关键时期，给予符合脑中枢神经系统发育规律的

早期教育，提供丰富的环境刺激，促使整个大脑全面发育，提高孩子的智力发育水平，为他们的未来发展打好基础，使他们将来能成为适应社会发展的优秀人才。

脑损伤和智力低下所致的运动发育滞后，姿势异常、语言发育障碍，特别是因从小教育条件缺乏，环境刺激贫乏，家长素质低导致的小儿智力严重局限与低下，引起了我们的高度重视。通过参考国内外大量文献，总结专业人员的康复训练经验，我们开展了智能干预训练工作，积累了丰富的干预康复治疗经验，探索出简便可行的干预与矫治方法，进行了有计划的康复训练。在小儿生命的早期与脑发育的关键时期，让他们的智力潜能得到充分开发和发挥，使受损伤的大脑功能得到最佳的康复效果，可以使智力发育水平有所提高，防止伤残，让孩子终身受益。

本书具体介绍了小儿运动落后和姿势异常的康复矫治方法，提供了小儿语言障碍的干预训练方法，内容实用，易懂易学，便于掌握操作，在小儿的家庭教育中，能为家长提供有益的帮助，让他们有计划、有目的、有系统地指导孩子进行干预康复训练，起到切实可行的长久的家庭教育与康复训练作用。本书提倡康复训练与早期教育相结合，同时与家庭教育相结合。小儿时期是生长发育和接受启蒙教育的重要阶段，康复治疗训练与家庭早期教育相结合可避免因治疗而延误受教育的时间，有利于小儿智力潜能获得最大可能的发展。运动落后和姿势异常的小儿，运动平衡和手眼协调能力常有困难，这往往妨碍他们对康复治疗的主动性和积极性。仅靠治疗时的训练是不够的，必须让家长学会一些常用的训练方法，来保证小儿能得到长久的连续性治疗，使智能康复取得好的效果。多年的临床实践与治疗经验证实，脑损伤和智力低下小儿的康复治疗是一个长期的训练过程，必需尽早进行康复治疗与干预训练。干预康复治疗得越早，越有可能充分挖掘大脑的最大潜能，越有可能最大限度地促进小儿的智力发育，从而防止智力低下的发生，减轻孩子的伤残。

由于医学理论与科学实践的快速发展，限于我们的医疗水平和经验，书中内容可能存在诸多不足，难免有疏漏和不妥之处，敬请广大读者给予指教，在使用中多提宝贵意见。

作者

2011 年 6 月

目　录

教育篇

康复训练篇

操作篇

教育篇
JIAOYUPIAN

第一章　小儿的早期教育训练

　　小儿的早期教育是在大脑迅速发育时期，根据小儿生长发育规律及其神经心理发育特点，利用客观外界环境和某些教育方法，有目的、有计划、有系统地对某些器官，如大脑、感知器官等给予丰富的信息刺激，略为超前地进行各种功能训练，增强小儿的感知、认知、动作、语言和社会适应能力，培养他们的良好行为和习惯，使每个孩子的智力潜能得到充分开发，获得较高的智力水平。

　　早期教育训练方法就是在生命的早期，为大脑智力潜能的最大发挥提供有利条件，促进大脑全面发展，提高小儿的认知能力，让他们能适应周围环境，增进人际交往的能力，为他们的未来发展打下一个良好的基础，使他们将来能成为有益于社会的优秀人才。

第一节　早期教育的重要性

　　随着人民生活水平的提高和卫生条件的改善，许多曾是严重危害小儿健康的疾病得到有效控制。而社会科学文化的进步，科学技术的高速发展，对人的才智要求越来越高，这就使得人才的培养需要从小开始。因此，小儿的早期教育与智力开发问题成为当今社会共同关心的问题。面对当今社会，如何创造最优越的条件，用有效的训练方法来教育培养小儿，如何防止和减少一些影响小儿智能发育的不良行为因素，也成为广大父母与儿童保健工作者迫切需要面对的问题。每一位年轻的父母都希望自己的孩子聪明可爱，具有较高的智力，将来能成为优秀人才，而孩子的很多问题其实都起源于早期教育的方法，起源于父母最初的教育方式，这些都是父母需要认识到的问题。

正常儿童的早期教育和智力潜能开发非常重要，而脑损伤与智力落后儿童的早期教育、智力潜能发挥和康复训练更是十分必要。父母必须提高对早期教育重要性的认识，对孩子进行早期教育与智力潜能开发训练，来提高小儿的智力水平。对那些智力发育迟缓的孩子更应该结合早期教育方法，做好智能干预，持之以恒地坚持康复训练，强化教育，挖掘智力潜能，在教育训练的过程中避免和纠正一些不良表现。这对小儿大脑的全面发展，促进智力发育非常重要，是关系到能否培养出适应社会发展的人才和防止智力残疾儿童发生的重要问题。

一、早期教育能发挥正常儿童大脑的最大潜能

面对小儿的未来，父母应当怎样进行早期教育，怎样进行智力潜能开发，在某个年龄段教什么内容，这就要根据每个孩子的智力发育水平，遵循脑中枢神经系统的发育规律由易到难、由浅入深、循序渐进地进行有系统的训练，有效地促进小儿的大脑发育，提高智力水平，使他们的大脑潜能得到充分开发与发挥。

0～3岁是大脑发育的关键期，是接受教育的最敏感时期，也是智力潜能开发的最佳时期，在这时期进行早期教育对正在发育的大脑神经功能的影响最大。关键期是指某种脑功能或行为发展，在各自的最佳年龄时期最易获得和形成，过了这关键期，就不能获得或达不到智力的最高水平。在脑发育关键期进行功能训练易获得最佳效果，脑功能的建立更容易形成，如果错过关键期的早期教育，某种功能就很难建立或终生难以获得，也将永远无法达到应有的最高智力水平。由此看来，0～3岁是大脑发育的关键期，也是大脑潜能开发的最佳时期，抓住这时期进行早期教育训练，对增进正常儿童的脑潜能开发会取得意想不到的超常效果。

有人指出，"每个正常的小儿在出生时都具有天才潜能"，只要教育得当，每个小儿都可能发挥巨大的潜能。早期教育应该从小儿出生后开始，通过对正在发育的大脑神经系统给予丰富多彩的环境刺激来促进脑结构和脑功能的发育，提高小儿各种神经行为及感知觉功能的发挥。实践经验和科学研究结果已显示，在脑发育早期增加视觉、听觉、触觉、运动和语言等方面的刺激训练，能促进大脑神经细胞间的突触连接，增加神经网络，

提高智力。脑功能在早期受到丰富的环境刺激，得到智力启蒙开发的小儿，他的智力水平会很高。儿童心理学家也研究证明，胎儿出生后就已经具有视觉、听觉、触觉等功能，就有相当惊人的反应能力，这些功能和反应能力只有在不断地使用中才能迅速发育，只有在事物信息的刺激下加强使用才能发育成熟。人生下来就有很多潜能，如不给予丰富的环境刺激，使这些潜能都充分发挥出来，其潜能就会消退，就会错过脑发育的关键期。

小儿的智力发育按照大脑神经发育规律有一定的顺序和年龄特征，脑中枢神经系统的发育规律决定了小儿早期教育的内容。早期教育必须遵循大脑神经系统的发育规律，根据儿童各年龄期心理行为发展规律以及每个小儿的智力水平，略为超前地进行多方面丰富多彩的训练，尽可能地通过教育活动来促使大脑发育得更加完善，更加成熟，以便获得最高的智力水平。0~3岁是神经、心理行为、个性和社会行为发育的关键期，容易受到外界环境的影响，在这个时期提供丰富的环境刺激，能让小儿最易获得反应能力，提高智力。科学研究也证实，智力发育是先天因素和后天环境相互作用的结果，丰富的环境信息刺激对小儿早期智力潜能开发有着极其重要的促进作用，新颖信息对多感官的刺激，可以使脑神经细胞形成新的神经突触，使脑重量增加，脑皮质增厚，增强脑功能。脑功能在外界环境对于神经系统的刺激过程中才能得到发育和完善，外界刺激频繁强烈，脑细胞发育速度就快，智力潜能发挥就越佳。这种在生命早期智力发育的提高可持续终身，也就是说，早期教育训练不仅影响小儿当前的智力发育，而且影响他们以后的智力水平发挥，也将影响他们未来的社会适应能力。因此，应该在小儿大脑迅速发育时期进行符合发育规律的早期教育，提供丰富的环境刺激，促进整个大脑全面发育，充分开发大脑的最大智力潜能，使智力水平达到最高。

本书介绍的小儿视觉、听觉、触觉、运动和语言发育的训练方法，以及全身皮肤抚触、健身操的操作方法，就是在大脑发育的关键时期给予的刺激训练。关键期内的刺激训练是促进运动、语言、感知觉及其他脑高级功能正常发育的主要前提。适当的教育训练对小儿正在发育的大脑神经细胞有促进作用，为大脑的早期潜能开发创造了有利条件。对小儿进行有计

划的视觉、听觉、触觉、嗅觉、味觉、平衡觉等多个感觉器官的适当刺激，能促进小儿认知能力的发展，使智力发育水平不断提高，每一位父母一定要重视对孩子的早期教育。

二、早期教育对脑损伤与智力低下儿童的干预康复作用

对于有脑损伤的高危儿和智力落后的小儿应该早发现，早干预，早康复训练，以便使这些孩子在生命的早期就能得到最佳的康复效果，使智力潜能得到充分开发，从而提高智力水平，防止伤残和智力低下儿童的发生。

小儿年龄越小，脑功能的可塑性越强。0~3岁是接受外界刺激的敏感期，也是进行智能干预康复训练最有效的时期，在这时期对脑损伤与智力落后的小儿进行干预康复训练可以得到最佳效果。脑神经细胞在小儿时期尚未发育成熟，在不断地成熟和分化，正处于迅速生长发育阶段。未成熟的大脑在外界环境对于脑神经系统的不断刺激过程中才能发育成熟和完善，早期干预训练能挖掘脑的最大潜能，能使受损伤的邻近脑细胞通过神经轴突绕道投射、突出现不寻常分叉或产生新的神经突触等形式，使受损伤的脑神经突触在形态结构上发生改变。新生的神经突触连接能形成具有传递功能的神经网络，使受损伤的脑神经功能缺陷得到代偿，代偿的关键在于小儿生命早期的干预康复训练。对于那些智力落后和脑损伤的小儿，要尽早创造丰富的教育环境，让他们在良好的教育环境中，接受视觉、听觉、触觉、平衡觉等多感官的丰富刺激，进行脑功能的干预训练。这对发育中的大脑，无论是脑结构和功能，还是生理和生化方面均有很大的促进作用。尤其对大脑受损伤的小儿来说，早期教育与脑功能康复训练显得特别重要，因为在生命早期进行智能干预对正在发育的大脑神经功能的影响力最大，脑神经损伤或丧失在大脑发育早期可以通过干预康复训练得到功能代偿，脑发育早期的可塑性与可变性，也确定了进行脑功能训练的可塑性与可变性，能使受损伤的脑神经功能得到一定康复。

在大脑受损伤的初期，脑功能未固定化，脑神经系统的形态结构和功能都有很强的重组能力，可塑性很大，代偿能力也强，可以受教育训练环境的影响而发生变化。如果在大脑受损伤早期给以及时的适当的干预和康

复治疗，脑神经条件反射的建立，行为习惯的养成，训练经验的积累都能引起脑功能的变化，使受损伤的邻近脑细胞有效地实行重组或修饰，就会以代偿来取代缺失的功能，使发育中的脑功能得到代偿康复，就能提高脑损伤和智力落后小儿的智力水平。脑损伤小儿在干预康复训练中，每一次功能训练的新经验都会导致脑神经突触的连接增加，神经突触密度也增大。当训练经验积累越来越丰富时，大脑就通过神经突触投射进行优化，促进脑功能发展。一个神经突触被使用的机会越多，它就会进一步优化，就有可能被永久地保留下来。脑神经突触永久性的保留决定于多次重复的使用，也就是进行多次重复的强化脑功能训练，使大脑神经突触连接加强，增加神经网络，脑功能也增强。实践证明，反复强化的刺激训练可以巩固已有的神经突触，促进神经网络和通路的形成；反复复杂的干预训练，能促进新的神经网络和通路进一步形成，使脑功能发展，脑潜能得到充分发挥，提高智力水平。因此，对大脑受过损伤的小儿应该尽早进行智能干预，通过有目的、有计划的系统康复训练，使他们的智力潜能得到充分开发和发挥，尽可能防止伤残和智力低下儿童的发生。

脑损伤和智力落后的小儿对周围环境和外界刺激的主动反应性比较弱，这就需要父母根据孩子的具体情况，尽早为他们提供一些能够促进智力发育的刺激训练，也就是进行早期教育和智能干预，创造丰富多彩的教育环境；尽早给他们进行康复训练，使他们的脑功能反应能力尽快提高，去适应周围环境，从而促进智力潜能的最大发挥，以获得比较高的智力水平。

早发现、早干预、早康复训练对于脑损伤和智力落后小儿的脑功能康复至关重要。一般来说，最早发现孩子发育迟缓的应该是父母和家里最亲近的人。但是，由于缺乏早期教育常识，父母在感情上又难于接受自己孩子发育落后的事实，往往错过了早期康复训练的最佳时期，就会给康复治疗带来很大不利，使小儿永远无法达到早期康复的最佳效果。在生命早期，抓住小儿脑发育的关键期进行智力潜能训练才能达到事半功倍的康复效果，因此，早期发现智力发育落后的孩子，尽早进行干预训练成为脑功能康复的关键。如果父母发现自己的孩子在较多方面发育均比较迟缓，而且比较明显，就应该引起高度重视，需要到医院做进一步检查确诊，使这

些孩子能尽早进行干预康复训练。尽早对这些孩子进行有计划、有系统的康复训练，结合早期教育方法进行多感官、运动、语言、社会交往能力的训练，在大脑发育早期挖掘大脑潜能，对有效防止小儿智力低下的发生非常关键，对孩子的一生也有很大好处。如果错过了脑发育的关键期，错过早期康复训练的最佳时机，不但给康复训练带来很大困难，还会使缺陷成为永久性的，影响小儿日后的生活和学习质量。

第二节　早期教育的训练方法

早期教育的训练方法很多，不好用一个统一的模式而定，需要根据小儿的年龄与智力发育水平，遵循脑神经系统的发育规律，提供良好的教育环境，选择合适的训练方法，让小儿多接触外界环境，为挖掘智力潜能，提高认知能力，使身体、情感、心理行为等得到全面发展而去加强教育。一个完整的早期教育应该涉及儿童早期发展的所有领域，运用有效的训练方法，驱除有害及不良因素，促进小儿各种功能都获得良好发展。

一、运动法

小儿运动能力的发育与脑的结构和功能有关，因为各种运动都是在大脑皮质的直接参与和控制下进行的。他们的认知能力也是在运动过程中发展的，如小儿趴着抬起头来，可以看到仰卧所看不到的许多东西和事物；坐起来又会看到立体范围内的新鲜事物；四处爬动，可以主动去接触想要拿到的物品；自由行走，可以四处玩耍，想去哪就去哪，去探索周围环境和事物。运动使小儿的活动范围不断扩大，去接触许多新异多彩的不断变化的新鲜事物，逐渐提高认识事物的能力，促进着大脑神经细胞的迅速发育，使智力水平得到提高。年轻父母应该根据孩子的不同年龄和运动发育的具体情况，因人而异、有的放矢地给孩子创造条件，让他们多活动，多运动，感受到运动的乐趣。运动不但使小儿的动作更加随意，更加灵活，而且能锻炼身体的平衡控制能力，增强运动的协调性，提高小儿的独立性，使小儿积极主动地去探索周围环境与事物，对思维想象能力也有很大的促进作用。运动法既能增强小儿体能，促进身体的生长发育，又能提高智力，使孩子聪明可爱。

运动发育落后和姿势异常的小儿常常不喜欢运动，这就需要给他们创造适当的活动环境，尽早加强运动能力训练和康复治疗，鼓励他们多运动。这对提高他们的运动功能，促进脑运动神经发育和脑潜能发挥都非常重要，是早期教育的重要内容，也是父母的重要责任。

培养方法：应根据小儿不同时期的生长发育和生理特点，按照运动神经发育规律，去采取不同的运动训练方法。6个月以内的小儿，大部分时间是在房间里，可以在床上由父母帮助进行四肢关节伸展和屈曲运动，每天坚持做健身操，经常进行抬头、翻身、坐立以及双手抓握、够取物品的运动训练。在做健身操与运动训练时，最好伴随着有节奏的口令或轻音乐，或父母用丰富的面部表情对孩子说话，这样不仅能调动起小儿的愉快情绪，吸引注意力，还能促进语言、听觉、感知力的发育。6个月以上的小儿应多在户外运动，安排丰富的活动内容，在父母的适当扶助下进行爬、站、蹲、走、跑、蹦、跳等运动锻炼，还要进行双手抓握、捏拿、撕扯、翻揭、搓揉、折叠、扔掷、写画等手的技巧运动训练，促进全身大运动和手部精细运动的发育，使小儿手眼协调和四肢配合性运动能力逐步增强。要多带小儿到大自然中去运动，美好的自然环境很容易引起他们的活动兴趣，增加运动训练。通过多种运动训练，小儿全身大运动和手精细动作的能力愈来愈强，手眼与四肢协调能力愈来愈提高，增强了全身运动的平衡能力，促进了身体发育并提高了智力，有利于小儿身心健康的全面发展。

注意事项：小儿的运动锻炼最好安排在孩子情绪最好的时候，一般是在哺乳与吃饭前后的1小时左右进行，每天2次。运动时穿比较宽大与轻便的衣服，要温度适宜，最好在户外进行。父母给孩子做运动之前，要洗净双手，取下手表及其他饰物。帮助孩子做运动时，动作要轻柔，有节奏，不要用力过大，以免损伤孩子。

二、观察法

观察是智慧之窗，是感知过程。观察才能反映出客观事物的外部特征，也是小儿在认识事物中获取感性经验的重要途径。有无观察能力，观

察力是否敏锐，常常影响到每个孩子对事物认识的正确性，培养观察力也是培养小儿注意力的基本方法。通过观察事物，小儿能够获得大量的感知信息，同时又把感知信息与思维结合起来产生一种心理活动过程。这种心理活动过程刺激着大脑神经细胞的发育，也促进着小儿的智力发育。因此，从小注重对小儿观察能力的培养也是早期教育的重要内容。

培养方法：

1. 激发小儿主动观察事物的兴趣

小儿的观察能力是在实际生活中培养起来的，要想让孩子有满意的观察效果，首先要培养他主动去观察的欲望。对小儿来说，无论观察是否全面细致，都没有关系，主要是激发他们主动去观察事物的兴趣，培养求知欲望。利用日常生活中丰富多彩的事物，利用小儿喜爱、感兴趣的事物去激发他们的观察欲望，引起他们的好奇心及趣味性去主动观察周围环境和事物，促进想象力与思维能力的发展。随着观察学习的不断深入，小儿的观察能力肯定会得到不断提高。凡是观察力优越的小儿，对周围环境变化都有高度的敏感性，就有主动观察周围事物的兴趣。

2. 丰富多彩的环境有利于增强小儿的观察力

单调的环境不利于培养小儿的观察能力，静止不动的物体不如活动的物体更能引起他的观察兴趣，多变有趣味的新鲜事物才能引起小儿的观察力，因为他的观察力与注意力最易被外界刺激性事物所吸引，具体生动、活泼好看、有特性、有趣味的事物都很容易吸引小儿的注意力。培养观察能力，并因势利导，随时绘声绘色地讲述事物的发展过程，就能很快教会小儿怎样观察事物，使他们发挥主观能动性去动脑思考事物，通过观察比较分析，寻找差异，获得经验，逐渐提高对事物的认识，使观察力得到发展。

为了培养小儿的观察力，可以让他多做些促进观察力的游戏，提供较多的认识对象，利用图书、玩具和日常生活中的实物，让小儿看色彩鲜艳的图画，玩各种益智玩具，如机械性玩具、拆装性玩具、拼插性玩具、建筑性玩具。益智玩具不但品种要多样，色彩形状也要各具特色，让小儿用眼睛仔细看，用手多摆弄，通过观察比较，增加游戏兴趣，启发思考，促进观察力，提高小儿的思维想象能力。

大自然是小儿学习的最好课堂，要多带他到户外活动，多接触自然景象，启发他喜欢大自然，丰富观察的内容，使小儿能开阔视野，增长知识，启发思考，不断提高他的观察能力。同时也要随时注意观察小儿的举动，并做出积极回应与配合，父母的保持态度与兴趣对小儿的观察力会有影响，让他看到你的参与而调动起积极性，进一步增强观察事物的主动性。

注意事项：观察力作为一种心理活动，不是单一的，它是与思维想象力有着密切的关系。所以，无论用什么样的方法去培养和增强小儿的观察力，都要注意引导各种事物相互之间的联系，让他注意观察一种物体的多种用途，促进思维能力的灵活性。从小儿熟悉、感兴趣、好奇的事物开始培养观察力，在观察过程中，注意培养他观察事物的敏锐性、条理性、深刻性、目的性，让小儿通过自然观察获得更多的知识并得到进一步强化和巩固。

三、游戏法

游戏是小儿感兴趣并能产生愉悦情绪的基本活动，是培养小儿活动和学习的好方法，是早期教育的一种有效形式。有着德国幼儿教育之父的福禄贝尔认为，小儿是通过游戏认识这个世界的。通过游戏，小儿可以培养敏锐的观察力，学习做各种事情，很自然地使运动、语言、人际交往合作的能力得到发展，懂得如何面对他人，培养良好的行为品德与个性，增长智慧，促进交往沟通能力。游戏对小儿的运动、感知、记忆、语言、思维想象能力都起着重要的促进作用，能提高他们的认知能力。

游戏是小儿最感兴趣的活动，是他们身心发育不可缺少的生活内容。如果没有游戏，小儿活动贫乏枯燥，趣味减少，导致小儿情绪低落，不活泼，将影响他们的身心健康。心理学家研究发现，游戏可以培养小儿敏锐的观察力，视觉的敏感度比平常状态下显著增强，错误减少，记忆数量和质量比一般条件下也高得多。因此，游戏对小儿的生长发育起着重要的作用，小儿可以通过游戏认识事物，认识世界。

1. 操作性游戏：是利用日常生活中的实物和玩具，让小儿动手去拿取、摞高、套叠、拼插、接长、搭配、折纸、剪纸、写画、粘贴等操作性

游戏，最好是借助组合式玩具、拆装性玩具、拼插性玩具等，让小儿动手去操作，去感受，去体会。操作性游戏有利于小儿手动作技能的发育，也促进了手眼协调能力。

有些运动落后与手运动困难的小儿，不喜欢运动，处处回避动手操作，通过操作性游戏可引起他的兴趣，使其变得愿意主动动手操作。这就需要根据小儿手动作的能力，设计特殊游戏，给予一定的帮助，创造条件让他们能进行操作性游戏的训练。

2. 假扮性游戏：让小儿在游戏中扮演各种角色，模拟现实生活中的事情，表达内心活动，满足他们好奇好模仿的心理欲望，在游戏中发展和丰富他们的思维想象力。如让小儿将布娃娃比作自己的小宝宝，给布娃娃糖果吃、喂奶、喝水、哄睡觉等。角色扮演游戏能使小儿开动脑筋，表达自己的意愿，提高语言表达能力，把自己与周围事物联系起来，增长知识，促进了思维想象能力的发育。

3. 交往性游戏：就是同小朋友一起活动，包括接受和给予，是一种双向性的互动过程，是人与人之间相互交往沟通的一种形式。小儿通过交往性游戏，学会与他人礼貌性交往，能去适应周围环境，去配合他人，去观察和模仿他人的活动与语言，增强了语言表达与沟通能力，促进了社会交往，提高了智力。对语言发育迟缓的孩子，更应该引导他们参加交往性游戏，进行人与人之间的语言交流沟通，促进语言功能的发育。

培养方法：把早期教育的训练方法寓于游戏之中。在游戏中让小儿自发随意地玩，做有趣的事情，使其感到愉快，乐于参与，去发展他们的观察力、注意力、理解力、想象力和记忆力，促进智力的发展。让小儿多与亲戚、邻居间年龄相仿的孩子在一起做游戏。父母要适当地参与，细心引导，多鼓励孩子，不能强迫，不能干预过多，不要因孩子表现出来的动作情节幼稚而加以限制，对错误也不能听只任之，应及时纠正，不要轻视游戏的重要作用，错过在游戏中进行早期教育的良好时机。

注意事项：应该为小儿做游戏创造条件，选择适合小儿年龄特点的玩具和场所，启发他正确运用玩具，让游戏保持趣味和新颖，保证有充分的游戏时间。游戏要操作简单，不需要连贯性。要注意观察小儿做游戏的兴趣与交往欲望，鼓励他与小朋友多交流合作，创造条件引导他同更多的小朋友一起做游戏。

四、趣味法

把认知学习寓于趣味之中，能培养小儿对学习的兴趣，并激发其好奇心，促进他善于动脑思考的能力。小儿早期教育的目的，不在于他学会多少具体知识，关键是引导他接受教育的主动性和探索学习的兴趣。因此，教育必须根据小儿各个年龄阶段的发育特点，因人施教，考虑到怎样发挥小儿在接受教育中的主观能动性，怎样能够引起他积极参与的兴趣，适合他的心理活动，激发好奇心，并使他容易理解，愿意接受，主动参与。

一些有趣味的活动和游戏，日常生活中的新鲜事物都可以培养小儿的学习兴趣，激发其求知欲望，促进他动脑思考和分析问题的能力。小儿在认知学习过程中，往往缺乏明确的目的，主要是凭兴趣去学习，去探索，感兴趣的事物就容易记住，不感兴趣的事情则不屑一顾。所以，要为小儿创造一个非常有趣味的学习环境，通过游戏、玩具、朗朗上口易于理解的儿歌及儿童故事，培养小儿的学习兴趣。学习兴趣对每个小儿来说都非常重要，是取得好的学习效果并有所成功的重要条件。因此，应该注意从小培养小儿的学习兴趣，激发他的求知欲望，不断提高他的认知学习能力。

培养方法：我们生活的自然环境是绚丽多彩、五光十色、千变万化的，对小儿有很强的吸引力，很容易引起他的兴趣。大自然是小儿活动、生活、学习的最好场所，自然环境中无数新异事物都可以引起他的趣味与探索欲望，应该根据孩子的年龄选择合适的时间与地点，带他到大自然中去接触多种事物，在自然环境中培养学习兴趣。小儿在大自然的天地中，亲眼看到那些花草树木、地上忙碌的小蚂蚁、池塘里游来游去的小鱼、动物园的各种动物，听到树上小鸟的叫声，一切都感到那么新鲜，表现出极大的兴趣，总是看不够，玩不停。要让小儿感觉到这个世界很有趣，借此机会加以细心引导，认真讲解，提出问题来培养小儿认知学习的兴趣，培养他勇于探索的求知欲望，发展他动脑思考问题的能力，启迪他的智慧。

注意事项：要随时观察小儿的学习兴趣与感兴趣的事物，对他的学习兴趣做出积极反应，给予及时鼓励，引导小儿的学习主动性，让他看到你的积极反应，从而进一步调动起学习兴趣和勇于探索事物的积极性。

五、提问法

提问是启发性教育的一种形式。在早期教育的过程中，父母和教育者的提问能否调动起小儿探索周围事物的主动性，能否引导他去认真观察事物，去认识周围的人与正确回答问题，这对于小儿动脑思考，学习语言，提高认知能力，促进思维能力都起着非常重要的作用。提问法是培养小儿动脑思考，提高语言表达能力，增强自信心的好方法。

培养方法：对于小的婴儿，要经常面对面地提出比较简单的问题，让他们注意听，注意看，能理解听懂，训练小儿对提出的问题用眼神、表情、手势、动作作出应答性反应。对有模仿发音的小儿，要经常提问周围的人和物，"这是谁？""这是什么？"最初父母可以用手指向孩子所熟悉的人和物品，帮助他去寻找答案，进行听觉感知理解能力的培养。随着小儿年龄的增长，对一些问题，小儿自己能去找答案，就要经常对他发出指示，让他独自去寻找、去指认，自己找出答案，并能用语言来表达简单提问，应答问题。要有目的地给小儿提出一些问题，从易到难、由浅入深不断地给他出难题，激发他动脑筋，独立思考，提高正确回答问题的能力。小儿回答问题正确时，要给予表扬鼓励，促进他动脑思考，善于回答问题的积极性，以逐渐提高找准答案的次数，让他享受到成功的乐趣。

注意事项：提出的问题应在小儿所领会的知识范围内，让他能够理解，容易用语言去表达。提出的问题要简单明确，问题具体，有一定的目的性，便于小儿正确回答，同时应该具有由浅入深的启发性和教育性，用不断提问法巩固小儿获得的知识。

六、发现法

发现问题标志着向新的领域与高度迈进，是创造的开始，是进一步学习的过程。许多有发明、有创造的科学家和发明家，取得成功的第一个条件就是善于发现问题，从而积极地研究解决问题。

从小培养小儿善于发现问题和思考问题的能力，是促进他们勇于探索、勇于实践的方法之一。发现法的优点在于能激发小儿深入学习的兴趣，让他自己去探索问题、发现问题并想法解决，从而调动起学习的积极

性及动脑思考问题的主动性，促使小儿进一步发现新事物，学习解决新问题，了解掌握更多的知识，并对已经学习和接触过的事物深入理解和加强记忆。

培养方法：在早期教育中，应当充分利用小儿对周围事物容易好奇和乐于探索的特点，因势利导，发挥他的主观想象力，让他在接触新鲜事物中发现问题，区分不同点。哪怕小儿所发现的问题十分幼稚可笑，没有什么道理，近乎于幻想，也应当给予鼓励支持，因为主动探索的精神是可取的，发现问题要比"视而不见""不动脑筋"好得多，应该给予重视和培养。对小儿发现与提出的问题，要给予及时正确的解答，用语言指点所遇到的难题，帮助找到解决问题的方法。

随着科学技术的发展，社会竞争越来越激烈。从小培养小儿善于发现问题、解决问题和克服困难的勇气，是培养独立进取和富有创造性的个性的需要。这就要求从小培养小儿良好的行为品德，使他将来能够成为适应未来社会发展的有用人才。

总之，小儿早期教育的方法很多，一定要遵循小儿大脑神经系统的发育规律，适合于他的年龄和心理发育特征。在大脑发育的关键期，根据每个小儿的智力发育水平采取适当的方法进行早期教育，提供丰富的教育环境，可以为早期智力潜能开发创造有利条件，促使小儿整个大脑全面发育，为小儿的未来发展打下一个良好的基础。

第三节　良好生活习惯的训练

良好生活习惯的培养是对小儿最早进行的训练。应该根据小儿不同年龄的生理特点，为他制定一个符合该年龄段的作息制度，合理安排小儿每天的生活起居，使他从小养成按时睡眠、按时哺乳进餐、按时活动，养成良好的卫生生活习惯与生活自理能力。

小儿自出生后，通过有规律的生活习惯，在依照一定顺序稳定地、不断重复地睡眠与活动后，大脑皮质的兴奋和抑制过程在时间上的关系相对固定下来，神经通路变得通畅，条件反射越来越恒定和精确，养成的良好生活习惯就会成为条件刺激。脑神经中枢对机体器官活动的支配调节，能

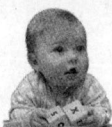

形成一种相应的生理节奏周期，让小儿进一步形成有规律的生活习惯，以利于小儿自我控制能力和适应能力的发展。小儿的年龄越小，身体的可塑性越强，越容易训练良好的生活习惯。

良好的生活习惯应该从小儿出生后开始训练，可能需要父母经过长时期的培养才能养成。因此，应该根据小儿的年龄，将孩子一天生活的主要内容，如睡眠、喂奶、喂水、吃饭、活动、学习、娱乐等每个生活环节的顺序、次数和间隔时间给予合理的安排，训练孩子遵照执行，并较长时间地坚持。这样小儿到进餐时则食欲旺盛，吃得香甜；到睡眠时则不哭不闹自动入睡，睡得深沉；到活动做游戏时就会情绪愉快，精力充沛；在学习时就能注意力集中，努力进取。这样培养出来的良好习惯对小儿的学习与生活会起到很好的效果。在小儿的早期教育中，父母千万不要忽视对孩子学习、生活、睡眠、饮食、卫生等良好习惯的培养，训练他从小按每天的作息制度去有规律地生活起居，养成良好的生活习惯。

一、良好睡眠习惯的训练

睡眠和觉醒是人类维持生命活动所必需的生理现象。夜间睡眠又足又好的小儿，精力充沛，进食好，能适应周围环境的各种变化，维持生命活动的正常进行，有利于精神发育和体格生长。睡眠对于机体能量的保存很重要，对脑功能发育也有重要的促进作用，在小儿生命早期更需要保证有充足的睡眠时间。睡眠是大脑皮质的抑制过程，对中枢神经系统有保护作用。小儿大脑中枢神经系统发育尚不成熟，大脑皮层的活动特点是容易兴奋，容易疲劳，脑神经细胞一旦超过活动强度，就会引起能力的枯竭，从而影响脑神经细胞的发育成熟。小儿睡眠时氧和能量消耗最少，有利于疲劳的恢复，保持大脑神经细胞旺盛的活动能力，使小儿保持良好的情绪。如果小儿得不到充足的睡眠和休息，将会导致大脑皮层活动失常，进而引起精神不振，烦躁不安，食欲不佳，营养缺乏，容易生病而影响身体发育。小儿睡眠时的身体生长速度比清醒时增加3倍，是因为在安静睡眠时体内生长激素分泌得多，有利于小儿体格的生长发育。可见睡眠的好坏对小儿的健康成长非常重要，有充足的睡眠时间是小儿生长发育的重要保障。因此，应该根据小儿的生理特点和年龄，合理安排生活起居，保障小

儿有充足的睡眠时间。

为了让小儿有良好的睡眠习惯，应该规定好睡眠时间，每日安排好有规律的吃、睡、玩时间，加强生理节奏周期的培养，让他们过规律性的生活，日子长了就形成规律。新生儿期喂奶次数多，除了喂奶和清洁卫生外大部分时间均为新生儿的睡眠时间，无明显的昼夜节律。夜间应该任其熟睡，千万不要因喂奶而影响小儿的睡眠，夜间频繁喂奶容易造成小儿睡眠不深沉。随着年龄的增长，小儿白天睡眠时间缩短，夜间睡眠时间延长，夜间喂奶间隔时间也应该延长，使小儿慢慢养成夜间不吃奶的习惯。一般6个月以后，小儿夜间吃奶不再是生理需要，要渐渐形成昼夜节律，这样孩子和父母都可以得到充分的睡眠和休息时间。对于夜尿多的孩子，睡前与夜间不宜饮水过多，以免夜间频繁排尿而干扰睡眠。

让小儿养成良好的睡眠习惯，是父母必须注意的问题。从孩子出生后开始，就要训练他不哭不闹自动入睡，勿养成用摇篮摇、抱着抖动、需用手拍打和口含奶头等"安慰物"才能入睡的不良习惯。如养成要哄或含"安慰物"才能入睡的习惯，小儿夜间醒来也要求同样的条件，满足不了时就要哭闹，影响睡眠质量。按时自己入睡的小儿，夜间醒来也会自然入睡，进入下一个睡眠周期。晚上21点睡觉是小儿最佳入睡时间。睡前半小时不要让孩子过度兴奋，尽量保持安静状态，进行一些规律性的睡前准备，如睡前更衣、洗澡、排便，让小儿感觉到准备要睡觉了。为了使小儿尽快入睡，要创造安静的睡眠环境，减少声音和光线刺激，可适当放些单调和慢节拍的催眠曲，也可以在床附近放一个能发出有节奏小声音的钟表，让小儿听着入睡。较大的小儿睡前不应该过度活动，不听紧张的故事，不看害怕与过度激烈刺激性的电视，不玩电脑。室温不要过热，过热小儿睡不踏实。最好让小儿单独睡小床，在大人床边，这样既方便父母夜间照料孩子，也满足孩子有父母陪伴的情感需求，同时克服了同床睡眠的弊端，让小儿睡得更好。睡眠质量的好坏与睡眠姿势密不可分，常有仰卧、俯卧、侧卧三种睡眠姿势，各有利弊。小儿可以交替睡眠姿势，右侧卧位是一种比较好的睡姿，特别是小婴儿吃奶后就进入睡眠，右侧位睡姿有利于胃肠蠕动，防止吐奶，让婴儿安静睡眠。对睡眠不安的小儿要找原因，及时处理，保证室温适宜，空气新鲜，被褥清洁，穿衣舒适等。

小儿每日需要的睡眠时间与年龄成反比，年龄越小所需睡眠时间越长，次数也越多。不同年龄段小儿每日的平均睡眠时间为：新生儿20小时，2个月16～18小时，4个月15～16小时，9个月14～15小时，1岁时13～14小时，2～3岁为12小时。上述时间包括白天的睡眠，小儿每日白天的睡眠次数：1岁内2～3次，2岁为1～2次，3岁以上为1次。睡眠时间和次数有个体差异，有的睡眠时间少些，小儿聪明可爱，身体无病，体重与身高等指标正常也无妨。

二、良好饮食习惯的训练

小儿生后应母乳喂养，母乳是小儿最理想的天然食物，是其他乳制品不可替代的最佳营养品。营养均衡的母乳符合6个月内小儿的营养需要，易消化吸收，不增加肾脏负担，适合小儿快速生长发育的需要。母乳中含有免疫抗体，可以增强小儿抵抗疾病的能力，防止感染病的发生。所以，小儿出生后要尽早开奶。小儿吸吮乳头有利于母亲乳汁的分泌，让孩子吃到充足的母乳，是促进乳汁分泌的最好方法。

1～3个月的小儿应该按需喂养，每次喂奶量可以不固定，一昼夜不应少于8次。吃奶前，母亲可以先用手指轻轻拍拍小儿的嘴唇边缘，然后再用乳头碰碰他的嘴唇，这样可以引起小儿的觅食反射，张开大口吸住乳头吃奶。每次吃奶要让小儿尽量吸空乳房，吸到含有丰富脂肪的奶，有利于小儿体重的增加。喂完奶后，应该把小儿直立抱起，让他伏在母亲的肩头，轻轻拍拍后背，以便把吃奶时吞咽的空气排出来，防止吐奶。若小儿吃奶后不满足，经常哭闹，需要频繁喂奶，母亲挤奶时又挤不出，可能是母乳不足，应在母乳喂养的同时适当添加配方奶粉，让小儿吃饱。

小儿4个月后，吃奶间隔逐渐规律，就要按时喂哺，约3～4个小时喂奶1次，每天5～6次。此时小儿夜间已经睡长觉，夜间可以不喂奶。按时喂奶与夜间不喂奶有利于小儿养成良好的饮食习惯和睡眠习惯，为今后添加食物做准备。

小儿从第6个月开始添加辅食。辅食是多种泥状食品，首先添加的是米粉，然后依次添加果泥、菜泥、蛋黄、肉泥、肝泥、鱼泥、蛋羹等。这时小儿口腔肌肉与神经发育趋向成熟，能较好地控制舌的运动，开始萌出牙齿和咀嚼，肠道消化酶分泌增加，有较好的消化功能，喜欢新的口味与味道，容易接受和适应各种口味的食物。这就需要父母每天喂奶前给孩子喂1～2次，每次1～2勺的泥糊状食物。添加辅食应当一种一种地添加，添加量由少到多，由稀到稠，从一次到多次逐渐增加。但是，决不能因为小儿愿意接受食物就给他吃过多的食物，这会引起消化不良，影响到孩子吃奶，发生辅食取代母乳，导致小儿营养摄入不足的后果。辅食添加不宜迟于第7个月。随着年龄的增长，小儿味觉发育逐渐完善，有了自己喜好的口味就不容易接受新的食物，过多地依赖少数的食品容易形成偏食和挑食的不良习惯，从而引起机体营养失调而影响小儿的生长发育。

小儿8个月后继续母乳喂养，每天喂奶次数可以减少1～2次，但奶量每天要保证800毫升。开始添加固体软食物，每天都要吃肉和蛋，每周吃1～2次动物肝脏或动物血，吃1～2次鱼虾。此时要锻炼小儿的咀嚼能力，给他喂粗糙一点的食物，如肉末、稠粥、菜末、小馒头、磨牙饼干等食物。咀嚼吞咽食物可以增强小儿口腔肌肉运动和舌头运动的灵活性，为语言发育打下基础。此时，小儿坐立已经很稳妥，开始让他独自坐在小椅子内接受喂食。用小勺给他喂食时，让他看着小勺，学会用嘴从勺中一点一点取食，训练小儿的进食技能。

10个月左右开始给小儿准备块状、条状、小薄片的食物，以方便他能用手抓着吃，增加其进食兴趣，并锻炼手眼协调能力，培养独立进食的好习惯。给小儿提供独立进食的机会，还能使手的精细动作不断增强，促进智力发育。

1岁以上的小儿可以吃家常便饭，要注意给他们吃稍软的食物，尽量清淡少盐。膳食品种要多样化，提倡自然食品，荤素搭配，营养均衡。每日三餐主食，2次乳类与点心，餐间要控制吃零食。开始训练小儿自己用餐具进食，让他自己用小勺吃饭和用杯子喝水。

培养小儿良好的饮食习惯，不仅要考虑营养素的摄入，还要注意进食行为的教育。让小儿按时进餐，不挑食，不偏食，吃饭时不看电视，不能边吃边玩，也不要端着饭碗边活动边喂孩子，引起小儿吃饭不专心，从而使小儿大脑进食中枢的支配作用减弱，造成对进食缺乏兴趣和主动性而发生厌食。更不能让小儿养成吃零食的习惯，特别是在进餐前不要给他吃零

食、甜食或喝饮料，以免影响他的食欲。小儿经常吃零食，会引起胃肠不停的运动，打乱消化功能的正常规律，长久下去就会使小儿的食欲下降。所以，不能让小儿养成吃零食的坏习惯，对于食欲差、厌食的孩子更要限制吃零食，以免影响吃饭，不利于其身体发育。对有不良饮食习惯的小儿，应给予及时的纠正，不能一味依从，这样才能培养出良好的饮食习惯，使小儿健康成长。

三、良好卫生和排便习惯的训练

从小儿出生后就开始训练良好的卫生习惯，定时给他洗澡，勤换衣裤，每次大小便后要冲洗臀部，即使是在冷的季节也应该坚持给他洗头洗澡。小儿在哺乳或进食后可喂少量温开水清洁口腔。2~3岁以后开始训练小儿自己早晚刷牙、饭后漱口、饭前便后要洗手的良好卫生习惯。

训练小儿排大小便的习惯应该从2~3个月开始。首先要掌握小儿的排便规律，减少夜间喂哺次数，以防止夜间排便太多。白天在小儿睡眠前后和喂奶后让他定时排便，并采取一定的排便姿势，时间长了，小儿就形成排大小便的条件反射。有了一定的排便规律，只要掌握好排便规律并呈现排便的姿势，小儿就会出现排大小便的反应。

小儿9~12月时，坐立很稳妥自如后，在父母的照看下开始训练其独自坐便盆排便。小儿坐便盆时，不要让他玩玩具，更不能坐着便盆吃东西，以防止转移注意力，影响排便。掌握好小儿排便的规律，估计好排便的时间，让小儿尽量坐便盆排便，逐渐让他懂得坐便盆就是要排大小便了。小儿在排大便前经常有发愣、使劲的表示，父母要注意观察。让小儿排尿不宜过勤，一般1.5~2小时排一次尿即可，频繁排尿会养成小儿尿频的毛病，会影响以后的排尿习惯。当小儿有一定的表达能力，能听懂成人的语言时，开始训练他控制大小便，让他独立正确地使用便盆。当小儿每次顺利完成排便后，都要给予奖励和夸奖。一般1岁左右的小儿可以表示便意，2岁开始能控制白天的排便，2~3岁以后夜间可以不排尿。

四、小儿生活自理能力的训练

生活上能自理是小儿独立能力发展的第一步，是保证他今后全面发展的重要基础。因此，应该重视对小儿生活自理能力的培养，并在日常生活中坚持训练。在小儿9～10个月的时候，开始训练让他有相应的配合性动作，如给小儿穿衣服时，让他懂得伸出手臂，穿袜子和鞋时知道伸脚，洗手时能伸出小手，洗脸时能闭上小眼睛等。2岁以后注意训练小儿处理日常生活的能力，让他自己动手，干一些力所能及的小事情，使他干些简单的家务。3岁以后让小儿自己学会穿脱衣服和鞋袜，解扣纽扣、摁扣和系鞋带，收拾玩具，洗脸刷牙等，通过穿衣盥洗提高小儿独立生活的自理能力。当小儿做事情遇到困难时，不要马上伸手相助，应该鼓励他去尝试自己解决困难，这种尝试成功对小儿日后意志的发展有很大好处。如果父母怕麻烦，怕耽误时间而帮助代为一切，过多地照顾，就会使小儿养成一切依赖他人的不良习惯，对独立生活自理能力的培养非常不利。

总之，培养小儿良好的生活习惯，对他将来的独立生活能力有很好的影响。良好的习惯对生活和学习都非常有利，能促进小儿独立自主性的发展，增强自信心，培养生活自理能力，以便长大成人后能适应社会生活的各种环境。对小儿的不良习惯与过错，不要随便责怪，更不能惩罚，应耐心指导，加以纠正训练。

第四节　视听触觉的感知功能训练

人的感知觉是大脑对外界客观事物个别属性的反映，是一种最简单的心理现象，是认识客观事物的基础。客观事物直接作用于人体的感觉器官不仅能产生感觉，而且还会引起知觉，即大脑对事物的属性及其相互关系的整体做出反映。通过周围环境中形形色色的事物作用于视、听、触、嗅、味等多感觉器官，小儿接受感觉信息，经过大脑的处理加工成为知觉。知觉是在感觉基础上产生的，知觉的发展与感觉的发展紧密相连。感知觉的发育在小儿认知能力中起着非常重要的作用，通过这种不断地感知过程使小儿获得知识。人的认知、记忆、思维等心理活动都是在感知觉的基础上产生的，因此，小儿的视觉、听觉、触觉等，必须在具备充足的多感官刺激中发育成熟。从小儿出生后就开始进行多感官的刺激训练，必须尽量给他们创造能促进感知功能发育的机会，提供声音、形象、颜色、触

摸等各种感觉刺激，进行视觉、听觉、触觉等功能训练，让小儿通过看、听、触摸的感知去不断地获取对周围事物的认识，并适应周围环境，不断提高小儿的认知能力，发展智力，培养出目光敏锐、接受能力极强的聪明可爱的孩子。

感知觉的发育从小儿降生后就已经开始，并在头几年内迅速发展。胎儿出生后就具有视、听、触觉等功能，可以接受光、声、嗅、味、触觉的刺激，表现出对各种感觉的反应。感知功能的发育与眼、耳、皮肤感觉的发育密切相关，对小儿进行视觉、听觉、触觉的刺激训练是早期教育的重要内容，也是促进智力发育的重要训练方法。根据小儿感知觉功能发育快的特点，早期教育以感知觉的刺激训练为主，但一定要根据脑中枢神经系统的发育规律及关键期，结合每个孩子智力发育水平循序渐进地进行感知功能训练。在这里，我们按不同的年龄列出视觉、听觉、触觉功能的训练项目，以便于父母根据孩子的年龄和智力水平，略为超前地实施训练。只要了解掌握这些训练内容和方法，在日常生活中坚持训练，就一定能增强小儿感知觉的各种能力，取得好的成效。如果父母根据孩子的智力发育水平有所侧重训练，效果会更好。

一、视觉功能训练方法

小儿视觉功能的发育在接受外界事物不断刺激的作用下，有一个不断发育及成熟的过程，在小儿认知能力发育中提供着重要的信息。新生儿出生时眼睛已经有相当好的光感，有瞳孔对光的反射，在光的刺激下可以出现闭目动作，已经能感知明、暗。刚出生的新生儿视黄斑区细胞较少，视神经细胞尚未发育完善，眼肌调节不良，眼的运动尚不协调，故视觉不敏感，但已经有视感应功能，如用红色光源在出生后 1~2 天的小儿眼前作水平移动，结果发现大部分孩子能做出用眼睛追随红光的反应。小儿视感觉功能发育很快，注视的时间和距离随着年龄的增长而不断增加，视觉敏感度逐渐发育成熟与完善，视觉空间越来越丰富。

小儿视觉功能发育训练应该根据视神经发育规律，按不同的年龄采用适当的刺激训练方法，去促进视觉功能发育，提高视觉敏感度，增加视觉集中的时间和距离，扩大视觉空间，增强视动整合能力和手眼协调能力，不断提高认知能力，促进智力发育。

下面介绍不同年龄段小儿应该采用的视觉功能训练方法。

1 个月

出生时的小儿视觉不敏感，不能停留在物体上。经过每天接受光的刺激，几天后就能凝视光源，用眼追随缓慢移动的光源。2 周后小儿就能注视眼前的物体，有短暂注视，但仅能集中数秒钟，与他说话时能注视脸片刻，并容易对光亮的物体去注视，目光能在中线左右缓慢地跟随移动的物体。

1. 目光接触训练

父母与孩子说话或哼儿歌时，要靠近他的脸约 15～20 厘米处，与孩子眼对眼平行对视，让孩子看到你亲切的眼神，进行目光持续接触训练。如果孩子不看你，就把你的双手放在他的眼睛两边，挡住余光，让他的目光看着你。与他微笑着说话，高兴地唱歌，吸引他注视你，并尽量延长目光对视的时间。

拿一件色泽明亮的玩具，放在你的眼睛旁边，叫着孩子的名字，吸引他的目光看着你。为了让他持续注视你，你要用生动的语言对他说话，并做些面部动作。

你抱着孩子时，一边叫着他的名字，一边与孩子说话，并靠近他的脸，让他能够看见你的眼睛，对他微笑。向他的左右两边慢慢移动你的笑脸，让他的目光随着你的目光和声音移动，进行目光注视训练，每日数次。

母乳喂养对建立母婴之间的相依情感很有利。哺乳时母亲要倾注全部的注意力，当孩子看你的时候，要称赞他，并用亲切的表情、温柔的眼神保持目光接触，培养对视。也可以用轻柔的语调对孩子说话，或用鼻子哼歌，这样很容易与孩子保持目光接触，提高视觉敏感度，让孩子尽快认识妈妈。

2. 凝视光源训练

拿一个笔式电筒或蒙红布的手电筒，在距孩子眼前 20～25 厘米处，用暗光直接照射，吸引他看光源，并左右慢慢地移动，让他的眼睛能注视

光源，并随着亮光移动。每次照射时间不宜过长，每日数次。

用不同颜色的玻璃纸蒙在手电筒上，发出不同颜色的光源，给小儿以不同颜色的视觉刺激。

注意：什么时候都不要从单侧方向给孩子以光线刺激，还要经常变换小儿在小床上的睡向，以防斜视和偏头。

3. 注视物体训练

在小儿眼前20厘米处，用绳子系上一个色彩鲜亮的小玩意，如气球、红灯笼、花环、铃铛、彩条、好看的丝巾与领带等，在孩子眼前晃动，去吸引孩子注视，每次1~2件，经常变换玩具，每3~5天换一次，以引起孩子注视的新奇感。

1个月的孩子睡眠时间长，很容易疲劳，经常表现出对视觉刺激的无反应，此时应停止训练，待孩子睡眠休息后或吃饱后，在觉醒时利用以上方式进行视觉刺激训练，以促使小儿视觉功能的发育。

2 个月

小儿的视觉发育很快，2个月时能注视1~1.5米距离的物体，是训练黑白色的关键期。小儿这时能用两眼协调地注视物体，目光能水平跟随移动的物体转动90~180度，能追视眼前移动的玩具或人，喜欢看立体的人物图像，并开始出现头眼协调功能，头向有声响的方向转动，眼睛能朝有声音的方向看。

1. 水平追视移动的物体180度训练

让孩子仰卧位，经常拿着各种鲜亮的物体放在他眼前约25~30厘米处，吸引他注视后慢慢左右移动90度以上。每日2~3次，每次2~3分钟。

每天给孩子看一些有不规则条纹方格的黑白相间大的图片，并且慢慢左右水平移动，让孩子的目光追随着图片移动，训练对黑白色的注视。2个月的孩子对注视黑白色最敏感。

用会发声的鲜艳玩具或手摇铃，在孩子的正前方发出声响，逗引他去注视，然后将玩具慢慢左右移动，让他看着玩具而转动头部，渐渐地加大玩具移动的距离达180度。如果孩子不注视，就把带响声的玩具放在他手中，帮助他摇晃出响声，引起他的注视后，再拿到眼前进行追视训练。

用一红线球在孩子的眼前轻轻晃动，当他看到后，再慢慢左右移动红线球 90～180 度，训练视觉的水平追视。

2. 看人看物注视训练

这时的孩子最喜欢看人脸和活动的物体，父母与家人要经常在他的眼前 30 厘米处微笑着对他说话，并慢慢向左右移动你的脸，让孩子也转动头部跟你的目光保持接触，并听你说话。

把孩子竖抱起来，让他注视眼前人的面孔。为了让孩子能注视你，可与孩子对视、逗笑，温柔地说着话，同时左右移动你的脸，让孩子的目光追视你移动的面孔。当他用目光看着你的面孔移动时，可以逐渐延长距离，并离他远一点，每天训练 2～3 次。

让孩子看人脸玩具和挂在墙上的彩色的笑脸谱与图画片，边看边说面部五官名称和图画名称给他听，每次几分钟。

在你手的食指上套一个木偶玩具，让它转动并左右慢慢移动，让孩子的视线跟着木偶玩具移动，练习注视。

竖抱起孩子，让他靠在你的肩膀上，在房间里走动，让他看看屋里各种各样的物品。

把孩子经常放在地板上、小桌子上、沙发上等不同高度的地方，让他能看到周围环境中不同的物品。

家里人吃饭时，把孩子放在旁边，让他看到家人吃饭的样子。

3. 转头寻声训练

经常在孩子的身体两侧说话，或用会发出悦耳声音的哗铃棒或彩色小铃铛，在孩子头两侧轻轻摇动，逗引他转头，让孩子朝发声的方向看。如果孩子不能把头转向有声响的方向，可用手轻轻地把他的头转向声源方向。

在孩子身旁，经常轻轻地叫他的名字，并变换着声调，让他能转头去看你。

当孩子侧卧或仰卧时，在他耳边放一个发条式的发音玩具，引诱他把头转向声源。

在孩子的小床两侧悬挂音乐旋转玩具，或经常移动发声的玩具，训练

孩子寻声转头的反应。注意声响不能太强，要柔和，太刺耳有害于孩子听觉功能的发育。

3 个月

小儿视觉集中可达数分钟，视觉距离达到 4 米，能注视物体，会看自己的小手，头眼协调进一步发展，目光能跟随水平移动的物体转动 180 度，眼睛能跟踪到眼角，头也一起转动，视线能转移，并能认识父母亲。

1. 视线转移训练

在视觉集中的基础上，孩子能看见距离较远带有响声的玩具和活动的物体，就可以进行视线转移训练，让他用眼睛寻找离开视线的东西。

让孩子先注意一个玩具，再拿出另一个带声响的有趣玩具，吸引孩子的视线从一个玩具转移到另一个玩具上。

你用脸靠近孩子的脸并叫着他的名字，当他看着你时，你快速离开他的视线，然后再靠近他的脸，说："在这儿呢！"反复多次训练，直到你叫他的名字或与他说话，他能转头去看你。你要对他微笑，并夸奖他。

用一个能发出响声的鲜艳玩具让孩子注视，并摇晃着把玩具从孩子的视线移开，以引起他用眼睛去寻找发声的玩具。如果孩子不追视移开的玩具，你就把玩具靠近你的脸，轻轻地对他说话，让他能去注意发声的玩具，然后把玩具离开你的脸，离开孩子的视线，再让他寻找发声的玩具。

母亲在孩子的一侧同他对视讲话，父亲在另一侧叫孩子的名字，并且轻轻拍手，孩子会转头去看父亲。

你与孩子面对面注视着说话，吸引他注视和倾听，然后你突然变换距离和方向与他说话，让孩子寻找你。

用手电筒照一件东西或图画，并慢慢来回移动光亮，让他能随着光亮看东西。

2. 认识父母训练

这个时期的孩子最喜欢看妈妈的笑脸，会积极寻找大人，看见人脸会很高兴，手舞足蹈，对大人的引逗常常报以微笑与回应。父母要多待在孩子的跟前，望着他的眼睛说些亲切温馨的话语，唱轻松愉快的歌曲，并做些动作引逗孩子，让他高兴和发笑，诱发亲近的激情，让他经常看到父母的面容，反复强化而逐渐认识父母。

把孩子抱到镜子前，让他看镜子里父母的脸部影像。如果孩子不看，可以用手电筒一闪一闪地照镜子里父母的面孔，引他注意看。

3. 注视手指训练

让孩子仰卧位，拉着孩子的手在他眼前慢慢前后左右移动。当孩子目不转睛地看自己的手时，摇一摇他的手指给他看一看。如果孩子不看自己的手时，可以用手挠挠他的手心，或者用物品碰碰他的手，让他能注视自己的手。

抓住孩子的小手，玩数手指头的游戏，活动活动他的手指，让他体会手指的活动。

可以在孩子的手腕戴上有响声的手镯，不时发出声响引诱孩子去注视自己的小手。

4. 看人逗笑训练

这时孩子看见人表现得很高兴，逗引时能发出"咯咯"的笑声。当孩子看着你微笑的脸时，用你的食指轻轻地点几下他的面颊部，逗引他发笑。这时，你的表情要更高兴，要表扬他，让他看到你高兴的样子而开心地发笑。

用手轻轻抚摸孩子的脖子、手心、肚皮或咯吱一下身体的其他部位，用你的头去接触一下孩子的腹部，来代替你与他面对面的对视。这样反复多次，孩子也会看着你发笑，这时你务必与他对笑。

当你走过正在躺着的孩子身边时，务必停下来对他说话，轻轻抚摸一下他的鼻子，笑着逗他说："笑一个好吗？"如果不笑，就用手咯吱一下他的身体，让他发笑。

家人要多接近孩子，在他面前多说些话，用高兴的表情逗引他，让他发出笑声，咿咿呀呀发出多种声音。逗孩子高兴时，最好能引起他的手脚乱舞等兴奋反应。只有与孩子经常逗笑，才能引起他的这种亲切激情，培养他与人互相交往沟通的能力。

4个月~5个月

这个年龄段的小儿，喜欢看鲜艳的物品，不喜欢看暗淡的东西，能辨

别物体的颜色与形状，是训练鲜艳色彩的关键期。小儿的视线能随物体做环形跟随，视线转移进一步增强，能用眼睛寻找离开视线的玩具和声音。小儿的视觉敏感度与视觉空间能力增强，手眼协调能力出现，他看到喜爱的玩具能伸手去拿。

1. 鲜艳色彩的感知训练

让孩子多看各种颜色的图画、玩具及物品，选择的图画要大一些，色彩鲜艳，形象逼真有观感，有美感。看画的同时，要用简单的词语告诉孩子图画的名称和颜色，主要训练他分辨红、蓝、绿三种纯正颜色。

2. 看物体训练

把一些鲜艳的玩具放在孩子的眼前，吸引他观看这些玩具。

抱着孩子坐在小桌边，让他看鲜艳的气球从桌子一端慢慢滚向另一端，能注视滚动的气球。

在孩子的小床上系上一条松紧带，一端系在孩子的手腕处，另一端系上能发声的小铃铛挂在床边。只要孩子的手腕一动，铃铛就能振动发出声响，吸引他用眼睛去寻找发出声音的铃铛。

在一间较暗的房间里，父母与孩子坐在一起，把手电筒打开，有规律地来回移动光线，并用光亮照一些物品（东西、图画等），让孩子看光线所照到的物品。

在房间的墙上或天花板上，贴些大的彩色纸、图画片、照片、广告画等，经常换一换大的彩色纸，以便给孩子各种颜色的刺激，训练色彩的感知力。

3. 手眼协调能力训练

可选择各种色彩鲜艳、形状不一、能发出优美音响的玩具，在孩子周围摇响，让他转头去寻找。当看到或听到有响声的鲜艳玩具时，孩子很高兴，很喜欢，就要伸手去够取，这样逗引孩子去看、去摸、去拿，训练手眼协调功能。

玩具物品应当轻软，有声有色，最好是有把柄、易抓握、能摇动并带有响声的哗铃棒、手摇铃、铃铛、拨浪鼓等。让孩子经常用手拿着、眼睛看着去摇动这类玩具，不仅培养了手眼协调能力，而且对颜色的辨别和触摸物体的感知能力也能得到锻炼。

4. 藏猫猫游戏

在孩子面前，用毛巾把你的脸蒙上，叫着孩子的名字，引起他的注意，然后把脸上的毛巾拉下来，笑着对孩子说"猫"，逗他发笑，让他注视你的脸，再用毛巾把你的脸蒙上，让孩子去寻找。

拉着孩子的双手，蒙上他的眼睛，说"妈妈没有啦，妈妈没有啦"，再一下子把他的手拿开，并说"哇"，让他能看到妈妈的面孔，逗他高兴。

让孩子面对面坐在妈妈的大腿上，爸爸在妈妈的背后用手抓着孩子的一只手拉一下，当孩子朝这边看时，爸爸从妈妈背后突然伸出头来说"猫"，左右两侧交替进行，孩子会发出笑声。

用布遮住孩子的一只眼睛，你逐渐离开他的视线，再帮助他用手拉开脸上的布，露出他的双眼，并以夸张的表情表示惊讶和喜悦，夸奖他，贴贴他的脸蛋，给以鼓励。如此反复练习。

6 个月 ~ 7 个月

小儿已经能注视远距离的物体，并开始主动寻找物品，目光可以跟随上下垂直方向移动的物体，并可以改变体位去协调视觉，去寻找失落在地的玩具。开始注意周围人的表情，能分辨面部表情的变化，对父母高兴的表情能报以微笑。

1. 亲近家人训练

6 个月的孩子能辨别熟人与陌生人，对熟悉和陌生的面容可以有不同的反应。

孩子这时特别喜欢接近熟悉的人，看见妈妈显得非常高兴。父母要经常与孩子逗乐，不断地指家人让孩子看，让他能认识并熟悉家人。

当你向孩子伸出手要抱他时，让孩子也同样向你伸出手，并问他："要抱抱吗?"

让孩子坐在婴儿椅中，家人在孩子眼前走动，看看他的眼睛是否喜欢追视家人。如果孩子不追视，就靠近他，一边对他说话，一边对他微笑，引起他盯着看你，然后，你在他眼前移动，让他用目光追视你。这时你要不停地夸奖他，并用发声的玩具逗他高兴，鼓励他追视你的移动，并渐渐离他远一些。

2. 接触陌生人训练

孩子开始"认生",看见陌生人会特别注视,对陌生人开始躲避,害怕去陌生的地方,害怕接触陌生人。这时要经常抱孩子到邻居家去串门或到户外去散步,到人群中去,多给他与陌生人接触的机会,与陌生人交往,并逐渐喜欢接触陌生人。

3. 视觉方位训练

可以将带响不怕摔的鲜艳玩具从孩子眼前丢弃到床上与桌子上,并不断地变换玩具位置,让孩子用眼睛去追随寻找。

把孩子正在玩的玩具藏在布下面,露出一小点,引诱孩子去寻找。

经常往空中扔一个色泽明亮的气球,让孩子看着气球升起落下。这样能训练孩子迅速改变视觉方位,扩大视觉空间,协调眼睛的灵活运转,提高视觉灵敏度。

4. 辨认面部表情训练

经常与孩子面对面地温柔说话和微笑,让他喜欢看你的脸。可以有意识地对他做出不同的面部表情,如笑、恼、生气、淡漠等,让孩子分辨这些面部表情,使他逐渐学会对不同的面部表情有不同的反应,学会正确表露自己的感受。

可以训练孩子与你一起做高兴、生气、害怕、惊讶等面部表情的变化。

5. 认识常见的物品

孩子最先学会认识的是眼前不时变化的东西、会动的东西、能发亮或有声音的物品。例如,你指着灯给孩子说"灯",同时按开关使灯一亮一灭,就能吸引孩子去注视灯的变化。每天练习几次后,只要你一说"灯",他就会用眼睛去看灯。

孩子认识物品是听到物品名称后能去注视,或是会用手去指。孩子对感兴趣的东西认得比较快,只要教得得法,就能认识周围常见的物品。物品要一件一件地学认,不要同时认多件东西,以免延长学认物品的时间。

8个月~9个月

这个时期的小儿开始出现视深度感觉,能看见小物品,可以长时间地看 3~3.5 米内人物的活动；能认识自己，对和蔼和严厉的面孔能做出高兴和苦恼的不同反应。

1. 认识镜子里自己的影像

每天抱孩子照镜子 2~3 次，让他看镜子里自己的影像，边看边指着镜中的孩子问他："看看这是谁？"如果他不看镜子，可以用手电筒一闪一闪地照照镜子里孩子的影像，或者给他戴上好看的帽子、围巾等，以引他注意看镜子里的自己。

把孩子放到镜子前，用手指着镜子里的孩子叫他的名字。

用毛巾或布遮住镜子，让孩子撩起毛巾或布去看镜子里自己的影像。

2. 寻找玩具训练

当孩子玩喜爱的玩具玩得高兴时，用布盖住玩具与他捉迷藏，看他是否能去寻找，是否能用手去揭开布将玩具找出来。如果孩子不寻找或者要哭，就将玩具暴露出一点，指点一下，让他去拿取。

让孩子看见你用布把他喜爱的玩具覆盖起来，让他揭开布去拿取玩具。

用一个能滚动发声的玩具，从桌子的一头慢慢滚动到另一头，让玩具自然落地发出声响，引诱孩子随着发出的声响用眼睛去寻找。

让孩子看着玩具从你的手中掉落，训练他跟踪看到玩具掉落的地方，引导他伸手去够取玩具。

当着孩子的面把积木罩在茶碗里，对孩子说："积木去哪了？"当他要把茶碗掀起去找到积木时，你要夸奖他，并帮助他把积木找到。

3. 看图看物训练

经常给孩子看各种图画片和日常生活物品。图画片最好是主题单一的动物、人物、水果、日常用品等，图画要清晰、色彩鲜艳，每次看几张图画片，不要太多，边看边说名称。

要经常在孩子面前做事情，并引诱孩子注意观察，边干边说"看妈妈在干什么？""妈妈在拿杯子"等等。最好说一些孩子经常用的东西，让他能听懂，能用手势和眼神来表示。如果孩子表示对了，用温柔带笑的声音表示鼓励，亲一下。如果孩子表示的不对，用严肃的声音和面孔表示批评。

10 个月~11 个月

小儿开始专心注视某一物体的变化，这时要注意引导小儿多观察周围的新鲜事物，培养其较长时间的注意力。随时逗引小儿仔细观察所见的人和物，创造合适的环境让他与人交往，逐渐提高与人交往的适应能力。

1. 与陌生人交往训练

要经常抱着孩子与外人接触，让他注视陌生人，告诉他陌生人是谁，让外人与他说笑，玩玩具，做藏猫猫游戏。当孩子不害怕、不躲避时，再让外人伸手接抱孩子，训练他接近外人、与人交往的能力。

2. 模仿动作训练

在孩子注视大人做事情的基础上，训练他看着模仿做一些动作，如坐下、站起来、摇摇头、拍拍手、拍桌子、举起胳膊、双手掐腰等动作。

教孩子模仿着持物做动作，如模仿搭积木、将积木放入盒子里、拿着杯子喝水、拿东西吃、摇响铃铛、击鼓、戴帽子等。

让孩子看着父母的面部表情模仿做些口部动作，如伸舌、张嘴、撅嘴、咂舌、闭眼、扮鬼脸、吹、笑等。

3. 看认图画训练

每天抽出一定的时间与孩子一起看图画，父母最好采取有问自答的方式，给孩子绘声绘色地讲解，这样能吸引孩子观看，培养孩子看图画的兴趣。

抱孩子坐在桌子前，将色彩鲜艳的单一的图画片放在桌子上，让孩子注意看。父母先用手指认，并说"这是小宝宝"，"这是大老虎"，提示孩子注意看，反复强化，最好配合手势，教孩子竖起一手指表示"一个小宝宝""一棵树""一只小兔子""一只大老虎"等，训练其对多少、大小的理解。

孩子能认识图画后，可以把几张图画片放在一起，父母与孩子一起挑选、指认，最好能指出图画中具有特点的部分，反复讲述以加深认识。认识图画不仅能提高语言视觉能力，还能提高语言听觉能力，对孩子的语言发育有很大的促进作用。

12 个月

视深度感觉增强，能看到很小的物体，也偏爱注视一些小物品，能较长时间看远处的人和物活动。要注意训练这个年龄的小儿认识常用的物品和常看的图画，认识身体部位，提高其认知能力。

1. 认识物品训练

把家中经常用的生活用品随时告诉孩子，这些物品都要有正确的固定名称，特别是与孩子接触密切的物品，要反复述说名称。当说到什么物品时，让孩子能有反应，能用手势与姿势表示，能准确无误地认识这些常用的物品。

2. 指认图画片训练

经常讲解的图画片要画面简单、色彩鲜艳，每一幅图画只有一个主题，内容是孩子比较熟悉的，如各种人物、小动物、玩具、植物和生活日用品等。经过反复讲述，让孩子认识并能用手正确指认这些图画。

把一些色彩鲜艳的图画片贴在墙壁上，吸引孩子观看，让他逐渐认识一些眼前看不到的东西。

3. 认识身体各部位训练

与孩子一起照镜子，一边说"鼻子、眼睛、嘴巴"，一边用手抓着孩子的小手指去指镜子里他的鼻子、眼睛、嘴巴，再拿他的手指去指他自身的鼻子、眼睛、嘴巴，边指边说，让他逐渐能认识面部五官部位。

通过照镜子游戏，孩子已经认识自己并认识面部五官后，再用布娃娃做示范，或与孩子面对面地指、教，并发出口令，提示孩子正确指认与触摸身体的各部位，除了面部五官以外，还要认识手、脚、肚子、头发、脖子等身体部位。

1 岁 ~ 2 岁

1 岁以后，小儿的视觉功能发育逐渐成熟，视觉敏感度增强，视动整合能力也增强，能认识家庭成员与熟悉的人。这时要注意训练小儿的认识能力与眼手协调能力，带他到大自然中去，在大自然的环境中获得丰富的知识。

1. 认识家庭成员训练

经常发出指令，让孩子去找家庭的全部成员，不但能从真人中认出，还能从照片中正确指认，并能够将同一个人的照片配对放在一起。

把家庭成员与外人的照片放在一起，让孩子挑选，指认自己家庭的成员，并逐渐能从照片中辨认出其他熟悉的人。

2. 翻书看图画训练

给孩子准备大开本的图画书，帮助他翻书并给予讲解。然后，让孩子从头开始，逐页翻书看图画。开始时小儿还不能按顺序翻，每次不只翻一页，强化训练后，其翻书技能逐步提高，能逐页翻书看，也能学认图画内容。

3. 认识大小物品训练

教孩子认识大小物体，可选择形状相同、大小差别显著的物品进行训练。如把两个大小相差悬殊的苹果放在桌子上，先告诉孩子哪个是大苹果，哪个是小苹果，让他摸一摸，比较比较，然后指示他把其中大或小的一个苹果给你，看他是否能拿对。拿对了给予赞扬，给一个大苹果吃，拿错了给一个小苹果吃，多次强化训练。

可以配合儿歌"排排队，分苹果，大的给妈妈，小的给自己"，增强大小记忆。

4. 视觉观察训练

这个时期的孩子可以到处走动，要提供较多的视觉观察对象让孩子去看，让孩子多到户外活动，多接触自然景象，多接触新鲜事物，有意识地引导孩子去观察各种事物的变化，告诉他看到的景象名称，来扩大视野，丰富视觉观察的内容，提高认知能力。

丰富多彩的环境有利于促进视觉观察能力，激发孩子的观察兴趣。生动有趣的事物很容易引起他们的注视，提高他们的视觉敏感度，从而提高感性认识，获得知识。

5. 视动整合能力训练

1岁以上小儿的眼睛已经比较敏锐，手指动作也开始灵活。要让孩子经常捏取小物品，训练视觉与手动作的协调功能，增强视动整合能力。例如，训练他们捏起小丸、小豆子、小球、小珠子等，然后放下或放入碗中，装进小瓶里，发展手眼协调能力。

教孩子认识实物与图画，可以把几种东西或几张图画放在一起，让孩子指认和挑选。

让孩子玩多种益智玩具，如机械性玩具，拼插的玩具，搭叠的积木，按大小套叠的杯、筒、塔，打开盖上的盒子与小瓶子，配对的玩具等，让孩子多看多摆弄，用手操纵，这样会促进他们的视动整合能力，增加兴趣，增长知识，并促进思维能力的发展，使智力水平提高。

2 岁 ~ 3 岁

这个年龄的小儿双眼协调功能进一步增强，能识别物体的大小、颜色、形状，开始定方向和空间位置，能区别远近距离。这时要注意培养小儿较长时间的注意力和观察力，不断增强观察事物的敏感性，提高视觉注意力。

1. 识别物体训练

应该帮助引导孩子较长时间地注意一个物体或玩一种游戏，提高注意观察的稳定性，让他们懂得物品的用途。家人要搜集不同用途的各类物品，给孩子创造动手动脑的机会，尽量让他用眼睛看，动手摸，在摆弄中认识与比较物品的用途，逐渐认识物品。

把食物、衣物、玩具、水果、工具等放在桌子上，先说出指令，让孩子指认，再说出用途，让他归类搭配放置。

让孩子去配对常见的相同颜色、相同形状、相同用途的物品，从而获得感性认识。

经常带孩子到动物园去，识别动物的名称和特性，以增长见识，提高认知能力。

2. 多方位训练

让孩子把手或物品放在身体的前面和后面，使孩子明白前后。

让孩子将玩具或物品放在桌子上面或下面，练习分辨上下。

准备一个箱子，让孩子把玩具放进箱子里，再从箱子里拿到外面，懂得里外。

吃饭时训练孩子分清拿小勺与筷子的手是右手，拿碗的手是左手；给

孩子戴手套时，让他伸出左手和右手；穿袜子与鞋时，告诉他左脚和右脚，逐渐让孩子分清左右侧肢体。

3. 学认颜色训练

先从基本的红、黄、绿三种颜色进行学认。在三种颜色的积木中，取出一块红色的反复告诉孩子："这是红色积木"，然后让孩子在三种颜色的积木中，也挑出一块红色的积木。学会红色后，继而再认识黄、绿色积木，反复强化。

指着红、黄、绿三种颜色的气球问："哪只是黄色气球？"让孩子用手去指认，指对了给予表扬，把气球给他玩，指错了给予提示引导。

将5~6种颜色放在孩子面前，说出一种颜色，让孩子指认，反复练习。

两三岁的孩子喜欢写写画画，意味着可以教他描涂颜色，引导他正确使用颜色了。用各种颜色的笔画一些孩子熟悉的植物、动物、水果等，如红太阳、绿树叶、黄香蕉、大黑熊等，让其逐渐建立颜色的概念，以后不管看到什么东西都能正确说出它的颜色。

让孩子欣赏涂色彩的图画，并与不涂颜色的图画进行比较，激发孩子对颜色的喜爱。让孩子把不涂颜色的图画涂上正确的颜色，发展他的想象力。

4. 物品分类配对训练

开始时，让孩子用熟悉的东西分类，如一样的玩具、小勺、水果等，要求他把相同的东西分开放。

让孩子把相同的物品、图片、颜色分类放在一起，例如按颜色分类要选择同颜色但不同形状的物品，让孩子按颜色分别放置，把红色物品放进红色的盒子里，把黄色物品放进黄色盒子里等。

教会孩子配形状大小相同的同类物，如大瓶配大盖，小瓶配小盖，两只鞋配对等。教孩子按用途进行分类，如把茶叶放到茶杯里，把水果放在果盘里等。

5. 观察力训练

孩子观察事物主要是通过眼睛向大脑传递信息，要想培养孩子敏锐的观察力，就要多设置观察景象，提供丰富多彩的视野观察对象。经常带小儿到户外、公园去玩，观察自然景象与动物。从孩子感兴趣、容易注意到的事物开始，用简单易懂的语言给孩子讲述物体的用途及关系，通过比较大小、长短、远近、高矮、形状、颜色来培养孩子观察事物的特征，并以提问的方式促使孩子去发现相同点与不同点，学会识别比较，从而使孩子的视觉与感知心理活动紧密联系起来，去认识更多的事物。

拼图、穿珠子、拼插玩具等游戏让孩子始终贯穿专注物体的训练，培养孩子注意力的集中性和持久性。

下列现象提示视觉障碍的可能：

（1）孩子不注视母亲，不看人。

（2）眼球不断摆动，眼球震颤、斜视。

（3）对鲜艳的颜色注视短暂。

（4）4 个月时仍不看自己的手。

（5）对细小物品无兴趣。

二、听觉功能训练方法

小儿的听觉功能发育最快。刚出生的小儿耳道鼓室没有充盈空气，并有羊水潴留，妨碍了声音的传导，故听力不太灵敏，但对强大的声音可有瞬目反应。几天后，外耳道鼓室中的羊水被吸收，听觉功能增强，听觉功能已相当好。

小儿的语言发育有赖于听觉功能的正常，对小儿进行早期听觉功能的训练，对语言能力的发育非常有利。近几年来，新生儿和小儿的听力筛查已经列入健康查体之中，筛查结果为可疑和异常的儿童，需通过电反应测听法中的脑干听觉诱发电位测定或稳态听觉诱发电位的测试，以早期发现和诊断听力障碍的孩子。让听力障碍的孩子尽早配戴助听器，进行听力和语言功能的训练，从而使这些小儿能听、会说，像正常儿童一样生活和学习，参与社会活动，将大大减轻家庭和社会的负担。

小儿的听觉发育有一定的规律，需要根据听神经的发育规律进行听觉功能训练。应该给他们创造一个丰富的闻听环境，不断增强听觉功能，让孩子逐步听懂、理解语言，明白周围的事物，学会说话，能尽早地与人进行交流沟通。

下面介绍不同年龄段小儿应该采用的听觉功能训练方法。

1 个月

刚出生的新生儿对声音就有所反应，突如其来的声音刺激能引起睁大眼睛、颤抖和大哭的反应，对铃声会有反应。2～3周时便能集中倾听声音，听到说话声会表现出安静状态。

1. 倾听声音训练

在孩子觉醒时进行倾听声音的听觉功能训练。母亲是孩子的第一任老师，对促进孩子听觉功能的发育，母亲温柔的话语是最简单而有效的方法。

给孩子洗澡、穿脱衣服、喂奶时，请你与孩子面对面地用柔和亲切的声音说话，让他聆听妈妈、爸爸的声音。孩子虽然听不懂，但这些声音信号可以反复刺激孩子的听觉器官，在他的大脑皮层留下痕迹，这是孩子享受父母爱，与父母进行情感交流的重要方式，也是父母进行亲子交流的好方法。

要经常用一个有声响的小盒、小铃铛、拨浪鼓等，在孩子觉醒时，在他耳边轻轻地摇动，发出柔和的声音，吸引他倾听声音。

2. 叫名字有反应训练

在孩子觉醒时，要经常在孩子的耳边轻轻呼唤他的名字并变换声调，看他听到名字后的反应，让他注视你。

与孩子说话时，如果孩子头转向一边没有看你时，你可以一边叫他的名字，一边把他的头慢慢拨向你，让他看着你的面孔叫他的名字。为了让他继续注视你，要轻柔地对他说话，对他微笑。

3. 听音乐训练

定时为孩子播放优美动听的轻音乐和欢快的乐曲，随着音乐的节奏抱着孩子轻轻摇动，带着快乐的表情随着节拍转动，使孩子在音乐中荡漾。曾经进行音乐胎教的可继续播放音乐，使孩子保持心情愉快，这能促进听觉功能发育，也有利于语言发育。

在照料孩子时，给他轻轻地唱儿歌，朗诵诗歌，念童谣，也是对孩子语言听觉能力很好的刺激训练。

要注意，只有在小儿觉醒时才能利用多种方式对他进行听觉功能训练。听觉训练应该在小儿对听觉刺激有反应时进行，无反应时应暂停，每次约几分钟。声响不能太强与太刺耳，要柔和，否则形成噪音就有害于小儿听觉功能的发育。

2 个月

这时的小儿可以注意听人讲话，能熟悉父母的说话声，听到说话声会出现愉快表情，能安静倾听轻快柔和的音乐，能区别人的语言声和非语言，当听到熟悉的声音时能从烦躁中安静下来，听到声音会做出倾听反应，会辨别声音的方向，并能判断声源。

1. 熟悉父母的声音训练

父母要经常给孩子说些亲切温馨的话语，让他熟悉妈妈、爸爸的声音。孩子特别喜欢听妈妈的声音，当妈妈用抚慰的口气说话时，孩子显得很安静，会用眼睛看着你，注意听你讲话，特别是在孩子哭闹时，只要闻听到母亲温柔的说话声，就会很快安静下来。孩子对母亲的声音很敏感，母亲经常用亲切温柔的声音与孩子说话，有助于孩子听觉与语言能力的发育。

2. 听力定向训练

在孩子睡床的不同方向，每天定时放些悦耳的轻音乐，去促进孩子听觉能力的发育，提高判断声音来源的能力。

用八音盒或有响声的鲜艳玩具在孩子眼前发出声响，让他立刻听到与注意到响声。

在孩子一侧的耳朵旁，慢慢地搓揉纸片，让他听听搓纸的声音，然后再换到另一侧耳朵旁搓纸，交替进行。

父母要在孩子身旁不同的方向与他说话，并时时呼喊孩子的名字，训练他的倾听反应。

让孩子听风铃声、钟表的滴答声，或者将豆子放入瓶子里、塑料筒里和盒子里摇一摇，让孩子听听声响有什么不同，并感受从不同方位发出的声音。观察孩子听到声音引起的反应，看他是否能用眼睛去追寻声音的来源，训练他向声源方向转头寻找，以发展小儿听觉的灵敏性。

3 个月

小儿能感受从不同方位发出的声音，出现头耳协调，头能转向有声响的一侧去追逐声源。能注意听各种声音，如人的讲话声、玩具声及音乐声，喜欢听大人对他说话，喜欢与人面对面地引逗玩耍，能分辨说话时的语调。

1. 寻声源转头训练

在孩子周围不同的方向，用说话声或玩具声引诱他转头寻找声源。如果孩子不寻声，则重复发出声音，直到他注视为止。

可拿一个拨浪鼓，在孩子前方 30 厘米处摇动，当他注意到鼓响时，对他说："看拨浪鼓在这儿"，让他对鼓产生兴趣。过一会儿，把鼓拿到孩子的视线之外，再摇动拨浪鼓，问他："拨浪鼓在哪里？"让他对声音产生反应。当他把头转向鼓声时，奖励他，把拨浪鼓给他，帮助他拿拨浪鼓摇动玩耍一会儿。

可以利用钟表、玩具、发音盒等，从不同方向发出声音，让孩子朝发声的方向转头去看，追逐声源，听声音找物，增强寻声的能力。

在孩子的头两侧继续揉搓纸，让他转头寻声。

2. 分辨声音训练

父母要经常用愉快、亲切、温柔的声音对孩子说话，可随时变化着对他说话的声调来训练他分辨各种声音。成人说话的不同声音、愉快的声调、丰富的面部表情，都可以吸引孩子注意听，借此让他分辨各种说话的声音。父母说话的声音柔和平静时，孩子就很安静，假如说话粗暴或过于大声与严厉，孩子就可能显得很不安。父母对孩子说话时，一定要亲切和蔼，声调温柔，避免粗暴严厉，快乐亲切的说话声能激发孩子愉快的情绪，让他喜欢听父母说话。

选择不同旋律、速度、响度、曲调的欢快音乐或发声玩具让孩子经常听，或每天给孩子做健身操时播放固定的音乐，让孩子记住放哪一段音乐要动动手臂，哪一段音乐要动动腿脚，使被动操慢慢变成听音乐的主动操。

经常给孩子念儿歌，讲故事，尽管他听不懂，但那优美动听的声音、押韵的词语是孩子最喜欢听的声音，对孩子的听觉功能发育十分有利。

4个月~5个月

小儿对周围的声音有敏锐的反应，任何声音都会引起兴趣，能辨别出父母的声音，听到母亲的声音有快乐表现，开始头耳协调，会转头去寻找熟悉的声音。听到悦耳的声音时会微笑，对和蔼的声音表现出高兴，严厉粗暴的声音会引起不高兴和大哭的反应。

1. 多方位听觉训练

在孩子安静的时候，父母可采用多种方式，吸引孩子去寻找前后左右不同方位、不同距离发出的声音，以刺激小儿方位听觉能力的发育。

要用固定的名字称呼孩子，训练他听到自己的名字有反应，能注视你，这时你要微笑着给他说些温柔的话。

从房间的不同角落，父母躲藏起来叫孩子的名字，与他说话，让他听到声音立刻能用眼睛去追寻声音在何处。

可以在孩子的视线以外摇着小铃铛，逗他转头去寻找响铃声。把铃铛摇得丁当响给他听，给他看，让他高兴。

2. 区分语调训练

这时让孩子听各种语调的声音刺激比听语言重要。孩子听到不同的声调会做出不同的反应，听到熟悉和蔼的声音会高兴，能微笑，心情愉快，听到严肃的声音则害怕、不高兴，甚至啼哭。

要多给孩子说些亲切温馨的话语，经常变换不同的语调和各种表情同孩子说话。说话时，要语言简练，语速缓慢，表情夸张，使孩子能够感受到语言中不同的声音和语调，逐渐提高对声音与语调的识别能力。

最好能有声有色地给孩子读童话故事，唱欢乐愉快的儿歌，给予孩子语言和音乐倾听能力的熏陶，让孩子逐渐区分各种语调的声音与不同曲调的音乐。

3. 听自然界的各种声音训练

让孩子从周围环境中直接接触聆听各种声音，给孩子讲故事，念儿歌与童谣，放优美动听的歌曲听，到户外听各种物体发出的声音，听各种动物的叫声，让孩子感受各种声音，提高他对不同强度声音的识别能力。

6 个月 ~ 7 个月

小儿听觉功能渐渐增强，听到叫自己的名字会有反应，有表示，对父母说的话有反应，能分辨出声调的好坏，并能产生不同的反应。对特殊的声音能敏捷寻找，听到有响声的玩具能主动去拿。

1. 寻找叫自己名字的人训练

在照料孩子做任何事之前，都务必先叫他的名字。让他听到自己的名字能有一定的反应，能听懂自己的名字。

在孩子面前叫着他的名字，同时把一个鲜艳的玩具举到你的眼前，当孩子注视你时，才可以将玩具递给他。

你叫孩子名字时，同时把一个捏响的玩具放在你脸旁，如果他把脸转向你，你要表扬他。逐渐减弱玩具发出的声响，最后在极其自然的状态下叫着孩子的名字，让他能看到你。

在叫孩子的名字时，先用手电筒照射他的脸，当他听到自己的名字时，能对光产生反应，这时再迅速将手电筒的光移到你的脸上，让孩子看见你在叫他的名字。反复多次地叫他的名字，来强化孩子听到名字的反应，渐渐地减少手电筒的照射，直到孩子听到自己的名字能迅速反应并能寻找叫他的人。

2. 辨别不同声音与声响训练

父母要不时地讲现实生活中的人和事让孩子聆听，并培养他注意听人讲话。在语言聆听过程中，对孩子好的表现，用温柔的声音表示鼓励，对不好的表现，用严肃的声音表示禁止，让孩子感受亲切与严厉语言的不同，并对不同语调的声音有不同的反应表示。

将一样的小物品放入不同制品的容器里，让孩子听听声响有什么不同，训练他听觉功能的灵敏性。

3. 听声拿玩具训练

这时的孩子对玩具声能做出反应，当听到熟悉的玩具响声时，会马上去找、去看、去指、去拿。

在孩子的周围，经常摆放一个带响声的鲜艳玩具，训练他听到玩具响声能做出反应，有表示。如果孩子表示对了，能去拿，要立刻用愉快的声音给予表扬，增强孩子玩玩具的兴趣，促进听感知能力的发育。

8 个月 ~ 9 个月

小儿能确定声源的方向，可迅速直接地去寻找声音。能听懂几个字，包括自己的名字及家庭成员的称呼，能区分肯定句与疑问句的语气，开始用手势、表情与动作对需求做出表示，能跟随简单的语言指示去行动。

1. 听懂语言训练

首先用实物反复告诉孩子物品的名称，让他能理解、听懂、记住，当他听到有关联的词汇时能做出简单反应，学会识别经常接触的物品。在日常生活中，要与孩子多说话，训练孩子理解语言的能力，使他的听觉功能与语言理解能力紧密联系起来，进行有意义的交往沟通。

每次给孩子喂饭时，先问他"要不要吃饭？"他点头表示同意后，再喂他吃饭。让他每次要吃饭时，都能用一定的动作来表示。

训练孩子听到"不"时能摆摆手，听到"欢迎"时拍拍手。

说到孩子经常接触的日常用品和玩具名称时，孩子能用表情、眼神、手势表示在哪里。问他"要不要"时，能伸手、点头表示要，用手推开表示不喜欢。

训练孩子听到"不可以"时，能立即停止手中的活动，懂得不能做，并能用行动来服从大人的要求。

2. 听各种声音训练

不仅让孩子定时听音乐，还要听收音机、录音机，倾听周围环境中的各种声音，如说话声、铃声、琴声、钟表声、哨子声、汽车声等，也可以播放一些简单的讲话声、儿歌、动物叫声，同时告诉孩子这是什么声音，让孩子逐步能区别这些声音，但注意不可让孩子听得太久，音量不要过大。

这时的孩子喜欢听韵律强、欢快而有节奏的优美乐曲，可根据孩子的性格类型选择乐曲，对活泼好动的孩子，让他听一些节奏舒缓与旋律柔和的乐曲，如摇篮曲；对文静不爱活动的孩子，让他听一些轻松活泼、跳跃性强的儿童乐曲，如小天鹅舞曲，去培养孩子的良好个性和注意听的好习惯。

每天带孩子到户外或动物园去接触大自然和各种小动物，看花草树木，听小鸟、狗、猫、鸡、鸭的叫声，让孩子用眼睛和耳朵去看、去听，认识小动物。

10 个月 ~ 11 个月

这时的小儿能听懂一些简单的词汇，并能用相应的手势、表情与动作来表示对词语的理解。能看着成人的口型学发音，模仿着学说话。能听着音乐节奏摇摆身体，并能区别不同的音调。

1. 听从简单指令训练

在孩子正确理解词语的基础上，训练他听到指示做动作，让孩子能够理解日常生活中经常听到的一些词语，能听从简单指令，并能做出适当的动作反应。

从指定的地方去拿取孩子感兴趣的东西与食品，如指着一件物品对孩子说"拿过来"，或指着一件玩具对他说"拿玩具玩吧"。如果听不懂，无反应，就做示范，手把手教，直到孩子能听懂指令用姿势或动作来表示。这时要为他鼓掌喝彩，给予夸奖。如果小儿能听懂而不执行，就要想办法让他执行。

如果想把孩子手中的东西要过来，就一边说"把××给我"，一边向他伸出你的手，必要时拉着他的手，帮助他把东西放在你手中，你再还给他。

与孩子反复玩传递玩具的游戏，要随时用语言指示他把玩具放到你的手中。

让孩子站在小椅子旁边，指着椅子对他说"坐下""站起来"。

2. 听音乐舞动身体训练

经常让孩子听不同旋律与音调、节奏明快的儿童音乐，或给他念押韵的儿歌，让他随声点头、拍拍手，也可以拉着孩子的两手一起随着音乐节奏舞动手臂，左右摇摆身体，边唱边听着音乐声舞动，让孩子合着节拍活动。

全家人一起随着音乐节奏拍手，舞动身体，示范给孩子看，让孩子模仿这些动作。

鼓励孩子独自随着音乐舞动，提高对音乐的感知能力，直到孩子一听到音乐声就能随着音乐的节奏摆动身体。这样既能培养孩子的音乐节奏感，促进运动功能的发育，还能激发孩子积极欢快的情绪。

12 个月

小儿的语言听觉能力发展很快，听到叫自己的名字时能点头，能指出眼睛、鼻子、嘴、耳朵、手、脚等身体部位和个别物品的名称，并能用"自己的语言"或手势表达需求。

1. 模仿指认五官部位训练

与孩子面对面坐着，你叫着他的名字，让他看着你，一边说"摸鼻子"一边用食指摸自己的鼻子，让孩子模仿。如果孩子不模仿，当你说"摸鼻子"的同时，用另一只手拉着孩子的手指去摸他的鼻子，反复练习后，不用帮助他就会用小手去指自己的鼻子。只要指认正确，立即给予夸奖。在多次指认正确后，逐渐增加嘴巴、眼睛、耳朵等部位的指认练习。

利用照镜子、脸谱、玩具娃娃教孩子学认面部五官部位，让他用手反复正确指认眼睛、鼻子、嘴巴、耳朵。也可以让孩子用手摸你脸上的五官部位进行正确指认。

2. 指认物品训练

在日常生活中，父母要一边做家务一边对孩子说话，做什么说什么，拿什么说什么，说东西的名称、形状、颜色、大小、用途等，让孩子在语言闻听环境中，逐渐听懂、认识家中常用的物品与玩具，用表情、手势表示对事物的反应，并能表示出一定的需求。

3. 一、二、三、四口令训练

在给孩子看图画书时，给孩子做健身操、皮肤按摩时，都可以慢慢念着"一、二、三、四"的口令去翻书或做体操、按摩。让孩子经常听到"一、二、三、四"的数字，像听儿歌一样听熟数字的顺序，为以后学数学作准备。

4. 定时给孩子讲故事听

12 个月是小儿听故事的关键期。每天定时给孩子讲简单有趣的故事，时间久了，就成了孩子最想听的声音，这对语言听觉能力发展有很大好

处。

给孩子讲故事时，要让孩子看着你，一定要用动听悦耳的声音、亲切的目光和笑容、有趣的动作来吸引孩子的注意力。

给孩子经常讲的故事，一定要照着词句念，不能随口讲述，如果念得不一致，这时孩子会有"念错"故事的反应表示，影响孩子的情绪。

1岁~2岁

小儿会称呼各种人，听到指令能干些简单的家务事，开始简单的语言表达。这时要训练小儿能听懂简单语言，跟随指令进行日常活动，让孩子按语言要求干一些力所能及的事情，最好是互动性的活动。

1. 听吩咐做事情训练

这时的孩子能走动，喜欢到处走走，可以让孩子经常按你的吩咐去干些小事情。开始时，大人与孩子一起做事，以后用口头指令说"把妈妈的拖鞋拿来"，"拿小板凳让爷爷坐下"，"把玩具娃娃捡起来"等。孩子会十分高兴地去做这些小事情，因为做对了，爸爸与妈妈会夸奖他"真能干"，孩子就有成功感。指使孩子做事情所说的话语要简单明了，容易听懂。

让孩子按吩咐从另外一个房间把东西拿过来，或者把人叫过来。

让孩子听到敲门声去开门，听到电话铃声去接电话等。

2. 听懂故事与音乐训练

给孩子讲简单有趣的图画书时，要想了解孩子是否听懂，可以向孩子提问简单的图画片让他一幅一幅地指认，指认对了就称赞他。

让孩子把故事书拿给你，你要表示出对故事书很感兴趣，调动起他听你讲故事的兴趣，有愉快的情绪。

定时同孩子一起听儿歌与音乐，听简单的韵律，并一起做音乐体操。

3. 称呼人训练

教孩子称呼各种人，首先会说家庭成员的称呼，让孩子有意识地喊"妈妈、爸爸、爷爷、奶奶、叔叔、姑姑、姐姐、弟弟"等。

家人回家时，都要主动与孩子打招呼，让他跟着模仿，学着打招呼。

有客人来家时，把孩子带到门口，要教他主动打招呼问好，正确称呼客人。客人离开时要让他挥手说"再见"，直到不用提醒也能主动向人打招呼问好，让孩子逐渐学会使用礼貌性用语。

2 岁 ～ 3 岁

小儿听觉功能逐渐发育成熟，可以精细地区别不同的声音，能听懂简单有趣的故事，听到简单的提问能做出正确回答。这个时期主要以询问的方式提出问题，训练孩子的听觉注意力，提高正确对答问题的能力。

1. 学听多种声音，能说出声音的名称

让孩子倾听各种声音，如电话铃声、门铃声、闹钟声、鼓声、琴声、汽车声、各种动物的叫声，并能模仿这些声音，能判断是什么东西发出的声音。

父母先学动物的叫声，让孩子模仿，再告诉他是什么动物的叫声，模仿对了，为他拍手，称赞他，逐渐让他能辨别这些叫声，并知道是什么动物的叫声。

录下孩子熟悉的声音，让他听一听，学一学，说出声音的名称。

训练孩子听到电话声拿起话筒放在耳边接听，并能说出自己的名字，介绍自己。

2. 听口令做动作训练

这时孩子走路已经很稳妥，身体平衡，运动协调，可以让他随着口令节拍做动作。你念着"宝宝宝宝，你转个圈，宝宝宝宝，你拍拍手，宝宝宝宝，你伸伸腿"等，要求孩子按你说的做相应的动作。还可以说着"头、鼻子、肩膀、脚"让孩子指认身体部位。如果几个小朋友在一起做动作，小儿做动作的兴趣会更高。

3. 提问对答训练

根据周围环境中的实物，经常以询问的方式给孩子提出问题，例如，什么是大？什么是小？什么是热？什么是凉？什么东西长？什么东西短？什么东西硬？什么东西软？最好选择一些孩子熟悉的物品进行提问，让他说出一些物品的名称和用途，

随时提问家庭日常生活用品是干什么用的，让孩子回答。提问孩子口渴时、肚子饿时、冷时、累时、困时该怎么办，如果孩子答不出，可以替

他说出答案，或者解释词义。也可以让孩子提问，父母作答，逐渐让孩子流利地回答问题，提高认知能力，促进语言表达。

4. 语言听觉功能训练

利用丰富多彩的日常生活情景，经常不断地给孩子讲周围的人和事物，讲故事，为孩子创造较多的闻听机会，让孩子置身于良好的语言听觉环境中，诱导孩子注意听，培养认真听人讲话的好习惯，不断增强听觉注意力，提高语言理解力，增加词汇量，让孩子逐渐能听懂语言，并按简单语言去行动，这样对孩子的语言听觉能力发育非常有利。

下列现象提示听觉障碍的可能：

◇小儿不能因巨响而惊吓、惊哭、惊跳。

◇对母亲的声音无喜悦表示。

◇叫名字或对声音无反应。

◇学说话少，咬音不正。

三、皮肤触觉刺激训练方法

皮肤感觉是受到外界机械刺激时产生的，是小儿认识世界的基础，在其认知过程中占有非常重要的地位。在机体的各项生理功能中，皮肤的感觉功能是最基础的。皮肤由外胚层发育而来，而且在胚胎发育过程中，作为外周神经的一部分，从细胞的早期分化开始，皮肤与体内的各器官、脑中枢神经系统的关系就十分密切。皮肤是面积最大的体表感觉器官，为中枢神经系统的外感受器，皮肤感觉的发育成熟是感知觉发展的重要部分。

在胎儿生命的开始，他们被子宫内温暖的软组织和羊水包裹时就开始有了触觉。胎儿4～5月时，即已初步建立了触觉反应，出生前胎儿的皮肤感觉与相应的脑中枢神经系统已基本形成。出生后的小儿最先出现的是皮肤感觉，由于有触觉的先天机制，全身皮肤都具有灵敏的触觉，触及眼、手掌、足底时即有反应，触及到他的嘴唇、口周时，即引起吸吮的动作。对温度的感觉也比较敏感，尤其是对冷刺激更能产生明显的反应，所以，刚出生的新生儿遇到冷环境会大声啼哭。对哭闹中的小婴儿，用手轻轻地抚摸与拍打就能起到安慰的作用，这种反应不过是皮肤与外界触觉接触时产生了感觉，让小儿有了安全感，使他安静下来。随着年龄的增长，小儿的皮肤感觉功能发展很迅速，灵敏度和定位能力也逐步提高。6个月后的小儿对触觉就有了定位能力，当刺激皮肤某点时，小儿的手就可以比较准确地去抚摸这个部位。

有触觉障碍的小儿，当外界刺激作用于皮肤时，就会做出过分的触觉防御性反应。特别是那些在孕期有高危因素和生后活动受限的孩子，平时触觉刺激少，均会引起触觉过分防御的反应。这些孩子从小怕人触摸，怕擦脸与洗澡，不愿意换衣服，易害羞紧张，胆小怕黑，粘妈妈，拒绝上幼儿园，害怕陌生环境等。因此，对这些小儿要尽早地进行皮肤触觉刺激，经常给他们进行充满爱意的皮肤抚触按摩。

小儿的口部、手掌、足底对触觉最敏感，是触觉刺激的重要部位。口周的触摸刺激是从口周的皮肤到下颌关节处的按摩，对小儿的萌牙和开口说话都有好处。对手掌心劳宫穴与足底心涌泉穴的按摩，对神经发育有重要的促进作用，这就需要父母经常用手去按摩孩子的口周、手掌与足底，逐个捋捋他的小手指与脚趾，让小儿的两手相互触摸。坚持给孩子天天做全身抚触与健身操，让他们游泳，这样才能不断地促进小儿的生长发育，防止触觉障碍的发生。

为了让小儿从小能感受到良好的触觉刺激，平时要充满爱意地把孩子抱在怀里，抚摸宝宝的皮肤，让他的小手去触摸你的脸、鼻子、眼睛、耳朵、嘴巴，进行皮肤接触，感受触觉刺激。在温暖的房间里，脱掉孩子的衣服，把他放在平滑、柔软、蓬松、毛茸茸等不同质感材料制成的被褥上，会让他很舒服。经常用光滑的丝绸、软毛刷、粗细不同的毛巾、柔软的羽毛、棉花、海绵、麻布、头梳齿等给小儿做刷身游戏，与他抓痒玩耍，都可以让小儿感受到不同的触觉刺激。选用各种质地、形状的玩具娃娃与橡皮泥、纸、金属等物品放在小儿的手中，让他拿着玩耍，进行触摸刺激，可以让孩子产生不同的触觉感。经常用冷热水、干湿毛巾去触及他的脸、脚、腿，让孩子体会到冷热、干湿的不同感觉。这些方法都能促进小儿皮肤感知能力的发展，增加触觉敏感性，并通过触觉物品的感知，让小儿去认识不同的物体。

抚触对小儿是一种很好的触觉刺激和心理慰藉，有利于他们的智力发育。在抚触按摩的研究中，最引人注意的是，按摩刺激所产生的感觉可引

起机体内外环境的信息改变，促进小儿的体格发育与精神发育，因此，应该每天坚持给小儿做全身皮肤抚触，这对他们的生长发育有很大好处。婴儿抚触的好处是：

1. 抚触能促进食物的消化吸收，使体重增加

体重是检测体格发育最常用的重要指标之一，也是反映小儿近期营养状况最灵敏的指标。1986年，美国迈阿密大学的 Dr. TIFfany Field 与她的同事，对20例早产儿在出生后连续10天进行皮肤抚触，每天3次，每次15分钟，同时设立对照组，两组的饮食结构和能量摄入无差异。结果发现，抚触组比对照组体重每天平均多增长8克，进行抚触的小儿体重多增加47%，而且小儿的觉醒、睡眠节律更好，反应也灵敏。对于那些早产儿或出生体重比较轻的孩子，尽早进行抚触尤其重要，对身体发育有益。

2. 抚触有利于睡眠，可以增加睡眠时间

通过皮肤抚触保持父母与孩子之间肌肤的密切接触，可以让孩子产生安全感，促使他们对外界环境尽快适应，可以减少"哭闹""焦虑""恐惧""孤独"等不良心理，起到安定情绪的作用。皮肤抚触还可以调节神经，放松肌肉张力，减少小儿神经肌肉的易激惹性，使他们全身心地放松，有利于睡眠，并能延长深度睡眠的时间。

3. 抚触能减轻肠绞痛，利于大便排出

腹部的抚触可以调节腹部神经，松弛肠道神经的紧张性，减少和减轻由于腹部神经紧张而引起的肠痉挛，防止肠绞痛的发作，使肠蠕动更加有规律。对那些吃菜少、易偏食而引起大便干燥的小儿，做腹部按摩有利于大便的排泄。

4. 抚触能提高机体免疫力，增进身体健康

皮肤抚触可以促进机体的血液循环，通经活络，增强体质，提高机体的免疫力。通过皮肤抚触，小儿身体舒适，心情愉快。舒心的精神状态可通过激素、神经递质作用于内分泌，影响免疫细胞，提高免疫功能，使小儿减少疾病的感染机会，对预防疾病非常有利，对健康保健也起着重要的作用。

5. 抚触能建立父母子之间的良好情感

充满爱意的抚触对尚无语言交流的小儿来说，是一种非语言性的情感

交流方式。在抚触中，父母望着孩子的眼神说温馨的话语，唱轻松愉快的歌曲，使孩子心身舒畅，充分感受到父母对他的真心呵护与关爱，体会到温暖与被爱。这是父母与孩子心与心的交流机会，是建立父母子早期情感的最好方式，这样从早期就能建立起良好的父母子情感。

6. 抚触能促进感知能力的发育

人体体表的特定部位与体内各脏器的神经系统存在着对应的关系，皮肤抚触就是在小儿出生后对面积最大的体表感觉器官进行触觉刺激的最好手段。如果你的孩子从出生后，每天都能接受皮肤抚触的触觉刺激，让孩子看着你温情的眼神，听你唱愉快的歌曲，这样能让小儿不断感受到良好环境的刺激，不断提高感知反应能力，对促进脑功能发育非常有利。

第五节　运动功能发育的训练方法

小儿运动功能的发育不仅与肌肉、骨骼发育有直接关系，更为重要的是与大脑中枢神经系统的发育有密切关系，是智力发育的重要标志。小儿运动功能的正常发育是先天和后天因素共同作用的结果。先天获得完整的身体是运动发育的基础，后天环境的活动训练是促进运动发育的必要条件。小儿运动功能的水平可以反映出脑神经系统的发育情况，根据运动水平进行适当的运动功能训练，对大脑神经系统的发育，对小儿的智力潜能开发都非常重要。所以，根据小儿运动神经发育规律进行适当的运动功能训练是非常必要的。

一、小儿运动发育规律

0~3岁是小儿运动发育的关键期，也是运动发育最快的年龄阶段。小儿的运动发育遵循着一定的顺序和规律，主要发育规律为：

1. 从上部运动到下部运动：小儿最早发育的大运动是头部运动，其次是躯体运动，最后是下肢运动。小儿最先学会的是抬头、挺头和转头，然后是会坐立，最后学会双下肢的站立和行走。小儿的运动是从上到下沿着抬头、坐、爬、站和行走的规律发育。

2. 从近端大肌肉到远端小肌肉运动：小儿的运动发育是从躯干部开

始的，离躯干近的大肌肉运动先发育，然后是向远离躯干的肢端小肌肉运动逐渐发育。先出现躯体近端臂和腿的运动，以后才出现远端手部小肌肉的拿取动作。

3. 从泛化运动到精细运动：小儿最初的运动是全身性的、不精确的、散漫的，以后逐渐分化为局部的、精确的、专一的运动。手动作从无意识、不精确地乱抓握，发育到有目的、有意识、非常精细地去做各种复杂的技巧操作运动。

4. 从正向运动到反向运动：手动作是先取后舍，小儿先学会用手去拿取物品，然后才会扔掉手中的东西。先从座位拉着栏杆站起，然后才会从立位坐下。先学会向前迈步，才能向后倒退着走。

小儿的运动功能主要包括全身大运动和双手精细运动。大运动是指全身的活动和姿势，包括抬头、翻身、坐爬、站蹲、行走、跑跳等运动。手的精细运动包括抓握、捏拿、传递、搓揉、翻揭、撕扯、折叠等技巧运动。小儿的运动功能发育是迅速的，随着小儿年龄的增长，全身大运动和手动作不断发育成熟，四肢配合性和手眼协调能力不断增强并贯穿于运动和活动之中，促进着小儿运动平衡和协调能力的发展。如果小儿能够获得良好的运动训练，不但可以促进大脑皮质运动区的发育完善，也能让小脑充分发挥协调肢体运动的功能，使小儿的协调运动能力更强，运动更灵活。相反，如果小儿从小就被束缚在无法自由活动的空间中，虽然最终会行走，但四肢运动很难协调自如。

根据小儿运动神经发育规律及每个小儿的运动水平，选准时机，创造良好条件，给予合适的运动训练，去促进小儿运动功能的不断发育和活动能力的不断提高，是早期教育的重要内容。运动功能训练不仅能使小儿肌肉发达，关节灵活，促进他的身体发育，同时还能扩大小儿的活动范围，让他接触更多的事物，从而发展认知能力，提高智力水平。因此，小儿的运动功能训练是早期教育的重要内容，也是父母的重要任务。要坚持给小儿做健身操，尽量引导他做各种运动，多活动，由易到难、由简单到复杂地逐渐提高运动训练。不同年龄的小儿有不同的运动训练重点，不能操之过急，要反复多次训练，才能使小儿的运动能力不断提高，并逐步发育成熟，让小儿的身体运动更加协调和平衡。

二、不同年龄的运动功能训练方法

1 个月

1. 竖抱抬头训练

在每次喂奶后，竖抱起孩子使他的头部靠在你的肩头上，在房间走儿步，让他能竖头几秒钟，再用手轻轻拍几下背部，可以防止吐奶。

用手掌扶托住孩子的头部竖起直抱 1~2 分钟，让他头部竖直片刻，每日 4~5 次。

2. 俯卧扶助抬头训练

小儿出生几天后就可以俯卧，但在这一年龄段内俯卧时还不能自己抬起头，只能本能地挣扎瞬间抬头，需要父母扶助抬头训练。让小儿俯卧于床上，两臂向前上方伸出，父母用两手掌从小儿两腋下托住他的胸上部轻轻向上抬举，使头部与胸上部离开床面，借此帮助让小儿进行抬头训练。

在孩子空腹时或喂奶前，将他放在你的胸腹前，让孩子自然地俯卧在你的胸腹部，你用双手扶住他的头两侧，逗引帮助他抬头看你，每天反复训练几次。

3. 侧卧位对称性姿势训练

让小儿侧卧于床上，头部向前稍屈曲，把他的双上肢和双手放在躯干部的正中位置，保持此姿势可以防止卧位异常姿势的发生。

4. 健身操训练

给孩子喂奶后 1 小时或两次喂奶中间，当孩子清醒时，给他做健身被动体操，每日 1~2 次。对 1 岁内的小儿，每天定时给他做健身操，有利于运动功能的发育。具体操作方法可参照第六章婴儿健身操进行。

经常用你的双手轻轻握住孩子的手和脚，一边对他说温馨的话语，一边活动他的四肢，做适当的伸展屈曲运动。

5. 触摸刺激训练

解开孩子的宝宝袋，把他平放在床上，让他自由活动活动手臂，也可以握住他的两只手向他的面部屈伸。

经常用手轻轻抚摸孩子的脸、手、脚，逐个捋捋小手指与脚趾，输入

触摸刺激。

用你的食指捅开孩子紧握的小手，把手指放入孩子的手掌中刺激他手指屈伸，让他的小手紧握住你的手指。一边哄孩子，一边试着移动你的手指，活动活动孩子的手和胳膊，让他体验手掌触摸的感觉。

2 个月

1. 俯卧位抬头训练

这时的孩子下颌能短暂抬起，俯卧抬头可达 45 度角。

让孩子俯卧位，拿一个有响声的玩具停在孩子的眼前，逗引他注视，然后一点一点地举高，让他能抬头看玩具。

用手轻轻抚摸或抬起孩子的下颌，帮助他抬起头，慢慢减轻你手的力量。当孩子尽力抬起头时，要表扬他，跟他说话，引起他的注意。

让孩子用两个胳膊肘支撑趴着，把哗铃棒举在他头的上方，并摇响哗铃棒，吸引孩子能持续抬头观看。

孩子俯卧位抬头训练在孩子吃奶前半小时左右练习最为合适，每天 4~5 次，每次 5 分钟。训练时间随着小儿年龄的增长而逐渐延长，但注意不能让小儿感到太累。抬头训练越早越好，抬头动作是小儿大运动中第一个最早发育的动作，对早期识别运动发育落后具有相当重要的诊断价值。

2. 竖抱起挺头训练

竖抱孩子时，他常常不能支持头部的重量，导致头部向前后左右歪斜。这就需要在每次喂奶后，用你的手臂支撑住孩子的背部，并用手托扶住他的头部，把他竖着抱起几分钟，然后逐渐减少你手的托扶，把你的手放在孩子头部附近，让他独自支撑头部几秒钟，进行头部竖立挺直的控制能力训练。为了使孩子能持续保持住挺头，最好有人在他的眼前与他说话，或者利用发声的玩具逗引他注视，让他能用力挺住头。

把孩子竖抱起来，让他的头靠在你的肩膀上，你用一只手托付住他的头部，让孩子隔着你的肩膀能看到你身后的东西，或者让家里的一个人站在你身后，拿一个发声的玩具在孩子眼前摇响，以引起他的注意，再慢慢地把玩具举起来，让孩子抬头看玩具。

3. 踢踢腿训练

让孩子仰卧位，用双手抓住他的脚腕，一上一下、一屈一伸、左右交替活动他的双腿。如果他能独自开始踢腿，就可以逐渐减弱你手的力量。

你趴卧在孩子身体的上方，让他的双脚蹬住你的腹部，锻炼腿的一伸一屈动作。

孩子的双脚能抬高后，在他的脚腕上戴上小铃铛，吸引他不断抬脚。

在孩子的床脚处悬挂1～2件色彩鲜艳、有响声的塑料玩具，高低能适合孩子用脚踢蹬。当孩子踢到玩具发出声音时，吸引他用脚继续踢玩具。

4. 手触摸物体训练

这时孩子的手能触摸物体，并能抓握住物体片刻。

在孩子面前，用绳子挂一个气球，帮助他用手触摸、拍打这个气球。

在孩子小床中央的上方，把色彩鲜艳的小玩具用松紧带悬吊在适当的位置，便于小儿用手碰触和抚摸。

拿一些色泽鲜艳、质地柔软的小玩意，经常去碰碰孩子的小手，让他能用手去触摸，并试一试让他抓握，然后把小玩意拿开，反复碰触刺激。

经常用你的手指和易抓握的玩具去碰触孩子的手掌心，让他去触摸与抓握。

把易抓握、带响声的玩具，如小拨浪鼓、哗铃棒与手摇铃，放在孩子眼前摇一摇，引起他注视，再把玩具放入他的手心，帮助他摇出响声，刺激他用力抓握住玩具。

3 个月

1. 竖抱起转头训练

这时竖抱孩子时，他能够很快稳定地竖起头，并能转动头部。将一件明亮会发光的玩具放在孩子眼前30～40厘米处，先把玩具放在头的右侧，让孩子向右侧转头，再放在头的左侧，让他的头转向左侧，左右侧交替，练习转头运动。

把孩子竖抱着，用发声的玩具在他头部两侧逗引他，吸引他头部侧转去注意玩具，左右交替练习，增强孩子头部竖直和转头的能力。每次训练2～3分钟，每日数次。

用双手扶抱住孩子的双腋使其身体直立，让他练习挺住头片刻，这样可以增强颈部肌肉的活动能力。

2. 俯卧位转头训练

3个月的孩子，颈部力量逐渐增强，双臂的力量也增强，很快可以俯卧抬头达90度角，并能用双手肘支撑着稍微抬起前胸，挺立起头部。每天让孩子俯卧3~4次，每次10分钟，练习俯卧位转头并观察周围环境。

孩子俯卧时，你的脸与孩子的脸保持在同一高度，向左右侧摆动你的头与他说话，这样他也转动着头与你的目光保持接触，听你说话。

当孩子趴着时，把能发声的玩具在他面前慢慢地左右移动，孩子就左右转动头部来看它。

孩子俯卧时，将哗铃棒、铃铛或拨浪鼓等带响声的玩具放在孩子的眼前，慢慢地上下左右移动，使他的头也跟着转动去看玩具，逗引他上下左右移动头部，来不断增强颈部肌肉的活动能力。

孩子仰卧时，让他的一只胳膊伸向外侧，另一只胳膊向头侧弯曲，这样孩子的头就会很容易转向伸向外侧那只胳膊的方向。两侧交替进行。

3. 仰卧位翻身训练

在孩子吃奶后1小时左右，让他仰卧位，双腿向上屈曲，用你的左手把他的右手向头部上方轻轻拉直，再用你的右手轻压孩子的右膝盖内侧，稍用力往外侧压贴于床垫上，然后提起他的左腿往右侧拉，顺势帮助他翻成俯卧位。

让孩子仰卧位，你站在他身旁，用一只手经小儿的腿下穿过两腿之间，把手掌搭在一侧膝盖上，用另一只手托在抬起一侧腿的肩后背下面，两手同时用力，把小儿先翻身到侧卧位，再翻身到俯卧位。

将孩子放置于床上，取仰卧位，你坐在孩子的一侧，先抓住孩子对侧的胳膊和脚，轻轻地拉他转向你而进行翻身，逐渐减少拉力。

让孩子仰卧位，在他的一侧肩膀下垫上一个垫子，将一个鲜艳、带响声的玩具放在他身体的另一侧，吸引他往这一侧转头转身去注视，逗引他翻身去够取玩具。如果孩子不会翻身，可以轻轻地拉他对侧的胳膊或小腿给以帮助。如果孩子能翻过身，就把玩具给他玩，让他高兴。

在孩子头的一侧，放置一个能上弦的音乐玩具，让音乐声吸引他翻身去看这个玩具。

有些孩子运动发育迟缓，需要大人帮助他仰卧翻身。用双手握住小儿的双脚，从仰卧扭动到侧位或卧位，每次数个来回后，再用双手握住小儿的双上肢往头上伸直，扭动双上肢做仰卧翻身运动数次。训练方法可参照第二章中的翻身运动与第三章中不会翻身运动的干预方法去练习。

4. 手抓握住物品训练

这时孩子的手的握紧反射消失，能用手抓握住东西，会用手抓握住一些带把柄的小玩具。由于这时小儿手眼不协调，看到而拿不到，这就需要用有把柄、易抓握的玩具经常去碰触孩子的手掌心，让他抓握住玩具。如果他伸开手不抓握，就要用你的手轻轻地把他的手指弯曲过来，让他抓握住玩具，持续几秒钟后，再慢慢放开你的手。逐渐减轻你弯曲孩子手指的力量，注意不要强迫孩子抓握东西。

把一件容易抓握住而又会发声的小玩意放在孩子手中，当他把小玩意偶尔弄出声响时，你要为他鼓掌，对他笑，并夸奖他说："真棒"。

在孩子前方看得见、能摸着的地方悬挂有响声、易抓弄的玩具，扶着他的手去够取、触摸、抓握、拍打，左右手交替练习。让孩子能拍打、抓握、玩弄的悬挂小玩具有哗啷棒、小气球、吹气娃娃、小动物玩具、小灯笼、带铃的环等，这些玩具很容易引起孩子的注意，吸引他伸手抓弄，培养手眼协调能力，增强手的抓握能力，并能使他较长久地玩弄玩具来提高专注力。

4 个月

1. 仰卧位拉坐训练

孩子仰卧位，让他的双手抓住你的拇手指，你的手紧握住孩子的手，将他由仰卧位慢慢拉起，拉到身体呈 45 度角时，让孩子自己能向前抬起头，颈部竖直，呈坐立位，稍微停一会，再缓缓地把他放下呈仰卧位，反复训练几次。

让孩子脸朝上躺在你的双腿上，头靠近膝盖处，让他的脚抵住你的腹部，你拉住他的双手，帮助他坐起来。

注意拉坐训练时，不要太用力，要让孩子自己主动用力坐起，最好能

拉着你的双手自己坐立起来。

2. 俯卧位用一只手臂支撑训练

让孩子两臂肘支撑着趴在床上，把他喜爱的能发声的玩具放在他伸一只手能去拿的一侧。开始时，你可扶着他的一只手引导他去拿，然后把玩具弄出响声，移动玩具碰碰孩子的一只手，让他能抬起一只手臂去拿喜爱的玩具。

孩子俯卧时，可以往他的头上放一块手帕，耷拉在他的眼前，让他能抬起一只手把手帕拿掉。

孩子俯卧时，拿饼干和玩具在他身体一侧晃动给他看，然后渐渐举高，引诱他伸出一只手去拿。

3. 俯卧位翻身训练

这时孩子能用两手臂支撑着抬起胸部，能俯卧位与侧俯卧转换。

让孩子俯卧位，你可以躺在或坐在孩子的一侧，一边与他讲话，一边用哗铃棒发出声音，促使他手臂伸直，支撑起身体，抬头看你，并抬起一手臂去拿玩具，这样能引诱小儿带动身体转动进行俯卧位翻身。

用多种玩具逗引孩子俯卧位翻身，他不会翻身时，你用手稍微帮助他练习俯卧翻身。孩子能仰卧与俯卧位翻身后，要经常用玩具引诱他从仰卧翻身呈俯卧位，再从俯卧翻身呈仰卧位，不断变换体位做翻身运动。

4. 手的准确抓握训练

4个月的孩子能试着用手去抓取物品。把玩具放在距孩子20厘米左右处，拉着他的手去触摸这些物品，帮助他伸手抓握住物品。

孩子仰卧时，在你的脖子上围一条围巾或系上一条领带，俯身让孩子看你的脸，让围巾或领带盖在孩子的脸上，让他伸手抓住围巾或领带，并摇动它。开始时，孩子可能不怎么伸手，你可以用围巾、领带碰触他的手，给予触觉刺激使他的手张开，让他抓住围巾或领带。

在孩子的胸部上方左右侧距孩子20厘米处悬挂鲜艳、带响声、易抓握的玩具。这些玩具都在孩子一伸手就能碰着的范围之内，以引诱他主动去挥打，去抓握，即使抓不住玩具，也能让孩子很容易碰到抓弄。

把孩子抱在桌前，把鲜艳的小玩具放在孩子面前15厘米处，让孩子用手向左向右去扒拉。如果他不扒拉，可以轻轻地把他的手臂拉向玩具，让他用手去摸，去抓握，并从不同方向移动变换玩具放置的位置，吸引孩子主动去抓取，反复练习。

5 个月

1. 靠坐训练

5 个月的小儿依倚而坐能直起腰部，先让孩子坐在一个木箱子里，箱子的高度在孩子的腋下，用靠背把孩子支撑好，使他的双臂能够自由活动，练习靠坐。

让孩子坐在你的两腿之间，把孩子的胳膊放在你的腿上做为支撑，你的腿慢慢离开他的胳膊，用双手扶住孩子的两上臂，使他能直起腰坐直片刻。刚开始训练时，孩子坐不好，成人要注意扶持，逐渐减少对他的扶持，每次训练时间不能过长，可以反复试着扶坐。

经常将孩子放在有扶手的沙发上或有靠背的小椅子上，让孩子靠坐着玩，每日 5 ~ 6 次，每次几分钟，注意靠坐时间不能太长。

2. 双腿支撑跳跃训练

你用双手扶抱在孩子的双腋下，让他的双下肢持重站立，把孩子稍微抱起放下，试着做双下肢跳动运动。

让孩子站在你的两条大腿上，保持他双下肢直站立支撑姿势。你把孩子抱起落下，在他双脚落下的同时，弹一下你的双腿，帮助他在你的腿上做跳跃运动。每日反复练习几次，渐渐地就是你不抱起，他也会在你腿上做自然跳跃运动。

3. 身体翻滚训练

让孩子仰卧位，你坐在他身旁，用双手分别推动孩子的腿、腰、肩部，帮助他身体翻滚，左右两侧均可。

让孩子俯卧位，你用双手拉着孩子的双手，向左转动身体，再向右转动，左右侧交替进行。

4. 把吃的东西放进嘴里训练

把奶瓶拿到孩子的视线内，一边与他说话，一边将奶瓶慢慢移到他的嘴边。如果孩子没有把手伸向奶瓶，你就把他的两只手拉到奶瓶上，让他抱着奶瓶，把奶嘴放入口中。

让孩子吃少量的奶后，把奶瓶从他的嘴里移开，看看他是否会伸手去抱奶瓶。他若是不伸手，请你帮他抱好奶瓶，让他把奶嘴放进口中再吃，反复练习。

让孩子拿着一支棒糖，你握住他拿棒糖的手，帮助他把手尽量举到嘴边，让他尝一口棒糖的味道。尝到甜头后，孩子就会自己把棒糖放进嘴里。

5. 伸手抓住物品训练

这时孩子的抓握能力有了显著提高，手能准确地去抓取物品。

经常把孩子抱成坐位，在他面前摆放一些彩色的小玩具、小物品，让孩子去注视和触摸，并引导他张开五指伸手去碰，主动去抓取。刚开始训练时，玩具物品放置于孩子一伸手即可抓到的地方，慢慢地移动远一点，让他伸手去够取并抓握住物品。

让孩子坐在你的腿上，把玩具放在孩子伸手才能够抓握到的地方。

让孩子坐在婴儿椅中，在他前面约 10 厘米处，挂上一个能发声的玩具，让孩子伸手去摇晃它，要让他的手尽量往前伸。如果他不伸手去拿，就把玩具放得离他近一些，等他能伸手去抓时，再挪远一些。也可以拉着他的手让他去抓，逐渐减少帮助，反复练习。

将奶瓶与玩具放在孩子伸手就能抓住的地方，让他用手去拿，或者等孩子伸手要时，你再递给他。当孩子伸手拿住了，一定要说些鼓励夸奖的话。

要经常从不同的距离与方向出示孩子喜爱的玩具，吸引他伸手去抓握，以训练手眼协调能力，促进手的灵活性和协调性。

6 个月

1. 独坐立训练

坐位训练应选择正确的姿势，让小儿两腿分开，身体前倾，双上肢稍向前支撑，双手掌朝下放平，手指分开负重。小儿坐不直时，你可以用双手拇指按压住小儿腰部脊柱两旁的肌肉进行按揉，把其余四指放在髂前上棘向后用力固定，让小儿身体伸展，促其坐直。

把孩子放在婴儿椅上握住他的手，拉他坐直，必要时可扶住他的双肩部，让他坐立。

把孩子放在你的两腿之间，与你一起坐在床上，使他的两手能扶着你的两腿，靠他自己的手臂支撑着坐好。

让孩子坐在有扶手的婴儿椅中，你在他的前后左右来回走动，与他说话，或摇铃铛与哗铃棒，引起他的注意，让他的头部和身体左右转动，进行独坐立身体平衡的训练。

待孩子能坐立平稳后，在他的腿脚前摆放玩具，让他坐着玩弄玩具，并保持较长时间的坐姿，使身体逐渐左右旋转自如，平稳坐立，并能随意改变坐立姿势，强化坐立时的身体平衡能力。

2. 匍匐爬行训练

这时的孩子呈俯卧位能五手指张开，手臂伸直能支撑起前胸，一侧手臂和腿也能短时抬起。由于腹部着床，孩子在原地打转，这时要帮助他的双手臂左右交替向前移动，同时把玩具或食品放在孩子伸手能够抓住的地方，以吸引他用力向前爬行来拿到这些物品。当他能向前爬行了，再把物品放得远一些。

让孩子趴在床上，头前方放有鲜艳的玩具，你用手掌分别抵挡住孩子的脚底，使他的腿能用力向后蹬，帮助他向前匍匐爬行。爬行是小儿早期移动的一种方式，能使小儿主动移动身体去接触更多的环境和事物，提高四肢协调运动的能力，促进脑功能发育。

3. 双腿跳跃训练

用双手扶着孩子的双腋，让他站在大人的双腿上，做往上一窜一窜地练习双腿跳跃运动。可以同时放音乐，帮助孩子有节奏地跳妖。方法可参照第六章婴儿保健操第二节中的跳跃运动进行训练。

用双手扶持在孩子的双腋下，让他双腿伸直站在大龙球上，扶着他往上一窜一窜地双腿弹跳跃，训练膝、髋关节的伸屈运动，为孩子日后行走蹦跳打基础。

4. 双手互相传递物品训练

你先拿东西做双手相互传递的示范给孩子看，然后把东西给他，让他拿住，再把他喜爱的另一件东西放在他拿着东西的手旁边，鼓励他把手中原来的东西传递到另一只手中，然后再来拿他喜爱的东西。如果他将手中

的东西扔掉，就要有意识地连续向这一只手递东西，同时帮助孩子将手中的东西传递到另一只手中，逐步教会孩子双手互相传递东西几次，能两手交换着拿东西。

如果孩子习惯用一只手拿东西，就要把东西放在他不常使用的那只手中，就很容易让他把东西传递到惯用的那只手中。

5. 用双手准确拿取物品训练

选择二三件孩子喜欢的色泽鲜亮的玩具放在孩子面前伸手能拿到的地方，逗引他注意，让他仔细从中辨别出自己喜爱的玩具，并等他自己伸手去拿取喜爱的玩具玩耍。

在桌子上同时放两个核桃，让孩子去拿取。他会伸手先拿起一个核桃，你帮助他用另一只手去拿起另一个核桃。

让孩子坐位，将大小不同的玩具放在身前远近不一的位置，练习用手去准确拿取。每次放几件，从大到小经常变换玩具，反复训练孩子双手拿取物品的能力。

把糖果、小食品放在盘子里，让孩子抓起来能送到嘴边，尝尝糖与食物的味道。他尝到甜头，就会再去抓取放进嘴里。

7 个月

1. 坐立位身体平衡训练

当孩子能平稳坐立后，要着重训练他坐立时身体运动的平衡能力。

让孩子经常独坐在床上或地铺上，坐着玩弄玩具，保持坐立位身体平衡。

经常与孩子一起玩玩具，把他喜欢的玩具不断地移动或者藏起来，逗引他坐着摆转身体去寻找，保持身体平衡。这样既能让孩子改变体位以提高视觉敏感度，去寻找玩具，又能锻炼较长久坐立玩耍的保持能力，提高坐立活动中的平衡能力。

最好准备一张合适的小婴儿椅，让孩子坐上去，双脚正好能触及地面，膝关节屈曲 90 度。你用双手扶住孩子的两条大腿，试着让孩子寻找坐立平衡。待孩子坐直平稳后，你可以试着松开一只手，拿玩具吸引孩子向左右侧转头、转身去拿玩具，让孩子在独坐中练习身体重心的转换，保持身体平衡。

2. 助力爬行训练

爬行动作是依靠俯卧位抬头时双手、双膝的有力支撑与手膝协调移动动作完成的，对小儿四肢运动协调能力的发展有很大好处。在刚开始学习爬行时，孩子只能原地蠕动和转动，你要帮助其爬行。

让孩子经常趴着，反复练习双上臂向前交替着移动，然后，一个人辅助上肢移动，一个人辅助下肢移动，帮助孩子向前爬行。

站在孩子身旁，将一条长毛巾兜住他的腰部，或用手抓住他腰部的衣服，帮助他的腰部抬起，使其四肢着地，并带动他向前爬行。

让孩子双手与双膝部支撑呈爬行姿势，你向后拉动他的一只脚，然后再放开，他会自动把这只脚向前移动。把孩子的两只脚交替着向后拉动，并逐渐减轻手拉的力量。

将毛巾卷、枕头、小滚筒放置于孩子的胸腹下，使身体重心落在他的双手和双膝部，促进四肢的有力支撑，以便于向前爬行。

助力爬行运动可参照第二章1岁内小儿运动功能训练第一节中的爬行运动进行训练。

3. 从坐立位转向爬的姿势训练

让孩子在平地上坐着，先用他喜欢的玩具或点心引诱他，让他想向你这边移动。当他的身体或手向你移动时，帮助他从坐立位转向爬的姿势。

让孩子坐在床上，你用手或玩具轻轻拍打前面的床面，促使他向前探身，也想用手去拍打前面的床面，这时你用手向前轻轻推他的背部，使他变成手和膝着床的姿势。

4. 手膝趴位前后晃动身体训练

让孩子趴着，在他的胸部下放一条长毛巾，你拉起毛巾两端，让孩子的双手、双膝支撑住身体，然后，向前向后拉动毛巾，使孩子的身体能随着前后晃动。

用双手扶着孩子的两臀部，帮助他前后晃动身体。

在孩子胸下垫一个圆枕，让他趴着。你先做示范，让他看着你趴着前后摇动身体的动作，并对孩子说"向前摇，向后摇"，然后，让孩子模仿做前后摇晃身体的动作，为小儿手膝爬行动作打基础。

5. 双手摇动玩具训练

你以愉快的表情摇晃着有响声的玩具，让他注意后，把玩具递给他，让他模仿着摇晃。如果孩子不能摇出声响，你握住他的手帮助他摇晃，渐渐减轻手帮助的力量，让他学会摇响玩具。当孩子把玩具摇出声响时，你要为他拍手加油，并说"真棒"，给以鼓励，并不断强化训练。

把一个小铃铛系在套环或手镯上，让孩子容易握住摇晃出声响。

让孩子用手握持一个细柄带响声的玩具，如摇铃、摇鼓、哗铃棒等，让他不断地摇出响声，引起他不断摇晃的兴趣，增强手的活动能力。

8 个月

1. 仰卧位站立训练

孩子呈仰卧位，让他的双手抓住你的双手站立起来，搀扶着他的双手平稳地站立一会儿，每次扶站时间不宜过久，每次 2~3 分钟即可。

经常从仰卧位拉着孩子的一只手，让他站立起来，你用一只手扶着他站立玩耍几分钟。

2. 独自爬行训练

让孩子趴在床上，把他的腿向前弯曲，放在腹部下面，将带响声的玩具或食品放在他伸手能拿到的地方。只要他伸手能拿到这些物品，就夸奖他，再把物品放远一些，或者拿孩子喜欢吃的东西在前面引诱他，让他主动用力向前爬行去拿他想拿的东西。

用一根棍挑着晃动好看的玩具，吸引孩子向前爬行，并伸手去够取这个玩具。

尽量少抱孩子，想法让他多爬行，为孩子创造一个爬着玩弄玩具的宽敞环境。利用他感兴趣的玩具，稍微放远一些，逗引孩子爬行去拿这些玩具。

经常让孩子与其他同年龄的小朋友一起爬行玩耍，在地毯或塑料地板上，让他们互相追逐爬着玩耍，或进行爬行比赛。

3. 从卧位转向坐立位训练

先让孩子从卧位转向侧卧，把他的膝盖屈曲到胸部，让孩子身体屈曲，并能用双手支撑着坐起来。

让孩子俯卧位，拿饼干和玩具在他身体一侧晃动给他看，然后渐渐举高，引诱他向上伸出一只手去拿，用另一只手臂支撑着坐立起来，然后把饼干或玩具给孩子，以示奖励。

孩子呈仰卧位，拉着他的一只手向身体对侧慢慢拉起，让他能用另一只手臂支撑着坐起来，连续训练几次。

找一个杠杆类的东西，让孩子自己拉着坐立起来。

4. 用拇指与食指、中指拿取小物品训练

8 个月的小儿能用拇指与食指、中指拿起适当的小东西。

选择一些小玩意、积木，你先做示范，让孩子看着你先把食、中两手指靠近这些小东西，后用拇指去对指拿取，让小儿模仿着用拇指与食指、中指拿起小东西玩耍。

用拇指与食指把一小片鲜艳的彩纸拿捏给小儿看，让他从你的手中用拇、食、中三指拿取小彩纸片。

选择一些指拨玩具，如小按键、小电话、算盘珠子、指拨转盘、小球等，你用手把着孩子的食指，与他一起拨弄，玩具的转动或发出的声音，能引起孩子用手指拨弄的兴趣。

在盒子上贴上漂亮的图画，并在上面开一个个小洞，孩子很喜欢用手指扣洞玩。

用能捏出声响的软塑料玩具，在孩子面前一捏一叫，吸引他把玩具也捏出响声。

5. 敲打对击训练

在小儿准确抓握的基础上，给孩子准备一些能拿着敲打对击的玩具。

抱孩子坐在桌子旁，你用筷子或小勺有节奏地敲打桌子，吸引孩子的注意。如果他想拿，你就把筷子或勺子放到他手中，握住他的手，帮助他有节奏地敲打桌子，逐渐减少帮助，让他能够自己敲打桌子。

让孩子双手各抓住一块积木，帮助他做互相对击敲打的动作，最好能敲打出声音，引起孩子的兴趣，让他学会用双手对击敲打积木。

让孩子双手同时敲打对击，能锻炼他左右手一起运动，促进两侧大脑半球指配运动的协调能力，培养手眼协调能力。

9 个月

1. 扶着站立训练

让孩子坐在地板上，你举着玩具让他伸手去够，同时伸出你的手把他拉站起来，把玩具给他。

让孩子坐在楼梯最下面的一个台阶上，让他拉着你的手站起来。

让孩子坐在有扶手的小椅子上，把玩具或点心放在小桌子上，吸引他自己扶着椅子扶手站起来去拿。当他拿到这些东西时，就称赞他。

让孩子坐在栏杆边，把他的双手搭在栏杆上，旁边放一个实心的枕头作为他站起来时的扶助物，你拿玩具在栏杆上摇晃，吸引他拉着栏杆站起来去拿玩具。

让孩子用一只手扶人、扶物站立玩耍。经常扶着小车、小床、栏杆、凳子及小椅子练习站立，能增强孩子腿的支撑力和身体站立时的平衡能力。

2. 扶着坐下训练

让孩子站在小凳子旁边，扶着他的双手让其慢慢坐下，同时用语言提示他坐下。

把孩子喜欢的玩具放在地板上，让孩子从站位扶着栏杆、小床、沙发慢慢坐下或蹲下去拿玩具。

你拉着孩子的双手面对面站着，另一个人站在孩子的背后，向前推动一下他的膝盖处，让孩子屈膝往下坐。

小儿站起的动作比坐下容易，让孩子坐下训练时，要注意扶持，千万不要让孩子一下子摔坐下。

3. 手放下物品训练

这个时期的孩子，经常把拿到手里的东西扔掉，这就需要训练孩子把手里的东西有意识地放下。

先握住孩子的一只手，让他用另一只手拿玩具，再给他一个他喜爱的玩具。他想拿喜爱的玩具，就要把手中原有的玩具放下，这时你用话语帮助他："把你手中的玩具放下，就给你这好看的玩具"，让他把手中的玩具放下。

与孩子反复玩传递玩具的游戏，让他把玩具给你，放在你的手中，你再立即还给他，这样让他有意识地把手中的玩具能放在你手中，练习手动作受意志控制，促进思维，增强手眼协调能力。这需要反复练习，才能做得好。

4. 模仿拍手训练

你拉着孩子的双手，边教他拍手，边说"拍拍手"。在做这个动作时要对他微笑夸奖，逐渐减少对孩子手的握力。

当孩子能表示或做对任何一件事情时，都要用拍手给予表扬，并鼓励孩子模仿拍手，必要时你拉着他的手一起拍拍手。

你做拍手示范，鼓励孩子模仿，可以一边唱"拍手歌"一边拍着手，引起孩子的兴趣，使他跟着学拍手，一直到让他拍手就能拍手时，就夸奖表扬他。

5. 双手撕纸训练

找一些干净的白纸，先用缝纫机轧成各种简单的形状。

让孩子坐在你的大腿上，做撕扯纸示范给他看，先引起孩子的注意与兴趣，再让他抓住纸的一边，你抓住纸的另一边，把纸撕扯开。

让孩子用双手独自抓住纸片，你帮助他往两边撕扯，逐渐减少你手的力量，使他能把纸片撕开。

10 个月

1. 手膝爬行训练

在孩子的胸部下放置毛巾卷、枕头、滚筒等，或者用双手抬起孩子的胸腹部，训练他双手臂、双膝部的有力支撑。等孩子能很好地保持手膝趴位支撑后，用玩具逗引他跪着向前爬行。

让孩子经常进行障碍爬训练，爬过枕头、塑料垫、小木板、沙袋、你的腿等，提高手膝爬行能力，逐渐让孩子能用手与脚撑起全身进行手足爬行。

2. 独站立训练

训练小儿独站立时，可先将其双腿略为分开与双肩平行，以降低身体重心，使之站得稳妥。扶着孩子站好后，将手撒开，让他独站片刻。

让孩子背靠墙站立，两脚跟稍离墙约 10 厘米，将他的双腿稍微分开靠墙站稳，然后，你慢慢地放手，用玩具逗引他身体离开墙壁站立数秒钟。每次站立的时间不宜过久，逐渐延长站立的时间，要注意保护好孩子。

把玩具放在凳子与矮桌子上，凳子与桌子高度相等，让孩子站在凳子与桌子之间，两边都能拿到玩具来回玩耍，锻炼他独站立时的身体平衡与活动能力。

3. 跪起站立训练

让孩子呈俯卧位，你用双手托扶住孩子的两手腕部，把孩子从俯卧位扶起跪直，再扶他站起来。让他站立着玩一会儿，然后扶着孩子跪下跪直，让他恢复俯卧位。孩子跪立站起时，一定要让他自己用力站起来。训练方法可参照第六章第二节第八小节中的跪起站立运动进行。

让孩子靠近小床栏杆坐着，拿一个玩具逗引他，让他双手抓住床栏杆跪起，再站立起来，然后把玩具给孩子玩耍。

4. 用手翻书训练

念些易懂的故事给孩子听，你一边念，一边把着孩子的手帮助他翻书，逐渐让他能帮你翻书。

让孩子看见你把糖果夹在书中，吸引他翻书找到这些糖果。

把旧的图书、杂志、塑料皮的书给孩子，让他乱翻，当玩的东西。

5. 把东西放入容器中训练

在孩子能准确抓住东西的基础上，准备几块积木和一个容器，训练孩子把积木放入容器里。

你先做示范给孩子看，把积木一块一块放进容器里，最好能发出声响，引起孩子的兴趣。然后，把积木放在孩子手边，用话语鼓励他："把积木放进去"，让他模仿着拿起积木放入容器中。如果孩子把积木放进去，就夸奖他。

给孩子一件小东西让他拿着，把容器送到他手边，你指着容器用话语指示他把东西放进去。

让孩子把一些小物品、小食品放进碗、瓶子、罐子、盒子里。

使用一些放入容器中能发出响声的东西，如铃铛、弹球等，或在容器中装水，以便把东西放入时听到溅起水的声音，能让孩子产生兴趣，反复把东西放入容器中，听发出的响声。

11 个月

1. 扶走步训练

孩子能够站立平稳后，可以扶着孩子的双腋，帮助他向前迈步行走。扶走训练时，不要用手提拉着孩子的双手向前行走，更不能用双手抱在孩子的双腋下提拉着向前走步，这样容易影响孩子的行走能力。

首先让孩子用双手扶着你的手一步一步地向前走动，经过训练后，孩子向前行走的能力增强了，就让孩子试着用一只手扶着你向前行走，直到你仅用手指支撑着他行走。

让孩子抓住绳子或毛巾学走步，逐渐减少拉力。

利用小儿推车与栏杆，让孩子扶着练习行走。尽量不要靠学步车，以免孩子形成不正确的行走姿势。

握住孩子的一只手，让他左右脚踢球玩耍，增强双下肢的重心转移，为独立行走做准备。

2. 扶着弯腰拾物训练

让孩子呈站立位，你站在孩子身后，一只手扶抱住他的两膝部，另一只手扶抱住他的腹部。在孩子的脚前放置他喜爱的玩具，逗引他身体前倾，弯腰去捡起放在脚前的玩具，然后再站立起来。这主要是训练孩子身体前倾弯腰，锻炼腰部的运动能力。如果孩子弯腰后不能直立起来，你要立刻把手移动到孩子的胸部，帮助他把身体直立起来。

把孩子感兴趣的玩具放置于他身体一侧，鼓励他尽可能地侧弯腰去拾取玩具，左右侧弯腰交替练习。

3. 从容器中取出物品训练

你实际操作几次给孩子看一看，你是如何从容器中把东西拿出来的。

你把着孩子的手，帮助他把东西从容器中拿出来，逐渐减少帮助，直到你指着容器中的东西跟孩子说"拿出来"，他能拿出来。这时要抱抱或亲亲他，作为奖励。

把物品放入容器中，摇摇它，让它发出声响，然后指一指容器中的东

西给孩子看，再摇一摇，吸引他把容器中的东西拿出来。

你将积木一块一块放入塑料杯中，让孩子一块一块拿出来。逐渐把物品和容器从大的换成小的，增加难度训练。

4. 打开瓶盖训练

将一个合适带盖的塑料瓶放在孩子面前，你示范打开瓶盖，再盖上瓶盖，反复做几次，让孩子注意看。你再抓着他的拇指与食指将瓶盖打开，练习几次，让他自己动手打开瓶盖。孩子做对了要给予赞扬。

5. 用拇指与食指捏拿小物品训练

在盘中放一些小饼干、葡萄干、大米花等，你先做示范，用拇指和食指把这些小粒食品捏起来放入口中，让孩子模仿捏着吃，必要时帮助他用拇指、食指把小食品捏起来。当孩子捏起饼干时，你也可以张开口说"给妈妈吃"，引导他把捏起来的饼干，放入你的口中。

让孩子把一些小丸、小珠子用拇指与食指捏拿起来，放进碗里，反复训练。

如果孩子总是用整只手大把抓东西，可以用胶布把其他3个手指屈曲粘贴在一起，训练他用拇指和食指将小东西捏起来。

12 个月

1. 独走步训练

让孩子先扶着一件东西或拉着你的衣角，以此来保持身体平衡，练习行走。孩子刚开始行走时，为保持身体平衡，两腿间距离宽，脚趾向内斜或向外斜，均属正常。

让孩子背靠墙面对着你，你坐在离他约1米远的地方，拿玩具与点心逗引他，让他向你走来。你随时准备扶住他，防止摔倒。

让孩子在两人之间练习行走，逐渐增加两人之间的距离，延长孩子独立行走的距离。

把孩子喜欢的东西放在离他两三步远的小桌子上，让他自己走过去拿起来。

可选择小推车、滚动玩具和手拖拉玩具，以增加孩子行走玩耍的兴趣，锻炼他行走和手的活动能力。

2. 爬楼梯训练

先把几个大枕头放在地板上，让孩子一个一个地爬过。

让孩子趴在楼梯最低层的台阶上，把他喜爱的一件玩具放在上面的一个台阶上，你帮助他移动膝部，扶着他向上爬，再把玩具放在高一层的台阶，孩子想要拿到玩具就必须往上爬，你逐渐减少帮助。

孩子会爬楼梯后，你坐在楼梯的高处，拿着玩具叫孩子的名字，用话语鼓励他往上爬。这时必须有人跟在孩子身后保护，防止摔倒或滑下楼梯。

3. 下蹲运动训练

在孩子的脚前摆放着玩具，你紧握着孩子的一只手，训练他下蹲拾取玩具后站立起来。

让孩子站在床栏杆旁，用一只手把床栏杆抓牢，把他喜爱的玩具放在他下蹲能够拿到的地方，逗引他下蹲用另一只手去捡玩具，反复进行。

把孩子喜欢的东西放在他必须弯腰才能拿到的地方。当孩子下蹲去拿时，拉着他的手以防摔倒。

4. 从模型板上拿出圆形块

你先示范从模型板上拿出圆形块给孩子看，再手把手地教他从模型板上拿出圆形块，同时说"好，把它拿出来"。如果孩子拿住了，要表扬他。你轻轻指指桌子，让他把圆形块放在桌子上。

把一个圆形小把手贴在圆形块上，以便孩子容易把它拿到。

在圆形块下面贴上一张十分有趣的图画片，使孩子拿出圆形块后就能看见图画片，以引起他的兴趣。

5. 手连续动作训练

随时抓住孩子注意力集中的时机，提供各种玩具做些简单的游戏，训练手的操作能力。如把一块积木放在另一块积木上摞高，把环形物一个一个套在小棍子上，把小棍插入小孔里，将有孔的玩具串起来，把小丸一粒一粒放进瓶子里，用手一页一页翻书看，或来回滚动皮球玩耍，等等。这些手的连续动作不仅能有效地提高孩子手运动的灵活性和准确性，还能提高手眼协调能力，增强他们做事情的专注力。

6. 与小朋友玩动手游戏训练

找一个与孩子年龄相近的小朋友，相距 1 米左右面对面而坐，让他们一来一往地互相推动玩具汽车与皮球。

准备两个孩子能一起玩的玩具，如玩具娃娃、搭积木、旋转的玩具、敲打玩具、按键玩具等，让孩子互相模仿着玩弄。

让两个孩子互相握握手，拍拍手，碰碰鼻子等，还可以让他们一起模仿做一些熟悉的动作，如转动转动头部，高举起双臂，拍拍双手，摸一摸鼻子与耳朵等。

让几个小朋友在一起做动手游戏，玩运动性玩具，互相追逐着滚动皮球，或在地板上爬越小的障碍物等。

1 岁 ~ 1 岁半

1. 行走自如训练

准备一辆能推着玩的带有木偶的小儿童车，让孩子推着小车向前走，转弯走，向后倒退着拉着走等。

让孩子握住拉车玩具的拉绳或把柄，你与孩子一起拉着行走。

准备一个大的皮球，让孩子滚动皮球追着玩耍，或抬起脚踢球。

将一些形象漂亮的玩具放在孩子周围不远的地方，让他来回走着玩耍。

让孩子屋里屋外到处走走，干些简单的家务，以锻炼行走能力。

孩子独立行走的能力稳妥后，要经常带着他到外面的世界去运动，到儿童游乐园玩运动性玩具，不断拓宽孩子的活动空间，增强运动能力，以促进行走运动的稳定性和协调性。

2. 爬高训练

搬个小板凳放在床前或沙发前，让孩子先爬上板凳，身体趴在床上或沙发上，然后你帮他把一侧腿膝部屈曲，抬起腿放在床上或沙发上，让他能爬上去。在床上或沙发上放置孩子喜爱的玩具，以引诱他往高爬。这样孩子渐渐学会自己爬上椅子，到桌子上够取喜爱的玩具。

让孩子趴在楼梯上，把一件他喜欢的玩具放在上面的一个台阶上，让他往上爬，去拿自己喜爱的玩具。爬高有一定的危险，要注意保护。

3. 投套圈训练

准备木制或塑料的有色套圈数个和一根套圈用的木柱。你先拿 1 个套圈套在木柱上给孩子做示范，然后，给孩子 1 个套圈让他往木柱上套。开始时，你扶着孩子的手把套圈套在木柱上，帮助他套。孩子学会后，你给他 1 个套圈，一边用手指一指木柱的顶端，一边用话语要求他套上去，并鼓励他不断往木柱上套圈。当孩子每次套上套圈时，旁边的人都要鼓掌夸奖。

如果家中没有套圈木柱，可以把筷子插在硬的塑料泡沫上，彩色套圈也可以用多种颜色的橡皮筋代替。

4. 把圆形插棒拔出插入训练

你先示范从多个插洞板上拔下一根插棒，然后对孩子说："把那个插棒拿给我"，拉着他的手帮着把插棒拔出来。

先示范在插洞板上插上一根插棒，鼓励孩子把它拔出来。然后，握住他的手，协助他把插棒插进洞里，或者你示范着把一根插棒插入洞里给他看，让他模仿着插入，直到他自己能把插棒插进洞里。

开始时先用直径 2 ~ 3 厘米的插棒，等孩子拔出插入熟练后，可以换成小一点的插棒训练。

在小的塑料容器的上面中央挖一个比插棒大一点的洞，让孩子把插棒往里放。当插棒落进去的时候会发出响声，这样能增加孩子的兴趣。

5. 模仿用蜡笔涂画训练

要教孩子正确的握笔姿势，试着让他随便任意地涂涂画画。准备好蜡笔和纸，把纸用胶带贴在桌子上，这样孩子就不必用手去按住纸了。你拿蜡笔在纸上画一条线后，把蜡笔给孩子，协助他握笔，并在纸上随意画出一条线，连续画几笔。然后，拿出另一张纸，让孩子自己画线，只要能画出笔画，不管画线弯与直都要夸奖他。

用彩色粉笔让孩子在黑板上画线，激发他画线的兴趣。

把纸贴在墙壁上，让孩子能站着画线。

6. 运动游戏训练

经常让孩子在地上玩耍，玩推拉的玩具，推小儿车。

让孩子到处走动，练习站、蹲、踢、弯腰等运动。你可以将玩具散放在各处，让孩子收捡起玩具放在固定的地方。

准备一个较大的皮球，你与孩子一起做玩球游戏，教他抢球、抱球、抛球、抬脚踢球等，练习四肢活动的灵活性与协调功能。

经常带孩子到儿童乐园去，让孩子与年龄相近的小朋友一起玩滑梯、坐摇椅木马、打秋千等。

1 岁半 ~ 2 岁

1. 跑步训练

两个人先分别拉着孩子的一只手教他慢跑步，可与孩子一同跑，让他模仿你跑步，逐渐增加跑步活动量。然后你站在孩子的前面，拍着手招呼他跑步过来。这时孩子跑步止停，动作不协调，容易摔倒，家长要注意保护。

通过玩球游戏来训练孩子跑步的灵活性和稳定性，如把球滚出 2 米远，让孩子跑过去捡回来，再滚出去，再捡回来，反复训练。

2. 双脚蹦跳训练

你先示范双脚蹦跳几次，然后拉着孩子的双手面对面地站立，让他跟你一起做屈膝动作，并拉着孩子的双手一起双脚蹦跳。逐渐过渡到牵一只手蹦跳，再到扶物能跳，直到他自己能双脚同时蹦跳着离开地面，如此反复练习。

玩青蛙跳跳、小兔蹦蹦等游戏，鼓励孩子练习双脚蹦跳。

利用跳板台或蹦蹦床，让孩子在上面蹦跳，体会蹦跃感，锻炼身体平衡能力。

3. 拾捡东西训练

玩一种必须把东西拾起来的游戏，如扔球游戏，做拾球的动作给他看，往孩子站着的地方扔球，让他能把球拾起来。

开始时，让孩子拾高的比较大的东西，如果他拾捡得法，就可以让他拾捡比较小、比较难拾的小东西，如小沙袋。

4. 扶栏上楼梯训练

让孩子先扶好楼梯扶栏，你站在孩子身后，用双手扶着他的腰部，用膝盖顶住孩子的膝后腘窝上部，迫使孩子抬腿把一只脚放在台阶上，以训练他手扶栏杆上楼梯。你搀扶时不要太用力，主要是保护，最好是让孩子自己用力抬腿登上楼台阶。迈上台阶后，待孩子两只脚站稳后，再搀扶他迈步登向上一级楼台阶。

让孩子的一只手扶好楼梯扶栏，你拉着他的另一只手鼓励他迈上楼台阶。

孩子能扶栏杆上楼梯后，你要放手让他自己扶栏上楼梯。可以每隔一个台阶放一块糖果，孩子每上一台阶就能得到一块糖果，让他高兴。

5. 玩套叠玩具训练

准备好形状相同的套筒、套碗、套杯、套塔等套装玩具。你先做示范，按大小次序拆开和套装。孩子会很感兴趣地自己尝试着做，既培养了注意力，又学会了大小的顺序。

先用两个套装玩具对套，你套进一个，让孩子模仿着也套进一个，等孩子了解了套装的方法后，再逐渐增加数量。

通过玩套叠玩具，孩子眼看实物一个比一个大或一个比一个小，渐渐体会到大小数的顺序，培养了大与小的感知能力。

6. 积木摞高训练

开始时，用大积木做搭积木的底，给孩子一块积木，拉着他的手，帮他把这块积木放在大的积木上，并逐渐减少对他的帮助。

把 4 块积木放在桌子上，你把其中的 2 块积木摞起来，让孩子模仿你，把剩下的 2 块积木也摞在一起，反复模仿训练。

在孩子面前放几块积木，用手指着积木该放的位置，指示他说"放在这儿"，提示他把积木摞叠在一起。每放上一块积木就表扬他，让他把积木一块一块都能摞叠在一起。

利用海绵、书本、构建等玩具，让孩子练习摞高。

2 岁 ~ 2 岁半

1. 跳远训练

你与孩子面对面站立，拉着他的双手，告诉他双脚一起向前蹦跳，并拉着孩子的双手往前蹦跳一下，多次练习。

用粉笔在地上画几条线，让孩子在线与线之间向前跳，或在地上放上各种颜色的圆圈，让孩子从一种颜色的圆圈跳到另一种颜色的圆圈里。要

保证孩子跳远后能站稳脚跟，渐渐地双脚连续向前跳几步，延长跳的距离。

2. 手扶着下楼梯训练

孩子一步一台阶地上楼梯比较稳定熟练后，再训练下楼梯。先在楼梯最低层的台阶开始练习下台阶，再上到 3 ~ 4 级楼梯台阶训练。

孩子两只脚在台阶上站稳后，你面对孩子，扶着他的双手，让他先伸一只脚慢慢往下迈，练习下楼梯。

你站在孩子站立的楼阶梯下面的一级阶梯上，紧紧托住孩子的臀部，让他往下走，并帮助他把身体重心移到迈出的那只脚上，帮他稳住身体。

小儿一般是先学会上台阶，然后才会下台阶。所以，孩子会上楼梯后，再训练下楼梯。训练上下楼梯时，开始选择的楼梯台阶不要太高，层不要多，逐渐增加楼梯台阶数。

3. 跑步停止训练

在跑步稳妥的基础上，训练孩子跑步停止的平衡能力。

你与孩子一起跑步，同时喊"开始跑，一、二、三、四停"，要反复练习，让孩子渐渐跑步能平稳停止。训练时注意扶持孩子，不要让孩子摔倒。

4. 走平衡木训练

把 15 厘米宽的一块长木板平放在地上，你先从木板的一头走到另一头示范给孩子看，再扶着孩子的一只手，让他在长木板上来回走。

在长方形的两块砖上，用长木板造成平衡木桥，让孩子在上面行走，反复练习，直到来回行走自如。孩子走平衡木稳妥后，要经常进行练习，锻炼身体的平衡能力。

5. 模仿画圆圈训练

你先示范在纸上画一个大圆圈，让孩子模仿着画圈。

扶着孩子的手，教他用蜡笔画大圆圈的动作，一边画，一边夸奖他。

让孩子描你画的圆圈，然后让他自己再画一个圆圈。如画得好，你就在圆圈中画一个笑脸，作为奖励。

6. 穿洞训练

把粗的吸管剪成 1 ~ 2 厘米大小，准备数十个。你先做示范，用一根带绳的木棒把吸管穿进去，再拿起一个吸管，将吸管穿进木棒上，让孩子把带绳的木棒拉出来。然后，让孩子一只手拿着带绳子的木棒，一只手拿着一个吸管，让他把吸管穿在木棒上。如此反复练习，训练孩子的手眼协调能力，培养专注力。穿洞熟练准确后，把吸管换成细一点的继续练习。

把穿好的吸管做成手链、项链，给孩子戴上，他会很高兴。

用带绳的木棒穿中间有孔的各种积木。

2 岁半～3 岁

1. 单腿站立训练

让孩子在两把椅子之间扶着椅子，或者你抓着他的双手，让他抬起一侧腿单脚站立，渐渐减少帮助，不依靠人和物，使他能够单腿稳定地站立几秒钟，并延长单腿站立的时间。两腿要交替站立训练，使双下肢力量均衡。如果孩子不能将一侧腿抬起，就要协助他把腿抬起来，进行单腿站立训练

利用游戏竞赛的形式鼓励孩子单腿站立，增强单腿站立的支撑能力。

2. 跳下跳高训练

先在地面上设置有一定高度的障碍物，如一个纸盒、一本书、一个沙袋等，让孩子跑到近前双脚跳越过去。如此反复练习，并逐渐增加难度，如再加一本书变得更高，或者两本书平放，变得更宽，让孩子练习跳过。

让孩子站在 20 厘米高的台阶上，你先拉着孩子的双手往下跳，再放手让他独自跳下，注意跳下落地时要屈膝站稳。

孩子跳下跳高运动时容易摔倒，要时刻注意安全，给予适当的保护。

3. 一步一台阶下楼梯训练

孩子不用扶着能交替一步一台阶上楼梯后，训练孩子一手扶栏杆，双脚交替着一步一台阶下楼梯。

教孩子两腿交替着一台阶一台阶地下楼梯，就是想法不要让孩子的双脚同时站在一层台阶上，渐渐地孩子不用扶栏杆独自能下楼梯。经过上下楼梯训练后，孩子可以自由地上下楼梯玩耍，并能独自玩滑梯。

4. 骑三轮车训练

刚开始时，让孩子骑坐在小三轮车上，双脚蹬在踏板上，你用绳子拉

着，帮助他用力蹬车，让他体会蹬踏板的感觉。

为了帮助孩子往下蹬踏板，可以交替着往下按一按他的膝盖，逐渐让孩子学会骑三轮车。会骑三轮车后，要练习骑车技能，如骑车转弯，遇到障碍物会停车等。

三轮童车是这个年龄段孩子特别喜爱的玩具。骑三轮童车既能增强孩子的体质，锻炼身体平衡能力，又能培养胆大心细，训练小儿运动的协调性、敏捷性和良好的反应能力。

5. 折纸训练

你先示范把正方形的纸对折成长方形或三角形，然后帮助孩子模仿着把纸对折。

在纸上画一条线或将纸对折留有折痕，让孩子沿着这条线或折痕把纸折叠一下。他如果做得好，就表扬他。鼓励他动手折纸，逐渐增加难度，使他学会将纸两折或三折。

让孩子经常折叠毛巾或手帕，玩多种折叠游戏，不断发展手动作的灵巧性。

6. 拼图训练

选择一图一物的画片，将其分剪成两片，你先示范拼图，再让孩子模仿拼图。再把图画片剪裁成4块，让孩子自己拼图，逐渐增加难度。

选择与孩子年龄相符的拼图板玩具，反复进行拼图训练，既增强了孩子从局部推及整体的能力，又锻炼了手动作的敏捷与准确能力。

7. 把圆形、正方形、三角形插块插入插板中训练

从圆形插块开始，把插块给孩子，你可以指着圆洞，拉着他的手帮助他，让他插好圆形插块。再依次给他正方形、三角形帮他插好。

让孩子先用手指摸摸插板上孔洞的边缘，然后，让他找出与此图形相同的插块，正确地放在插板的孔洞上插好。他做对了，就表扬他。

8. 穿珠子训练

你先做示范，把珠子穿在一根带绳的木棒上，再拿起一颗珠子，让孩子看清楚珠子的小孔，把珠子给他，让他摸一摸珠孔，引导他将珠子穿在木棒上，反复训练。

你做示范将尼龙绳从珠子的一侧穿入小孔内，在孔的另一侧把尼龙绳

子拉出来。然后帮助孩子用手抓住绳子的一头，让他把绳头穿过珠子，从另一侧把绳头拉出来。这个动作需要准确性，要反复练习才能熟练掌握，提高速度。

9. 用手握住铅笔临摹写画训练

你在纸上先示范画直线、竖线、圆圈，再握住孩子的手，教他模仿画直线、画圆圈。

让孩子用正确的方法握住笔，描已经画好的线和圆圈，再督促他自己动手画线，从两点之间连线，画十字，临摹画线、画圈、走迷宫等，反复练习，培养孩子的绘画能力。

第六节　语言功能发育的训练方法

语言是人类所特有的心理社会现象，是人对客观事物认识的表达工具，也是人们相互交流的工具。人与人之间通过语言相互表达思想和情感，扩大并加深人们对事物的认识，丰富人们的情感生活，增进人们参与社会生活的能力。语言是表达思维和意识的心理过程，与认知、感觉、心理、情感、运动有关系。因此，语言能力与智力水平密切相关，是小儿全面发展的重要标志。

一、小儿语言发育规律

语言发育有赖于听觉、构音器官和大脑功能的正常。人们的语言信号是通过眼、耳感知后输入大脑中枢，经过语言处理分析器处理分析储存后，再经神经传出支配构音运动器官咽、喉、舌而进行语言的口头表达。三个环节中任何一环发生功能异常，都会影响言语的形成，产生语言障碍。

生后小儿的交流欲望是语言发展最初的动力，是先天的。出生几个月的小儿对语言没有意识，但是他已经有交流欲望。他会哭，会对熟悉的人笑，能从喉咙中发出叽叽咕咕、咿咿呀呀的声音，这些都是在表达他的感受，是小儿的一种交流欲望。父母与他说话时，他会用咿啊声回应，会摆动脑袋和舞动手脚与人交流，这是在用自己发出的声音和肢体语言与人进

行交流。他希望得到父母的注视，希望看到父母亲切的目光和微笑的表情，希望听到父母温柔的声音，这是小儿非语言的交流方式。每当小儿有非语言的交流欲望时，父母要及时地积极回应，与他说话，模仿小儿的发声，诱导他发音，尽早进行语言环境刺激。父母要训练小儿注意听人说话，看懂别人对他说话中流露出的表情，使他逐渐能理解言语，模仿人的言语说话。一岁左右，小儿开始进入言语期，会说单字，能说出让人理解的单词。一岁到一岁半是言语理解能力的主要发展阶段，语言理解能力逐渐增强，但是，言语表达能力却发展较慢，就是说孩子能够理解的词语量增加很快，而说出的词语却不多。从一岁半开始，小儿能到处行走，接触的人和事物增多，他们为了交往需要而学说话的积极性大为提高，小儿会说的词语日益增加，能把词与实物结合起来，并用简单的言语表达自己的需求和愿望。从一岁半到三岁末，小儿进入言语表达的快速发展阶段，词汇量增多，从会说单词句发展到会说多词句，会说短语句子，学着把两个或更多的简单句合并成复合句，促进了与人主动进行交流的积极性。随着语言表达和交往活动的增加，小儿从对语言的粗略感知，逐步过渡到精细表达。三岁多的小儿，如果语言功能发育正常，所掌握的词语和句型已使其具备了言语交往沟通的能力，随着年龄的增长会获得更多的词语，掌握更精确的语法形式。

语言是靠后天学习与培养形成的，有一个不断发育成熟的过程。为使小儿的语言功能得到很好发展，父母与家人要尽早地对孩子进行语言刺激训练，创造丰富的环境进行语言交流，不断提高孩子语言表达的能力，增进与他人之间的交往沟通，提高社会交往能力。小儿的语言是在与人不断交流过程中学会的。在这一过程中，小儿不仅学习语言，而且能认识周围环境和事物，提高社会适应能力。

二、语言刺激训练方法

1个月~3个月

从落地的第一声啼哭开始，小儿就有了发声，经常轻轻发出一种比较有规律的声音，能啊啊喔喔的发声，渐渐地能咿呀学语，听到说话声能聆听，会注视人的眼神，并表现出愉快的表情，逗引时会微笑。这个时期主要为小儿提供适当的语音和语言刺激，引诱小儿能发出多种声音与声调。

1. 逗引孩子发声

在小儿清醒时，父母要轻轻抚摸孩子的脸和手，多与他眼神对眼神地用温柔的声音微笑着说话，最好能逗引他发声，引诱他发出"啊啊""喔喔"的声音，并重复他的发声，给以及时的回应和微笑。

经常轻轻地抱着孩子，逗引他，向他的脖子轻轻吹气，并咿咿呀呀地对他说话，引诱他能发出声音，慢慢重复他发出的声音，刺激他能连续发一个音。

孩子反复发声产生的听觉刺激与喉部本体感觉可使小儿从中获得快感，有利于语言发育和良好情绪的培养。

2. 反复发同一个单音

在孩子耳边发一些柔和的单音，如"啊—啊""哦—哦"音，让孩子模仿。开始时声音大些，然后用温和的声音重复发音。当孩子发出同一个音时，你要立即重复他发过的音，用回声给以强化，让他再发这个音。

给孩子活动身体时，你要有节奏地重复发一个单音。

3. 咿呀学语刺激

要随时用简单生动的语言、丰富的表情与孩子说话，给他较多的语言刺激。父母所说的一切语言，对于孩子来说都是最好的早期语言训练。

在给孩子喂奶、穿衣、洗澡时，用固定的名字叫孩子，亲切地向他发出咿呀的声音。如果孩子喉头能发出咿呀声，你要重复他的声音，让他再重复几次，这时要对他微笑并抚摸抚摸他，给以鼓励。

选择优美动听的音乐定时播放给孩子听，随着音乐的节拍抱着孩子轻轻摇动，并对他轻轻唱歌。

选择能发出悦耳声音的音响玩具，放在孩子眼前去吸引他注意看听。

坚持每天给孩子说悄悄话，唱儿歌，说儿语，讲童话故事。如果你注意观察，就会发现孩子在你说话或讲故事时的神情很专注，有时还会动手踢脚和叽叽咕咕地回答。

4. 语言前期的口腔干预训练

每天给孩子做口周按摩 3～4 次，能促进口腔的张开闭合，对发音时

的口腔运动能力非常有利，对语言发育也有很大好处。操作手法参照第七章婴儿皮肤按摩第二节中上下颌按摩、口周按揉进行。

4个月~6个月

小儿开始咿咿呀呀学语，发音逐渐增多，能发出与语音接近的声音，如辅音"b""p""m"等，出现了舌尖音和唇齿音，能模仿单音节的发声与不同的元音，渐渐地发出辅音与元音的组合，如"ba""ma""pa"。这些发言常被父母误认为在叫爸爸、妈妈，实际上是无意识的发音。这个时期主要让小儿听各种语调的声音，引逗小儿发出与语音接近的声音，让他模仿发音。

1. 让孩子发出各种声音和声调

在看护孩子时，要与孩子多说话并逗引他发音。当他发声时，举起他，摇晃他，让他能愉快兴奋，再发出别的声音。

与孩子说话时，给予不同的语调，表现出不同的面部表情，如高低声、拉长声、发喉音、笑声、生气声等。用温柔和蔼的声音表示鼓励，用严肃命令的声音表示禁止，让孩子听不同的声音与声调，训练他分辨音调、声音和面部表情，使他对不同语调和不同表情能有不同的声音反应，并以发声作为回答，并能表露出自己的不同感受。

2. 模仿发音训练

教孩子模仿发音时，要面对面靠近他。首先选择孩子能自然发出的一些音，如"啊""喔""哦"等音，让他模仿。当他发出这些音时，你要立即模仿他的发音，让他再一次重复发音，并与他交替重复发这个音，尽量保持这种"对话"。等孩子发音比较准确后，你再发不同的声音，让他模仿新的发音。当孩子能模仿新的发音时，要对他微笑，给他拥抱，让他知道他能模仿发音你很高兴。

面对面地教孩子模仿发音时，让他看着你发音的口型，用愉快的口气与表情说"啊—啊""衣—衣""爸—爸""妈—妈"等重复音节。发音时速度慢而明确，逗引孩子注视你的口型，每发一个重复音应停顿一会，给孩子留有模仿发音的时间，让他能张口跟着你发"啊—啊""衣—衣""妈—妈"等重复音节。孩子能发出"啊—啊"等音时，你要拍拍手给予鼓励，并重复孩子的发音，让他听到这些音，反复模仿。

3. 叫孩子的名字时，让他对自己的名字有反应

在孩子的视线外，经常呼叫他的名字，让他能转头去寻找。在叫孩子的名字时，可以用手电筒照一照他的面部，让他听到叫他名字时对光产生反应，然后迅速将光线移到你的脸上，让他能看见你在叫他的名字。如此重复，直到孩子对自己的名字能迅速反应为止。

经常把孩子抱到户外，让陌生人叫他的名字，训练他听见自己的名字有反应，并帮助他把视线转向陌生人，知道别人在叫自己的名字。

父母一定要用固定的名字称呼孩子，不要大名小名都叫，更不能乱起名，这样容易影响孩子听到自己名字时的反应能力。

4. 告知孩子所接触的物品名称

在日常生活中，随时告知孩子所接触的日常用品、食物和玩具名称，结合实物一字一字地发出单个音节，不厌其烦地重复述说物品名称，逐渐让孩子理解这些词语的意义，建立起对这些信号的反应。如当孩子听到"吃奶"的词语时，就知道找妈妈和奶瓶，说到玩具能去找玩具看，建立对语言理解的反应。

5. 让孩子听音乐时能手脚舞动

经常播放欢快的音乐给孩子听，你抓着孩子的手或脚，听着音乐节奏去扭动他的身体，活动他的胳膊和腿，这样孩子会非常高兴的。最好能找到引起孩子感兴趣的歌曲，孩子一听见熟悉的歌曲、音乐就会手脚舞动。

你抱着孩子按照音乐节拍舞动，身体转来转去，培育孩子欣赏音乐的爱好，也增进亲子情感。

6. 给孩子阅读图画片

每天给孩子阅读单一的图画片，用简单生动的语言告诉孩子画面上的内容，并重复多次，如"小狗汪汪叫""小猴蹦蹦跳""红苹果真香甜"等，孩子就会对看图画越来越感兴趣，对其语言发育很有帮助。

7. 口腔按摩

用干净的手指进行口腔内肌肉按摩，对舌体、舌尖、腭弓、两面颊部、下颌、口唇加压按揉，对舌体进行牵拉、抵阻，促进舌尖的伸缩。用手指掰开下颌，使口腔张大，促进口腔肌肉的运动协调，对小儿咀嚼、萌

牙、语言发育都有很大好处。

7个月~9个月

小儿咿呀学语达到高峰，开始模仿特定的音调，出现模仿语言，能准确地说"妈妈""爸爸"两词，开始注意听父母说话，有意识地模仿父母讲话，模仿重复发音，字词的发音近似准确，常常无意识地发出一连串重复的连续音节，如"打、打、打""爸、爸、爸""妈、妈、妈"等音节。小儿开始听懂情景中常用的简单词语的意思，逐渐把一定的词与具体事物联系起来，会用手势、表情、体态来表达对语言的理解，能发出声音应答。这个时期主要训练孩子模仿发音和理解语言的能力。

1. 教孩子发"妈—妈""爸—爸"的音

面对面地教孩子模仿发"妈—妈""爸—爸"的音，让他看你发音时的口型动作，能跟着说"妈—妈""爸—爸"，模仿正确的语音。当孩子能发出这些音时，你要重复他的发音，强化孩子的发音。如果孩子能模仿发"妈"一个音后，你要立即重复"妈—妈"两个音。孩子能重复发这些音了，发音也正确，就应该把他举起来，抱起来，摇晃他，并笑着说些鼓励的话，夸奖他，逗他高兴，进一步激发孩子主动模仿发音、模仿更多语音的兴趣。

2. 让孩子模仿简单动作与姿势，服从简单要求

最初教孩子做动作时，先用话语告诉他如何做，然后，帮助他移动双手和身体做动作。如你把着孩子的手一边摇晃手，一边说"拜拜"。

当家人外出时，任何人对孩子说"再见""拜拜"，你都要握住孩子的手挥动几下，并重复说"再见""拜拜"。开始时帮助孩子把手举起来，慢慢让他自己主动摆摆手表示再见。当他做得很好时，要称赞鼓励孩子继续做。

抱孩子时，你可以边说"抱抱"边伸出手，同时让孩子模仿着也伸出手，你再抱起他，并表扬他。

当孩子拿物品放在嘴里，或拿不该拿的东西时，你要说"不可以"并板起面孔，轻轻地打打孩子的小手，并拉住他的手，让他的双手离开物品。当孩子听从你说的"不可以"的要求时，要称赞他，让他知道你很高

兴他这样做。

拿一件东西给孩子时，让他模仿着不要时能摇摇头，喜欢时伸出手。

3. 让孩子连接两个不同的单音

开始时要反复发几次同一组合的音，如发"啊—喔"语音，然后引诱孩子反复发这个组合音。只要能发出近似的音就称赞他，逐渐要求他发出正确的音。孩子发音较好时要表扬他，给他点心吃。当他发两个音熟练后，再教他别的两个音。

与孩子做游戏玩耍时，要注意听孩子所发出的声音。当孩子能发出两个不同的单音并把两个不同的音拼在一起发音时，你要马上重复他的声音，以诱发他再次重复发音。当孩子发音准确时就抱起他，给予称赞。

4. 述说日常事物，让孩子对单一词意有反应

在照料孩子时，把孩子经常接触到的东西用简单、准确、清晰的语言表达出来，不厌其烦地说出物品、食品及衣服的名称，结合活动内容反复教，让孩子能理解一些单一的词意。如给孩子吃香蕉时说"这是香蕉"，给他戴帽子时说"帽帽"，给他喂奶时教他认识奶瓶，说抱抱时让他能伸出双手，说再见时能摆摆小手等。

结合日常事物说些简单的词，边做事情边对孩子说在做什么，让孩子能懂得在做什么事。如说到"打开灯"的词语时，孩子就会去看灯，并知道开关在哪，怎样打开灯。

对孩子听懂词意的表现，要给予及时的应答、微笑和夸奖，让孩子进一步理解与加深这些词语与特定事物的关系。反复强化后，这些词义被孩子储存在记忆之中，提高了孩子的认知能力，成为日后小儿随时取用的词汇，为语言表达打下基础。

5. 给孩子念儿歌，讲童话故事

每天给孩子念儿歌、讲童话故事时，都要让孩子看着你，用悦耳动听的声音朗朗上口地讲。孩子会很喜欢听，尽管他听不懂，但那优美动听的语调是孩子最熟悉、最想听的声音，也能让孩子逐渐理解所讲的内容。

6. 口腔动作训练

经常利用棒棒糖让孩子向上下左右伸舌，最好沿口唇正转、反转练习舌尖转圈，训练舌头的灵活性。让孩子模仿鼓嘴吹气，发"噗"的音。让

孩子吃稍硬性食物，练习咀嚼和舌头嚼绊，训练吞咽与口腔运动的协调性，以利于张口说话，发音正确。

10 个月～12 个月

小儿开始萌话，能模仿音调说话，会说双音节的词，能说出个别有意义的一个字和重复的字。有的小儿能有意识地叫"妈妈""爸爸"，开始观察说话人的表情，能理解一些简单的语言，能认识常见的人和物品，能指认身体的某些部位，能按提示的简单指令行事，用手势和姿势与大人交往。这个时期要尽快培养小儿理解语言的能力，引导他们用语言、表情、手势和动作做出正确应答。

1. 让孩子用姿态表达愿望，用发声表示需求

在日常生活中，每次给他食品、玩具时，都要让他看着你，发声表示需要后再给他。

把孩子喜欢的玩具放在他面前，每次只给他一个玩具玩，等他发出声音表示要其他玩具，并用姿态表示希望要拿到别的玩具时，你要先说出玩具的名称，并问他："你是要××吗?"等看到他伸手并发声要时，再把玩具给他。如果孩子不伸手、不想要，要教他摆摆手或摇摇头表示不想要。

当孩子玩玩具高兴时，你要不时地拿起一个他喜欢的玩具问他要不要，让他伸手表示要，发出声音表示喜欢，用手推开表示不要和不喜欢。

当家人离开时，要对孩子说"再见"，你把着孩子的手一边摆手一边说"再见"。经过反复练习，当他听到说"再见"时，就会自己主动摆摆手。

2. 让孩子听从"给我"的指令

选择 3～4 种孩子熟悉名称的物品或玩具，每次只拿一件东西放在孩子面前，并对他说"把××给我"，然后抓住孩子的手，鼓励他拿起东西给你。不时变换着物品，反复帮助孩子拿东西给你，直到他听到你要什么东西能拿给你，就表扬他。然后，拿出 3～4 件东西，让孩子每次拿一件东西给你或给你看，反复练习。

选择孩子喜欢的玩具给你，如果他能拿给你，你要把玩具再还给他，并同他一起玩玩具作为奖励。

在孩子每次吃食品和糖果之前，先让他把食品、糖果拿给你看一下，或者让他拿着给你尝一尝。当孩子拿给你时，你要说："好，谢谢你给我，你可以吃了。"

3. 虽然听不懂也能模仿说词语

这时的孩子能较长时间地注意听人讲话，能模仿大人说话，虽然听不懂也能发出相似的声音。与孩子说话时，让他学习说话时，你都要与孩子的眼神保持接触，必须清晰地说些两个字的词让孩子能模仿，如"好吧""吃奶""欢迎""晚安"等。当孩子发出某种声音时，要反复用话语应答，以鼓励他发声。他发音正确时，就抱抱他，贴贴脸蛋，表扬他。

要经常带孩子到户外活动，多接触陌生人，多接触自然景象，让他观看花草树木，听动物的各种叫声，多与孩子说儿语，促进他发声，激发他模仿说话的欲望，让他逐渐能说出有意义的词语，从而促进孩子的语言发育。

4. 提出简单的要求，让孩子去指认

让孩子能认识所有的家人和接触密切的物品，在生活中逗引孩子去寻找家人，经常提出家庭成员的称呼和常用物品的名称，让他去寻找，去指认。

引导孩子观察周围的事物，提出物品的名称，让他去看，去指认。让孩子能遵从口头的简单指令行事，如"拿饼干给妈妈吃""把书拿给爸爸"等。他做对了，父母要喝彩给予夸奖，使他能高兴地去干些事情。

做一些按照指令进行的游戏，比如滚球、拍拍手、举起胳膊、敲敲鼓等。最初教孩子模仿动作，逐渐减少帮助，让他配合指令做动作。

5. 能指出自己身体的 1~2 个部位

与孩子一起站在镜子前，你先触摸着自己的鼻子说"这是妈妈的鼻子"，接着拉着孩子的手说"这是你的鼻子"，并把他的手指放在他的鼻子上说"对，这是你的鼻子"。你松开他的手，再问："你的鼻子在哪儿?"让他自己指出鼻子。再问："妈妈的鼻子在哪儿?"让孩子再指出你的鼻子。如果他指对了，应回答说："对，这是妈妈的鼻子。"强化练习，让孩子记住这个部位，然后增加另一个部位练习，让孩子能够准确地指出身体的 1~2 个部位。

在日常生活中，要经常提到孩子身体的某个部位，给予强化训练。如每次给孩子洗澡时，帮他认识身体各部位的名称。

让孩子把彩纸贴在身体的某个部位。如把五角星贴在孩子的手上，问他："五角星在哪儿?"孩子不回答时，你就说："哦，五角星在你手上呢!"然后，把彩纸贴在孩子身体的多个部位，你说出身体的一个部位名称，让孩子把贴在上面的彩纸揭下来。

6. 模仿口型动作，进行发音训练

让孩子看着大人的口型学发音，把嘴张大发"啊、啊、啊"音，嘴巴呈圆形发"呜、呜、呜"音，牙齿对齐发"衣、衣、衣"音，训练他充分感受口腔的发音动作，帮助孩子掌握发音动作技巧，学会发音说话。训练每天 3~4 次，每次 10 分钟左右，注意不要让孩子的构音器官过分疲劳，因为疲劳时构音运动降低，容易出现错误发音，发音不清楚。

1 岁 ~ 2 岁

小儿对语言的理解能力迅速发展，开始进入语言期，会说单词，能表达简单的语言，能说出各种人的称呼，能用词与简单的句子表达自己的需要与愿望，能说出所见物品的名称，能准确地说出与指出身体的多种部位。发音开始出现多种声调的变化，模仿能力进一步增强，能模仿念儿歌，词汇明显增多。要根据孩子的语言水平，设置语言交流情景，丰富语言环境，给孩子提供新奇的实物，多到户外活动，带孩子到大自然中去看树、看花、看动物，告诉他所看到的东西名称，丰富说话内容，激发孩子多说话。这个时期主要是训练孩子模仿多种语言，增加词汇，能简单地进行语言表达。

1. 教孩子会喊人的各种称呼

经常指着家人问孩子："他是谁?"帮助孩子说出称呼，教会他说家庭成员的称呼，认识家里所有人。

见到外人要引导孩子正确称呼人，主动打招呼问好，教会他按照不同的年龄、性别去称呼外人，例如比妈妈年轻的称呼阿姨，比爸爸年轻的称呼叔叔，把年纪大的妇女称为奶奶，把年纪大的男人称为爷爷等，随时提醒孩子要怎样称呼各种人。

通过家庭相册让孩子认识家庭成员，即使某些成员不住在一起，也可以做简单介绍，让他记住。一旦拿出全家人的合影照片放在孩子面前，他就会一个一个地叫出家人的称呼，认识他们，不会把他们当成外人。

让孩子见到家人与熟悉的人不用提醒也能主动称呼人，学会使用礼貌性语言。

2. 训练孩子能用肯定或否定语言表达自己的需求

将孩子喜欢的玩具、气球等放在他够不到的地方，等孩子发出声音表示要玩玩具的需求时再问他："你是要这个吗？"教他回答说"要"或"不要"，并配合点头或摇头动作。

你指着眼睛说"这不是鼻子"，指着小勺子说"这不是筷子"，然后再指着眼睛或小勺子问孩子："这是鼻子吗？""是筷子吗？"当孩子不回答时，你要反复让他说"不是"，鼓励孩子在你问完后能自己说"不是"。

在孩子能自发地使用"不""不是""要""不要"回答问题之前，要不停地对他进行这种肯定或否定语言的训练。

当孩子表示"我饿""我渴"，想吃点心说"吃"时，先让他能主动说出要这要那，父母再及时地提供帮助，使他的要求得到满足，孩子就会不断地说出自己的需求。

最好选择一些日常生活中孩子易于理解的生活内容去启发他用词语表达自己的愿望。如把孩子喜欢吃的糖果放在他够不到的地方让他去拿，在他尝试拿而拿不到后，就问他："你要吃吗？"如果他说"是"，就给他，并表扬他。

3. 让孩子说出熟悉的物品名称

举起孩子熟悉的物品问他："这是什么？"等他回答，如果孩子不回答，你要告诉他物品的名称，并重复几次，直到他能说出名称。

摆出几种孩子知道的物品与玩具，并指示他"拿小勺给我""把球拿给我"等，增强其语言理解的感知能力。

让孩子从他的房间里把他熟悉的物品拿给你，如衣服、玩具、家具等。

用简单的词告诉孩子常用物品的名称，一边说一边指着该物品，再让孩子模仿指着物品说出它的名称。

选择孩子喜欢的几个玩具放在孩子面前，只取出一个让他玩一会，然后，拿出另一个玩具问孩子："你看这是什么？"告诉他名称，让他也能说出名称，再把玩具给他玩，继续多次变换玩具，直到孩子能说出这些玩具的名称。这样不断地重复，鼓励孩子说话，使他能准确地说出玩具的名称。

利用一些能够操作并可以移动的玩具，先说出名称，然后把它们藏起来，让孩子找，找到了就让他说出玩具名称，反复进行。

利用画册、图画片、商品广告等，让孩子指出日常生活中熟悉的物品。

经常到户外散步，告诉孩子看到的东西名称，指着花草树木与小动物让他说出名称。

4. 让孩子跟着口令说"一、二、三、四"

大人拉着孩子的手走步时，边走边说"一、二、三、四"。在牵着孩子的手上楼梯时，在搭积木时，用玩具排队时，在做体操时都可以念着"一、二、三、四"。每天教孩子背诵数字"一、二、三、四"，时间长了就形成条件反射，只要握住他的手行走，他就会主动喊出这一串数，就像背诵儿歌一样。

5. 模仿多种动物的叫声

这时的孩子特别喜欢模仿动物的叫声，选择孩子熟悉的几种动物，利用动物玩具和图画片，告诉他动物名称，教他模仿动物的叫声。如拿着猫的玩具，说小猫是"喵喵"叫，再拿出小羊的图画片，说羊是"咩咩"叫，看到小狗时，说狗是"汪汪"叫，孩子听到这些声音觉得很新奇，能引起兴趣模仿着学叫，逐渐学会各种小动物特有的叫声。

让孩子看动物玩具和图画片，你学相应动物的叫声，让他听到动物的叫声能说出动物的名称。

利用小动物的叫声来引起孩子的注意，你先做示范学动物的叫声，然后让孩子模仿，直到他会各种动物的叫声。

6. 说出几张图画与照片的名称

让孩子看简单的画册，鼓励孩子说出画片上物品的名称。

利用孩子经常使用的日用品照片，让孩子说出它们的名称。

从孩子熟悉的图画开始，先使用一页只有一个物品的图画书，让孩子认识，并能进行指认。再选用一页有两种物品的图画书，从中说出一种物品让孩子指认，选对了就表扬他。当孩子指认图画困难时，可以把图画片配对贴在实物上，表示它们之间的关系，让孩子容易辨认。

把一些物品拍成照片，让孩子认识并说出名称。准备几张孩子与家人的照片，让他说出照片上人的称呼。

给孩子讲解图画时，要反复讲解图画片中有特点的部分，如小白兔的长耳朵、大象的长鼻子、娃娃的大眼睛等，让孩子注意图画片中的特点，训练他能准确无误地指认图画片，并能指出图画中有特点的部分。

选择一些竖起食指能表示的图画片中的一种内容，如一只鸡、一个娃娃、一辆车等。教他能伸出食指表示"一"种物品时，也要让他能说出名称。

7. 听从口头指令训练

让孩子能对已经理解的词语做出相应的动作，听到指令能做相应的动作，如一边指着小椅子，一边说"坐下来"，孩子能听从指令。

用语言提示孩子做些简单的事情，如"把妈妈的鞋拿来"，"把书给爸爸送去"。开始时，你可以帮他干，以后不断地用语言指示他干些简单的小事情，让孩子能理解并听从指令做事，做对了就称赞他。

在家里指示孩子把熟悉的物品拿给你，经常让他拿一些吃的食物给你。

吃饭前，让孩子搬小凳子，准备碗、筷、小勺等。

2 岁～3 岁

这个时期是小儿语言发育最快的时期，能把词与实物相结合，简单的语言表达日益增多，能说清楚自己的名字、年龄、性别，能说出父母的姓名、职业，会用"你"问问题，用"我"回答问题，能正确使用人称代词"我、你、他"，会说简单甚至复杂完整的句子，会唱儿歌，背诵唐诗，能说出几个反义词，基本上能掌握语法，具备了语言交流的能力。语言的快速扩展也带动了逻辑思维能力的发育，小儿开始能进行比较近似的物品分类。因此，要利用现实生活场景，让小儿做感兴趣的事情，选择与其年

龄相匹配的图画片与故事来创造语言表达交流的机会，启发小儿多说话，在这个时期主要是让小儿在与人交往的过程中不断提高语言表达能力。

1. 会说出自己的名字

利用孩子的照片，看镜子里的自己，问他："这是谁呀？"让他指着自己的影像说出自己的名字。

当别人问到孩子叫什么名字时，你指一指孩子，轻轻拍拍他的胸脯，告诉他："你的名字叫××。"开始时，你只说出孩子的姓，让他自己说出名字。

当吩咐、询问孩子时，与孩子说话时，要频繁地叫孩子的全名。当他能说出自己的全名时，你要说"真棒"，然后重复他的名字。

当孩子想要什么东西时，你先问他："是××想要？"鼓励他说出自己的名字。

拿一件孩子喜欢的玩具问他："这是谁的玩具？"让他回答，说出自己的名字。

给孩子穿衣服时，问他："这是谁的衣服？"让他说出自己的名字。

让孩子在游戏中介绍自己的名字，在接电话时能自报姓名。

2. 让孩子能说两个词的短语

当孩子仅说一个词，如说"汽车""吃饭"的时候，你要加上其他的词连在一起说，可以说"红色汽车""妈妈吃饭"，让他两个词连成短词说。

可以大人与大人之间相互回答，给孩子做示范，让他模仿。如问"爸爸要干什么去"，回答说"爸爸上班去"或"我要上街"。问"妈妈在干什么"，回答说"妈妈在洗衣服"等。

让孩子做各种动作的游戏，问他："你在做什么？"让他回答："我在踢球。"

教孩子学会使用一些简单的形容词，如"红色皮球""漂亮衣服"等。这些形容词一定要简单形象，在孩子生活中最常见，易于理解，容易口头表达。

3. 指认常用物品并说出用途

你说出物品的名称，让孩子说出它的用途。

把饭碗、杯子、玩具放在桌子上，问孩子："吃饭时使用什么？""喝水时使用什么？""玩的时候使用什么？"如果孩子回答正确，你再问他这些物品是干什么用的。孩子能把物品与它的用途联系起来，回答正确，就要称赞他。

把孩子生活中熟悉的日用品从图片上剪下来，贴在纸上，并说出它们的用途，然后让孩子结合图片说出它们的用途。如果孩子说对了，立即表扬；如果说错了，要帮助他改正。

你做些动作，如刷牙、扫地、喝水等，让孩子说说你做这些事时用的是什么东西。

经常利用简单的物品问一下"这是什么？""这是干什么用的？"，引导孩子说清楚这些物品的名称与用途。

4. 用"我""我的"回答提问

问孩子"你几岁了"，要教他说"我两岁"，而不能说"你两岁"。

孩子拿自己的玩具与物品时，让他用手指着东西说"我的汽车""我的衣服""我的鞋子"等，用我代替自己，懂的你我人称代词之分。

对孩子提出"谁的玩具""谁的衣服"时，让孩子使用"我的"代替自己的名字。

5. 教孩子用手势表示年龄

你先对孩子说"××，你2岁了"，同时竖起2个手指头，并数一数手指头，然后让孩子模仿你，帮助他正确地竖起2个手指头，也数一数。

开始时，让孩子用两只手表示年龄，一只手伸出1个手指头，因为用两只手表示容易些。

孩子用一只手表示年龄时，可以让他用另一只手抓住弯曲的手指。

孩子即使已经学会了用手指表示年龄，也要经常给他练习的机会。在下一个生日到来时，还要帮助他增加1个手指来正确表示新的年龄。

6. 学会辨别并说出性别

给孩子准备符合他性别的衣服和玩具。

先告诉孩子"爸爸是男的""妈妈是女的"，再拿出一张男孩的图片说"他和爸爸一样都是男的"，或拿出一张女孩的图片说"她和妈妈一样都是女的"，然后问孩子："爸爸是男的还是女的？""妈妈是女的还是男

的?""你是男的，还是女的？"提示他正确说出性别，反复强化。

给孩子看图画时，告诉他图画上的孩子，哪个是男孩，哪个是女孩，逐渐减少提示，让他看图片能说出是男孩或女孩。

说出家人与熟悉人的名字，问孩子他们是男的还是女的。

每次问孩子时，必须变换男女顺序，不然的话，他也许会重复最后两个字作为回答。

7. 教孩子使用"这个""那个"等代词

选择几件孩子非常熟悉并能说出名称的物品，拿两件物品问孩子："你想要哪个？"孩子指向其中的一件物品时，你要对他说："是这个吗？""还是那个呢？"让孩子模仿着说出"这个"或"那个"，说清楚了就给予表扬。

让孩子有选择物品的机会，把物品放在他的面前，问他是想要这个，还是想要那个，让他说"这个"或"那个"。

8. 按种类区分物品、食品、玩具、图画等

拿几种食品和物品给孩子看，并对他说："把那些吃的食品拿给我。"如果孩子不能把看见的食品全拿给你，你可以提醒他："唔，还有一个能吃呢！"

将不同类别的东西、食品或图画、模型等归类给孩子看，并说"狗是动物""饼干是食品"。然后从每一种物品中拿出一件，问孩子："这是食品吗？""这是玩具吗？"让孩子回答。

把动物玩具与食品放在一起，让孩子选择一个。当他拿起一个时，你要问他："这是动物还是食品？"让孩子不但指认，还要说出名称。

孩子会说的词汇越来越多，认识的东西也很多，就会自发地把一些物品分类，把相似的东西放在一起。父母把经常看得见、用得着的物品、玩具、食品、图画都放在一起，让孩子以用途归类，哪些能玩，哪些能吃，哪些能穿，哪些能用，哪些能看，让孩子分类放在一起，并教他说出名称。

9. 训练孩子会说反义词，进行反义词配对

你先说出多种反义词，如大小、高低、长短、上下、前后、冷热、黑白、男女、胖瘦等，让孩子学说。解释词义最好结合实物，让他理解后，

你就可以说"大"，让孩子跟着说出"小"，反复练习。

结合日常生活中遇到的具体事物说出配对，如"盆是大的，碗是小的"，"爸爸是男的，妈妈是女的"，"夏天热，冬天冷"等，训练孩子的反义词配对。

10. 让孩子安静地听儿童故事

每天定时给孩子讲儿童故事，选择他喜欢听的故事反复讲，是促进语言发育最好的方法。讲故事时要用普通话，发音正确，口齿清楚，语句连贯完整。

为了了解孩子是否注意听你讲故事，可提些与故事有关的简单问题让孩子回答。

在孩子注意力涣散的情况下，用定时器定 1～2 分钟的时间。如果孩子能在铃声响之前专心地听故事，你要表扬他，给他奖品。当他能够在 2 分钟内集中精神听故事，就可以稍微延长一点时间，培养专注力。

第七节　注意力与记忆力的发展

一、注意力的发展

注意是各种心理活动的指向和集中，当人的心理活动集中于一定的事物时，这就是注意。注意不是一种孤立的心理过程，而是起着维持某种心理活动指向性的作用，是感知、记忆、思维等心理过程的一种共同特征，是一切认识过程的开始，是小儿智力发育过程中培养训练的一个重要内容。一切智力活动有注意时，才能有效顺利地进行。

注意可分为无意注意（不随意注意）和有意注意（随意注意）。无意注意是在感知发展的基础上自然发生的，没有目的，也不需要任何努力，如小儿听到汽车鸣笛声，不由自主地去注意。有意注意是指自觉的、有目的的注意。有意注意与无意注意两者在一定条件下可以互相转化。小儿的注意力是在客观事物的鲜明性、趣味性、情绪性和强烈程度等特点的感知基础上产生的，因此，小儿注意力的发展与感知能力的发展有密切的联系。

　　注意力是随着小儿年龄的增长而逐渐发展起来的。新生儿在觉醒状态时，可因周围环境中发生的声响和强光刺激而产生无条件的定向反射，这是一种原始状态的无意注意。1岁内的小儿以无意注意为主，除了强烈的外界刺激能引起他们的注意外，凡是能直接满足机体需要或与满足需要有关的事物也能引起他们的注意，如奶瓶、妈妈等。2~3个月的小儿由于条件反射的出现有了注视，开始能短暂集中地注意新鲜事物，如喜欢注视人的脸部与色彩鲜明的物品。小儿在5~6个月时开始出现稳定短时的集中注意，对新鲜的物体和声响产生定向反应，能准确地转头去寻找。随着年龄的增长，语言与思维能力的发展和能独立完成某种动作，促进了小儿注意力的发展，小儿在1岁左右出现有意注意的萌芽，注意有了一定的选择，凡是鲜明新颖、具体形象和变化的事物都能自然而然地引起小儿的注意。小儿会用手较长久地摆弄喜爱的物品，去专注感兴趣的事物。小儿2~3岁时注意力能集中10~12分钟。小儿的有意注意是极不稳定的，易被无意注意所分散或转移，有意与无意注意在一定条件下随时互相转化。要善于调动小儿有意注意的转化，利用无意注意去发展有意注意。可以通过丰富有趣的事物，讲动听故事时用神秘的表情、夸张的口气去吸引他们，引起无意注意，把小儿的注意力吸引住，并立刻以生动的语言简明具体地提出要求，使无意注意转换为有意注意。

　　注意力的培养对小儿认知能力的发展非常重要，从小就应当注意培养。小儿的注意力短暂，极不稳定，易分散，原因主要是其兴趣不稳定，不广泛，易被外界刺激性事物所影响。首先要给小儿提供丰富多彩的事物刺激，多变有趣的事物有利于激起他们注意观察的兴趣，某一事物的不断变化又很容易吸引他们去注视，并让他们喜欢去接触那些有趣的事物。要善于引导小儿注意观察事物变化的过程，在他们注意力集中时发出指令，让他们行动服从于指令，并按要求将注意力长时间地保持在活动上，提高完成活动的能力。小儿注意力易被外界环境中刺激性的事物所吸引，如果只靠枯燥无味、机械性重复是不能吸引孩子注意力的，反而会诱发厌倦情绪，分散注意力。在早期教育中，必须把智力开发的内容变成小儿可以摆弄的直观物体，让他们看得见，摸得着，能进行实际操作，这可以培养他们的注意力。最好通过游戏法、情趣法、观察法、提问法等适合小儿年龄特点的有趣味活动来逐渐培养提高他们的注意力，采用多样化的活动方法维持注意力的稳定性，使他们能够集中注意力听人讲话、学儿歌、听故事、看图书、做智力游戏，能够集中注意力去干一切事情，不断提高小儿的认知能力。

二、记忆力的发展

记忆是大脑处理、储存和提取信息的过程，是人将感知过、思考过和体验过的事物在大脑中遗留的印迹唤起的过程。记忆是一种复杂的心理过程，人们知识经验的积累、技能与技巧的掌握、习惯的形成都与记忆力有密切关系。记忆是智力的重要组成部分，是小儿学习与生活的认知能力。

记忆是小儿心理活动在时间上得以延续的根本保证，是经验积累和心理发展的重要基础，是小儿在生长发育过程中重要的心理活动标志。因此，心理学家对小儿记忆的发生和发展做了广泛而深入的研究。许多研究已证实新生儿期小儿就有了记忆能力，最早的记忆是对母亲喂哺姿势的记忆。只要将吃母乳的孩子抱成喂哺的固定姿势，他就会主动寻找奶头。这说明经过多次重复，小儿已对这一喂哺姿势有了记忆。小儿2~3个月时，当注意的物体从视野中消失时，就会用眼睛去寻找，这表明已有了短时间的记忆。3~4个月时，出现对周围人和物的认识。5~6个月时，小儿就已经能记住喂奶的母亲和抚育自己的亲人，能把他们与陌生人区别开，即能够对熟悉人再认。但记忆保持时间短，只要母亲离开十天半个月不见就不能再认识，记忆的特点是记得快，忘得快。小儿记忆时间的长短是随着年龄的增长而发展，主要是以无目的、无意识的记忆为主，即机械记忆能力比较发达，而且具有相当大的潜能，对一些有趣味、感兴趣的形象具体、鲜明新颖的事物很容易记住，但由于缺乏知识经验的积累，记忆力尚不够准确与持久。

小儿期是脑发育的关键期，也是记忆力发展的最佳时期，需要有意识、有计划地按照小儿记忆力发展的规律，根据他们的发育特点去培养训练记忆力，利用实物记忆、图像记忆，突出事物特征，去引导小儿细致观察，加深理解，强化记忆，使知识在头脑中储存并能永久保留，促进记忆能力的发展。小儿记忆是由多感官获得的信息积累而成的，进行多种记忆

练习，才能提高小儿记忆的准确性、持久性、敏捷性，挖掘记忆潜能，使小儿的记忆能力得到高度发展，提高认知能力，促进智力发育。

培养注意力与记忆力两者关系密切。因此，在小儿情绪良好的情况下，通过有趣味的游戏、玩具、日常生活中的实物、与年龄相匹配的图画片与儿童故事、易于理解的儿歌来激发他们的兴趣，使他们容易学习和理解，在提高他们注意力的同时增强记忆力的发展。

第八节　培养良好情绪和社会交往能力

一、良好情绪的培养

情绪是小儿生存并适应社会的重要心理工具，是事物情景所引起的主观体现和客观表达，并通过外在与内在活动以及行为而表现出来。情绪是一种原始的简单情感，包括喜、怒、哀、乐、痛苦等。一般来说，情绪是客观事物是否符合人的需要，是否得到满足而产生的态度反应。需要得到满足就会引起愉快欢乐的情绪，愉快欢乐的情绪能增强人的自信心，增进人际关系的交往，具有适应生存、唤起动机、组织心理活动与人交往沟通的功能，具有社会性。因此，在社会快速发展时期，既要注重小儿的智力开发，又要精心培育他们的情绪情感世界，以塑造他们的良好个性。

小儿只有高兴、愉快和不高兴、不愉快两种基本情绪，这两种情绪都与生理需要是否得到满足有联系。良好的情绪是小儿的生理需要得到满足时产生的，需要的满足有助于他们认知能力的发展。良好的情绪对参与认知活动起着激发和推动的作用，可促进小儿意识的产生和个性的形成，也直接影响着他们的行为。小儿在愉快高兴的情绪下，做什么事情都积极主动，乐于参与，而情绪不好时，则不听不做，影响人际交往能力。小儿情绪的发展是随着年龄的增长、生理和心理需要的变化及认知能力的发展而变化的，情绪的表达方式也越来越丰富。

情绪和情感是小儿进行人际交往的心理基础。小儿出生后，得到父母无微不至的照料，通过感知适应外界环境，就会产生对父母的信任，有了安全感，进而敢于探索周围世界，增强与周围人进行交往的能力，建立起与亲密照顾者之间爱的情感，区分亲人与外人，并做出不同的情绪反应。2~3月的小儿，对人只有泛化认识，见任何人都微笑。笑是小儿的第一个社会行为，通过笑引起人们对他做出积极的回应。3个月后小儿微笑的次数增加，母亲出现时发出更多的微笑，标志着有选择性的社会性微笑开始出现，积极的情绪增多。尤其是在母亲的怀抱中，伴着温馨的氛围，小儿会处于愉快的情绪中，并与母亲建立依恋情感，喜欢看到母亲的眼神。6个月后小儿学会鉴别人的面部表情，根据他人的情绪来调整自己的行为，并能辨认陌生人，开始表现出怯生情绪，并增强了对母亲的依恋，当母亲离开时有不高兴的情绪与苦恼反应，一直到15~18个月时达到高峰。随着自我意识的发展，1岁以后小儿学会辨别他人的情绪和表情，产生了同情，如看到妈妈哭泣时，他可以把自己的玩具递给妈妈以示安慰。2岁以后，小儿逐渐学会理解他人的情绪，能理解愉快与痛苦的表达。

依恋、怯生、紧张、恐惧、焦虑、害怕、苦恼、愤怒是小儿早期情绪发展的中心部分。当小儿遭遇挫折或恐惧时，可以把他抱起来拍一拍，再加上鼓励关心的话语，就能解除不安恐惧情绪，给他信心。对母亲的依恋给孩子提供了安全感的基础，它的形成与母亲经常满足孩子的需要，给予愉快的情绪有关，也是与母亲不断亲密交往中建立依恋情感的结果。小儿一旦建立了这种情感依恋与安全感，就会激发出激情，勇敢地去探索周围的新鲜事物，就会更愿意与人交往，认识他人，去适应周围的环境，开始社会性行为。这种稳固的情感依恋成为孩子发展自主性不可缺少的条件，从而不断增进人与人之间交往的融洽关系。年轻父母在养育孩子的过程中，与孩子在早期就应该建立起良好的情感，这是人类感情的基础。

小儿可以出现恐惧、焦虑、害怕、愤怒等不良情绪，3岁是产生恐惧情绪的高峰年龄，对物体、动物、黑暗等客观环境容易产生恐惧。恐惧是在危险情境中产生退缩或逃避的一种适应性行为，恐惧情绪的原始适应功能在于起到警戒作用，有助于保证个体的安全。小儿的自尊心受挫或对父母爱的需求不能得到满足，也可以引起苦恼与焦虑情绪，这时要让孩子随时看到和体会到父母是如何满足他们需要的，给予特别的关爱和帮助。特别是对母亲外出不要过分渲染，让孩子与其他人一起玩耍，分散孩子的注意力，说再见后轻轻离开，这样可以防止分离焦虑情绪。随着年龄的增

长，小儿的焦虑与恐惧心理在逐渐减少，而愤怒情绪在增加，小儿通过愤怒发泄自己的不满，可以引起别人的注意，以达到自己的目的与愿望。

在培养小儿良好情绪与早期情感时，父母首先要注意从小给孩子足够的爱，建立良好的亲子关系，使孩子能保持愉快的情绪，喜欢与人接触交往。对小儿良好情绪的培养方法有多种，例如，照顾好孩子，使他们睡得好，吃得饱，保持衣物和尿布舒适干燥。经常抚摸，抱一抱，亲一亲，愉快地逗引他们发笑，可以激发起孩子对父母的良好情感。每天坚持给孩子做皮肤按摩、健身操，使他们感受到无微不至的关怀。经常用和蔼的态度、亲切的语言、轻柔的动作去亲近他们，在孩子烦躁时给予温情安慰，使之感受到爱的温暖。经常与小儿做游戏，并耐心教其如何使用玩具，摆弄玩具，使之感到快乐和高兴。多用鼓励的语言去引导他们做事情，不要过分保护与替代，不轻易用严肃消极的言行对待他们，使他们遇到问题愿意找父母询问。要培养小儿自我服务能力和控制自己的情绪的能力，做好力所能及的事情。当孩子做事情遇到困难时，大人要有意引导，并不断地给予鼓励与帮助，使他能做好事情，有成功的喜悦情绪，增强自信心，更好地增进人际交往，喜欢与他人进行沟通，在不断交往中体会到温暖与快乐，并进一步促进良好情绪的发展。亲子的良好情感是在相互交往和情感交流中逐渐形成和发展起来的，父母是孩子的第一任老师，父母的一言一行、一举一动都起着非常重要的榜样作用。在小儿早期养育中，父母与抚育者对孩子的态度、对事物的理解和愿望的交流，都可以让小儿直接受到提示而表达他们的情绪，使他们自发地模仿。创造和谐的家庭气氛，让小儿拥有一个快乐幸福的家庭环境，对孩子良好情绪的建立至关重要，对他们将来社会交往能力也有着长期的效应。

二、社会交往能力的培养

社会交往能力的发展是小儿智力发展的重要方面。小儿的早期人际交往对象主要是亲人，包括爸爸、妈妈、抚养者和其他家庭成员。早期的亲人间交往向孩子传授着社会交往的技能，提供了人际交往行为的练习机会，让孩子从小学会如何与人相处，是增进社会交往智能的第一步。亲人间交往使孩子对人和周围环境建立了安全感，也建立了人际交往的良好基础。小儿在与亲人不断交往的过程中，发展了社会交往能力，提高了认知能力，为他们将来有一个良好的、和谐的人际关系奠定了基础。

　　小儿出生后，能接受父母的精心照料，得到百般关爱，当孩子有需求时，父母能及时地给予帮助，满足他的需求，小儿就会产生安全感，愿意与人交往，与人接触，喜欢接受他人的亲近，促进交往能力的发展，建立起社会交往的行为。如何培养小儿与人相处交往，父母与抚养者的一举一动很重要，因为小儿的学习是从模仿开始的，大人的情绪与说话态度，是孩子主要的模仿对象，直接影响到小儿的情绪。我们要求孩子看到长辈要打招呼，说话要恭敬，但是大人的说话方式常常不是这样，经常脱口而出一些不尊重他人的词句，这些自相矛盾的行为会使小儿无所适从。言传身教看似简单，却要处处谨慎留意，以身作则。

　　良好的沟通与交往，是在反复的听和说中形成的，要让小儿有较多的听与说的机会。平时要让孩子多与外人多接触，勇于与人交往沟通。在人际交往中，要教育他讲礼貌，爱小朋友，爱周围的人，体贴他人；给他提供爱他人和体贴他人的机会，引导他观察与意识到他人的需求，去关心与体贴他人，与人友好相处，学会礼貌待人，帮助有需求的人。在日常生活中，抓住时机教孩子使用一些礼貌性用语，比如早上教他说"早上好"，睡前说"晚安"。一旦需要使用礼貌性用语时，孩子说起来也会轻松自如。家里来客人时孩子能主动打招呼、问好，客人走时能挥手说再见，逐渐培养出知书达理、举止得体、懂礼貌的孩子。

　　小儿主动与他人打招呼时，会显得很有礼貌，嘴巴甜的孩子总是受人喜欢，可是有些孩子天生比较害羞，看见陌生人不说话。现在很多家庭都是只有一个孩子的小家庭，孩子与外人接触少，一旦与外人交流就会出现紧张、怕生与害羞。这时，父母必须以身作则，碰到邻居与朋友时，自己一定要先主动与别人打招呼，然后引导孩子与别人打招呼。一开始孩子可能会觉得不好意思，随着父母的多次示范，孩子就会接受与他人交流，进入交往环境。

　　语言能力的迅速发展，便于小儿与他人交往，小儿也乐于服务别人，逐渐进入合作性交往，能与小朋友彼此合作，互相配合做些交往性游戏。通过游戏交往，孩子彼此交流，见面时打招呼，需要别人帮助时能说

"请"，得到帮助后能说"谢谢"，做错事要说"对不起"等，遵从游戏规则，与小朋友友好相处，玩具能与小朋友共享，食物能与别人分享，并能互相帮助，学会谦让，学会与人接触交往的正确方式，渐渐锻炼人际交往的技能，提高社会交往能力，并从社会交往中获得乐趣，使孩子的社会交往行为不断成熟，情绪和社会交往能力均得到健康发展。

第九节　早期教育中玩具和图书的选择

一、玩具的选择

玩具是专门为小儿做游戏而提供的物品的总称，是早期教育最直观而形象的教具，是小儿生活中的亲密伙伴，是游戏中不可缺少的物品，是学习的工具。玩具既可以丰富游戏的内容，又能促进小儿感知、语言、动作的发展，不仅给孩子带来无限欢乐，而且还可以帮助他们实现游戏中的意图，培养良好的品德，产生良好的教育效果。玩具要具备教育性，应该鲜艳优美、生动形象、富有趣味，能满足小儿好奇、好动的心理需要，从而启迪他们的智慧，使智力得到发展。

（一）玩具在早期教育中的作用

1. 有助于感知觉功能的发展。小儿是通过各种感观直接获取外界信息而认识周围世界的，玩具具有一定的形状、颜色和声音，制作的材料具有不同的软硬、轻重、光滑或粗糙等特点，可以刺激孩子视觉、听觉、触觉等多感器官。通过反复摆弄玩具，小儿的各种感观得到训练，从而促进感知觉能力的发展。

2. 促进运动和语言功能的发展。玩具可以让小儿任意自由地摆弄和操纵，从而激起他们的观察欲望，满足他们活动的需要，提高主观积极性，促进思维想象能力。小儿在玩玩具的过程中，既要动手又要动脑，手眼必须协调一致，还常伴随着一定的运动和语言。因此，玩具可使小儿运动协调能力得到锻炼，同时进行语言表达，达到促进小儿运动和语言功能发育的目的。

3. 影响品德与个性发展。人物和动物造型的玩具，在玩具游戏中占有特殊的位置，并且对小儿的情感和道德发展有特殊的意义。小儿和玩具娃娃一起体验生活中一切情感和道德的行为，从而培养互助友爱、关爱他人等良好品德和行为。有的玩具犹如精美的艺术品，造型优美精巧，是培养孩子欣赏和美感的极好工具。

4. 认识世界的重要工具。玩具是孩子的教科书，是学习的工具，在其成长的过程中起着非常重要的作用。小儿使用玩具，能加深他对直观实物的认识，开阔眼界，发展观察力、注意力、记忆力、想象力和思维能力，进而诱发创造兴趣，激兴探索欲望，提高认知能力。

（二）选择玩具的注意事项

1. 玩具应具有教育性、启发性、趣味性，应该符合小儿年龄和兴趣特点的需要。玩具的形象和用途都应该有利于小儿的身心发育，要根据年龄选择包装所标示的适用于该年龄的玩具，最好根据每个小儿的个性，切合实际地考虑他们的智力和体能发展水平，不要超越他们的活动能力。所选玩具应该容易感知和理解，对小儿有足够的吸引力。选购的玩具应该色泽鲜艳，形象新颖，活动多变，生动有趣，为小儿所喜爱，能引起他们欢乐愉快的情绪。

2. 玩具应符合卫生、安全与质量的要求。玩具的材料必须无毒，便于洗涤和消毒，具有安全保障，如木、橡胶、塑料、铝等材质。玩具应结实耐玩，不易破损，表面应钝圆，无尖、角、棱、刺。玩具的大小、轻重要符合小儿的年龄和体力特点。在选购玩具时，应注意玩具使用说明是否规范齐全，拒绝使用"三无产品"。如果你买的是欧洲生产的玩具，应有"CE"标志，证明符合欧盟玩具安全的标准。我国生产的电动玩具、娃娃玩具、塑胶玩具、金属玩具、童车等必须有"3C"认证标志，才能证明玩具符合国家安全。

（三）玩具种类

1. 促进认识能力的玩具

（1）各种玩具娃娃、汽车和餐具。让小儿做假扮性游戏，抱着玩具娃娃过家家，摆弄锅、碗、勺、盆等，从而认识常见的物品及其用途。

（2）沙水玩具，如铲子、筛子、小桶、小喷壶、沙板等。让小儿随意玩耍，可从中获得感性认识的经验。

（3）套叠玩具，如套筒、套碗、套盒、套杯、套环塔、按大小顺序叠高的玩具。这类玩具可使小儿在摆弄中获得对大小概念的感性认识。

2. 促进运动发展的玩具

（1）促进小儿手部动作发育的抓握玩具、构建玩具、拼插玩具、敲打玩具、拆装性玩具、拼图玩具等。小儿可以把玩具摞高、接长、安装、拼插去发展手动作的技巧，使双手配合性动作更加灵活。

（2）运动性玩具，如手拉车、小推车、小三轮车、滑梯、攀登架、球等。父母经常带孩子到户外和儿童乐园去玩运动性玩具，可促进运动协调能力发展和锻炼胆量。

3. 促进语言发育的玩具

（1）镜子与脸谱。父母抱着孩子一起照镜子，看脸谱，用手去指出眼、嘴、鼻、耳，让孩子能指认，并教会孩子说出头面部各部位的名称。

（2）图画片与图书。这类玩具让小儿既看到色彩鲜艳的各种图画，又可认识各种各样的颜色。父母可利用图画给孩子讲述简短的故事，念儿歌，让孩子学词语，学会说话。

（3）录音磁带。小儿收听磁带中的儿歌、故事、歌曲，可以发展语言和乐感。

（四）不同年龄的儿童玩具选择

应根据小儿的年龄、喜好和能力去选择合适的玩具。

1. 0～3个月：需要丰富的环境刺激促进小儿早期感知觉的发展，对视觉、听觉、触觉有良好刺激的玩具能向脑神经中枢传递多感官的信息，对大脑的发育非常有利。那些体积稍大、色泽鲜艳、带有响声、能悬挂的旋转音乐玩具，既能看又能听，很容易吸引小宝宝注视，能促进感知觉的发育。还有一些用手抓握和触摸的吹塑玩具，如彩球、彩环、充气娃娃与小动物、彩条旗、小灯笼、带铃的环、橡皮玩具、红绒球、软塑料捏响的玩具等，挂在孩子的眼前，不仅能吸引宝宝观看，还能用手触摸与拍打，训练小儿视觉、听觉、触觉的感知能力。

2. 4～6个月：此时小儿随意及不随意运动正在形成，可以选择易抓握、不易破碎的哗铃棒、手摇铃、响环、拨浪鼓等能摇响、捏响、抓握的音乐玩具，放在小儿手中和能拿到的地方，练习够取抓握住玩具。父母可帮助他摇动，并在手中传递，以训练小儿双手抓握和互相传递物品的能力。

3. 7~9个月：小儿听觉、视觉及运动能力加强，开始学爬行，并能理解成人的一些语言，此时可选择一些能拖拉且耐用的绒毛、塑料、吸盘式的各种小动物和小人、小汽车、滚筒、皮球等玩具，让小儿爬行时玩弄，以训练爬行运动。还可以选择一些能敲打与指拨的玩具、发条启动的小玩具与音乐不倒翁等，让小儿玩弄，以训练双手协调性运动，增强手的灵活性。

4. 10~12月：小儿手的精细运动逐渐加强，开始学站立和行走，此时可选择捏拿的小糖果、小瓜果、积木、小餐具和指拨玩具小电话、小按键等，锻炼手的技巧。同时选择小推车、小围栏、滚动玩具和手拖拉玩具等，以训练小儿扶站、行走的活动能力。

5. 1~2岁：小儿会走后总是不停地运动，活动范围扩大，模仿能力和手的操作能力增强，能玩耍的玩具更多。在这个年龄段，能推拉、堆叠、滚动的玩具对小儿来说都蕴藏着无穷的乐趣，可选择各种小车、球、积木、小筐、小铲、小桶、小喷壶、小动物、套塔、套筒、套碗等玩具，来增强小儿行走的平衡能力和动手的协调能力。这时小儿在玩玩具时，已经不限于单一地拿着玩耍，而是需要懂得事物之间的联系，如积木的叠高、套叠玩具的大小、小棍棒插入孔中等。生活中的各种不同物品也可以作为玩具，如小纸盒、小瓶子等，让小儿打开或拆开，放入小东西等。

6. 2~3岁：需要准备一些成套的过家家玩具，如锅、碗、勺、铲等厨房玩具，床、桌椅、板凳、娃娃等卧室玩具，听诊器、药瓶、棉棒、针管等医疗玩具，锤子、钳子、螺丝刀等工具玩具。在游戏中，这些玩具可以让小儿模拟生活实际，对培养孩子的想象力、创造力和思维能力有很大帮助。还可以玩穿珠子游戏，玩拼插玩具、机械玩具、拆卸玩具、镶嵌软塑等，培养孩子的手眼协调能力。

二、图书的选择

让小儿尽早接触图画、图书，培养他们看书的习惯。小儿阅读图书，不仅能学会观察与思考，而且能增长知识，认识更多事物，促进语言发

展。在选购图书时，要根据小儿的年龄、智力水平和兴趣特点给他们选择合适的图书。

（一）图书在早期教育中的作用

1. 增长知识。看图书可以让小儿学会识别人物、动物和物品，提高认知能力，同时培养小儿观察事物的能力，图书中的故事又能满足孩子的好奇心和求知欲望。

2. 促进语言功能发育。父母与孩子边看图画边讲解，给予不同声调的语言刺激，不仅能帮助孩子学习发音，还能使语言与听、视觉功能联系起来，让小儿模仿语言，学会说话，提高语言表达能力。

3. 有利于感情交流和培养高尚情操。培养小儿看书的兴趣与乐趣，可以让他们从书中寻求知识，从图书的故事中受到良好的品德熏陶，从而培养其良好的情感和行为。父母与孩子一起看书，共同享受快乐和情趣，也有利于情感的交流。

（二）选择图书的要求

1. 根据小儿的年龄特点，尽量选择他们理解和感兴趣的图书。

2. 图书的内容应有教育性和启发性，能够帮助孩子认识周围世界，形成正确的概念和认识。

3. 故事情节要生动有趣，让小儿喜欢，容易接受，不要过于曲折复杂。

4. 文字说明应简单、明确、朗朗上口，容易用语言表达。

5. 装订牢固耐用，书的开本大小适宜，便于孩子阅读。

（三）不同年龄儿童的图书选择

1.1 岁内：小儿的视觉能力没有发育完善，对看到的事物没有分析能力。这个年龄阶段的孩子对周围环境抱有好奇心，色彩鲜艳明亮的图画片能引起注视，应选择色彩鲜亮的图画片，每一幅图只有一个主题画，如脸谱、一个苹果、一盏灯、一只猫、一辆汽车等，图画片要大些能让小儿看得清楚，色彩鲜亮以便吸引他们的注意力，可贴在墙壁上，抱着小儿随时观看。通过看图画片，提高小儿的认知能力，让他们认识一些眼前看不到的东西，提高认知水平。

2.1～2 岁：应选择大幅图画的书，内容能反映他们比较熟悉的事物，如房屋、日月、日常生活用品、动物、玩具等。画面要真实，色彩分明，简单明了，容易辨认，能让小儿理解并引起兴趣。利用图画让小儿进行相同图画的匹配，增长知识。

3.2～3岁：选择的图画书要求反映事物细节比较多，包含较多故事内容，简单有趣的图画情节内容能反映他们所熟悉的事物或简单虚构的小故事。父母讲解时要简单易懂，让小儿看着图书能理解并找出图画中的事物。选择一些含韵律的儿歌，并指着一个字一个字教他们跟着念，让他们学会背儿歌。这个年龄的小儿特别喜欢能表现各种动物和车辆的图画书，应该注意选择。另外，还可以选择一些能动脑和动手写画的智力图书与拼图，让孩子临摹写画和拼图。

第十节　早期教育的注意事项

随着人们对大脑开发和智力潜能发挥重要性认识的提高，小儿早期教育的重要性愈来愈被更多的父母所认可，所接受。对小儿进行早期教育的重要作用，小儿早期教育对他们日后智力水平发挥的影响已经被肯定，做为父母决不能忽视对自己孩子的早期教育，应根据小儿生理和心理发育特点，创造最有利的条件，提供合适的训练方法，让孩子多接受丰富的环境刺激，挖掘智力潜能，使他们的智力发育获得全面发展。在对小儿进行早期教育的过程中，应该注意以下几方面的问题。

一、注意对孩子早期教育的敏感性

小儿的智力发育并非完全取决于他们自身具备的天赋，后天所提供和创造的有利教育条件对他们的智力发育也有很大影响，小儿智力潜能的发挥在很大程度上也有赖于对他们早期教育的敏感性与教育方法是否适当。我们所说的对小儿早期教育的敏感性不仅仅是指对他们基本生理需要做出反应，而是对孩子的感觉、情感、兴趣、情绪等心理需要的敏感观察和做出积极反应，以及亲子在教育中的互动性，也就说父母的行为影响着孩子，反过来孩子的反应又影响着父母，相互之间能够敏感地意识到对方的感觉状态、情绪和行为，并调整自己以适应对方，达到感觉信息传递的敏

感性。在这种早期教育相互作用中，亲子都能做出积极反应。父母对小儿的生理、心理反应有发动和指导作用的早期教育最有利于小儿获得智力发育，智力潜能也能获得最大发挥。

小儿智力潜能开发的早或晚都与对孩子进行早期教育的敏感性有很大关系，这种敏感重视程度也体现在对他们大脑神经潜能开发训练的把握和诱导强化上。父母切不可忽视自己作为孩子主要的养育者和教育者的角色，自孩子出生后，应该遵循脑神经发育规律，根据孩子各方面能力的发育水平，有计划、有步骤地进行早期教育，促进小儿各种功能全面发展，使他们的心理行为在正确的熏陶下发展，智慧也在教育中逐步提高，这对小儿正在发育的大脑神经中枢和智力潜能的开发都非常重要。小儿年龄越小，早期教育与智力潜能开发对正在发育的大脑神经功能的影响力就越大，未成熟的大脑是在外界环境对于脑神经系统的不断刺激过程中发育成熟和完善的，早期教育训练能挖掘脑的最大潜能。因此，应该特别注意从小对小儿的生理需求给予适宜的、正确的反应，注重对他们的感知、兴趣、情感、情绪等心理需要的敏感性观察，尽早对他们进行丰富多彩的环境信息刺激，采取一定的教育方法，使他们的感知、认知、语言、运动能力都得到充分发挥，培养出聪明可爱、高智商的孩子。

实践证明，在教育中敏感性强的父母不仅能维持小儿在交往中对事物的兴趣，而且也能维持小儿在接受信息处理上会有一个比较理想的水平，促进着他们的智力发育。在小儿生命早期，及时进行视觉、听觉、触觉多感官的早期刺激，对语言与运动功能进行适当训练，坚持给他们做皮肤按摩和健身操等，都是父母对孩子智力潜能开发做出敏感性反应的一种方式。这种方式能促进小儿认知、运动、语言和社会交往能力的发展，对大脑神经细胞发育和早期智力潜能开发都非常有利，也是进行早期教育和提高智力水平的重要训练方法和内容。父母一定要持之以恒，坚持进行。

二、注意亲子良好情感的培养

父母在养育孩子的过程中，必须与孩子培养良好的情感，这是人类感情建立的基础，也是孩子在父母温暖爱抚的呵护下健康成长的基础。早期教育也必须在良好情感的基础上进行，使小儿有良好情绪，有激情，能积极接受教育，使他们的智力发育水平不断提高。小儿出生后受到父母无微不至的关怀，可以使他们产生安全感和良好情绪，从而促进小儿对周围环境的适应性和探索性，同时也容易让孩子与父母进行情感交流，建立起心理依恋，进一步发展父母与孩子之间的良好情感。在这种良好情感的交流互动过程中进行早期教育能取得良好效果。

对小儿进行早期教育应具有相依的情感，有亲情互动关系才能有好的效果。小儿的高兴与欢喜的良好情绪，是在他的生理需要能得到满足的情况下产生的。小儿只有在满足了低级的生理需要后，才能产生高级的心理需要，心理活动也就能进一步发展。小儿的生理、心理需要得到满足时能产生良好的情绪，他们会高兴，会欢喜，能主动与人交往，会观察周围环境，去探索周围事物，提高认知能力。如果生理、心理需要得不到满足，小儿就会产生焦虑或烦躁的情绪，易哭闹，不愿意交往，不能适应周围环境，影响各种功能的发挥。小儿在与父母情感交流的互动中会不断出现新的需要，只要满足了新的需要就能促使他们产生新的要求，同时能产生自我需要的实现，就会出现自我能力的发挥，并要求得到父母和周围人的认可。因此，在早期教育中，不仅要满足小儿的生理需要，还要重视他们高级的心理需要，注意观察适应他们的心理活动状态，建立起亲子的良好情感，使他们在愉快、高兴、轻松的良好情绪中接受教育并得到好的效果。

如果小儿从小未得到父母的良好照顾，缺乏关爱，缺乏与父母的依恋情感，缺乏早期教育和丰富多彩的环境刺激，心理需要被剥夺，就会影响他们对父母的情感和信任，影响对周围环境的适应和探索能力，小儿就会以消极的情绪对待周围的人和事物，阻碍他们自我能力的发挥，影响智力发育。在我们的现实生活中，有些父母整日忙忙碌碌地工作，不重视孩子的早期教育，不注意孩子情感的需要，因缺乏耐心，不能细心照料孩子，以致影响了与孩子良好情感的建立。特别是有些家庭，父母关系不正常，家庭成员之间的亲和程度差，致使孩子出现一些不健康的心理情绪，与父母及家人无良好情感。这些孩子在日常生活中多不善于与人相处，易孤僻、急躁、发脾气，不能很好地面对周围的环境，最终影响到他们认知能力和社会交往能力的发展。可见，小儿早期情感的培养对他们的健康成长至关重要，良好的亲子情感对孩子有着一生的影响力。

在培养小儿的良好情感时，父母要拥有积极的生活态度，以开朗的心情面对生活，成为孩子的良好典范，让小儿拥有一个温馨幸福的家庭环境，与父母一起分享快乐，要注意给予孩子足够的关爱，让孩子有良好的情绪，这对亲子情感的建立非常重要。在日常生活中，要教小儿爱父母，爱小朋友，爱他人，乐意帮助别人等。同时，要培养小儿活泼开朗、勇于与人进行交往的能力，让他与人友好相处，有好的人际关系，讲礼貌，能与小朋友进行配合性游戏，玩具可以与小朋友共享，拥有能适应周围环境的良好心理素质。一般来说，哪个父母都疼爱自己的孩子，然而，不可忽视的是，有些父母忙于工作，轻视或缺乏对孩子的早期教育，没有培养孩子有良好习惯，缺乏与父母的良好情感而导致孩子感知、认知、运动、语言、社会适应能力等方面受到局限与不足的情况依然存在，父母和儿童保健工作者应该引起高度重视与警惕。

三、早期教育必须具备丰富多彩的环境

环境是指生活中所有能影响智力发展的外部环境，包括自然环境和社会环境，其中最为重要的是社会环境，丰富多彩的环境有利于小儿的智力发育。智力发育是先天因素和后天环境因素相互作用的结果，丰富的环境对小儿神经心理发育，尤其对早期智力开发具有极重要的作用。研究证实，在环境因素中，早期经验起着十分重要的作用，是小儿神经心理发育的重要因素，而后期的经历是认知能力、情感和社会能力发育的重要因素。小儿只有在丰富的环境中，接触他人和各种事物，学习语言，学会社交活动，培养良好的人际关系，才能提高小儿的认知能力与社会适应行为，培养出能适应社会发展、对社会有用的优秀人才。

小儿早期智力潜能的开发的效果，也完全取决于是否能尽早接受外界环境丰富多彩的刺激，以促进小儿认知能力的发展，能早期获得经验。对小婴儿进行有目的的视觉、听觉、触觉、平衡觉的适当环境刺激，对智力发育与智能开发都具有重要意义。一种理想的环境刺激，能促进小儿的神经心理发育，提高智力发育水平，因此，在小儿生命早期，应该为他们尽可能提供丰富多彩的、有益的环境刺激，来促进脑功能的全面发育，挖掘智力潜能，增进智力潜能的最大发挥，让小儿能获得较高的智力水平。

对小儿进行早期教育，促进他们的感性认识，应该给他们创造能接受丰富环境刺激的机会。丰富多彩的环境对小儿都有极强的吸引力，活动的物体比固定静止的物体更能引起他们的注意力，单调的环境不利于培养孩子的观察与思维能力。父母要充分利用丰富多彩的日常生活来激起孩子的观察欲望，引发他们的好奇心。小孩子生性好动、好奇，在教育中要珍惜孩子的好奇心，因势利导，给予启发性教育。好奇心从生理和心理角度上看就是"探索"，求知欲望就是在好奇心的基础上发展起来的，也就是当外界环境出现异常变化时，总是要去接触探索一下。父母与教养者要特别珍惜孩子对周围事物的好奇心，诱导他们多看、多听、多运动，为他们提供丰富多彩的、有益的环境刺激和良好教育，满足他们的好奇心，激发他们的求知欲，让他们敢于参与社会活动，增进感性认识，促进大脑的思维能力，不断获得经验并提高智力水平。

在教育活动中，父母与养育者的积极参与对小儿也有很大影响。小儿在环境中是否能获得经验与发展，是否具有反思学习的能力，与父母能否提供小儿易于观察的环境有关。引导他们去思考问题，带动他们去学习，给予一定的发动和指导，这样才有利于小儿从环境中获得更多的经验，提高智力水平。父母在培养孩子的认知、动作、语言、行为和良好习惯上起着非常重要的作用。父母是孩子的第一任老师，在与孩子的接触交往中，自己的一言一行、一举一动，对孩子的态度、言语表达、行为举止都起着潜移默化的不可低估的示范作用，都极大地影响着孩子的心理发育。在良好的家庭环境氛围中接受良好的教育，对小儿的智力发育极为重要，很可能在一定程度上决定他们一生的心理行为方式。

四、注意诱发孩子接受教育的主动性

早期教育必须适合小儿的年龄特点，最好选择针对每个孩子具体情况和智力水平的教育内容和训练方法，想方设法引起他们接受教育的兴趣，调动起他们接受训练的主观能动性。不管实施什么样的教育训练方法和手段，都必须通过小儿自身接受教育的主观努力和勤奋学习才能起到作用，所以，早期教育的内容和方法必须根据小儿的心理发育特点和接受能力，创造条件略微提前进行，让他们所接受，能理解，能够引起注意与兴趣，

而且能努力积极地参与。如果不考虑小儿的心理发育特点和接受能力，机械性地教育，盲目超前训练，无疑会影响他们接受教育的主动性，阻碍智力发育。

良好的早期教育是促进小儿全面发展的基础，调动起他们接受教育的主动性是智力潜能获得充分开发的前提。要为小儿营造一个感兴趣的学习环境，让他们有机会见识各种各样的有趣事物，增加学习与认识事物的机会，并引起他们的好奇心，去努力学习，不断培养主动学习的积极性。每个小儿只有对各种各样的事物有了学习主动性，才能去学习，去探索，并且在探索中提高认知能力，树立起他们的自信心和进取心。许多事例说明，从小培养孩子学习的主动性，提高自信心和进取心，对孩子一生的事业都将有重大影响。即使是天资并不优越的孩子，只要具备了强烈的进取精神，就能调动起固有的智力潜能，做出超越常人的成就。相反，即使是天资聪明的孩子，如果缺乏进取精神，很可能一辈子庸庸碌碌，一事无成。因此，期望自己的子女能成才的父母，在为自己的孩子勾画未来宏伟蓝图时，切莫忘记从小儿时期就应该注意诱导孩子接受教育的主观能动性，注重对孩子自信心和进取心的培养，在接受教育中充分发挥孩子的智力潜能，提高其智力。

五、注意独生子女的早期教育

独生子女的早期教育问题现已成为广大父母、千家万户乃至整个社会普遍关心的问题。独生子女是家中的"独苗苗"，父母对他们往往倾注全部的精力、财力和关爱，会花很多的时间和精力来关怀爱护子女。从孩子一出生开始，父母便将他视为掌上明珠，给予百般关爱。这很容易发生溺爱，使独生子女在过分溺爱中养成种种不良习惯，出现性格和品德上的缺陷。这些问题并非来自孩子的本身，而多半是由父母在家庭教育中的错误做法造成的，独生子女的教育问题必须引起高度重视。

目前在我国，较多的家庭是爷爷、奶奶、外公、外婆、父母对孩子百般呵护，尤其是对独生子女一味偏袒，甚至达到过分溺爱的程度，这必然会影响孩子的独立生活能力和社会适应能力，对孩子的智力发育是十分不利的。作为父母，对独生子女关心和爱护是必要的，但是溺爱与正确教育并不是一回事。长辈对晚辈可以倾注无限的爱，但是如果不能正确地掌握对独生子女的教养方式，特别是不能根据每个小儿心理行为发育的特点去进行教育的话，小儿会很容易出现一些心理问题，助长他们不良习气的形成，以致他们长大后不能更好地去适应竞争激烈的社会。

独生子女在家庭生活中往往居于中心地位，享有较多的宠爱，处处得到优越的特殊照顾，他们要什么有什么，只要孩子提出的，父母总是尽力而为，使他们得到满足。这就使他们养成一种习惯，即无论想干什么都必须得到满足，从不考虑别人，很容易变得娇惯任性，自私自利，好发脾气，以我为中心，不能正确与人交往沟通。有的父母为了让孩子满意，对他们的不良行为不在乎，不加限制，采取迁就的态度，也使他们容易养成随心所欲，爱做什么做什么，不关心他人，缺乏责任感的不良习惯。由于过分溺爱，对孩子的事情过多包办代替，造成小儿缺乏实际操作技能，依赖性强，自主能力差，解决问题的能力差，怕吃苦，意志软弱，承受挫折的心理能力差，缺乏克服困难的勇气和努力进取的精神。由于小儿长期依赖于别人，自己动手能力差，思维想象能力的发展就会受到了限制。上述这些都明显有碍于小儿的心理行为。孩子应该得到父母的关爱，但不是溺爱，随着小儿年龄的增长，他们会逐渐离开父母到各种各样的环境中去学习、生活，走上社会，要适应竞争激烈的社会环境。所以，在早期教育中，父母万万不能一味"关心爱护"，样样事情都包办代替，否则就会限制孩子自理性和独立性的形成和发展，即使没有影响智力发展，也容易造成感觉统合失调，各种功能不协调，心理行为偏离，导致孩子学习与生活自理能力的降低。因此，从小儿会抬头，会用手拿东西开始，就应该尽量让他们发挥自己的能力，培养其生活自理性和独立性。在日常生活中，让小儿多做些事情，会做的事情尽量让他自己动手做，不会做的事情让他学着做；小儿没有把握的事情，鼓励他去做，能主动去做的事情，支持他去做；做错了给予指导纠正，做对了给予表扬鼓励，让他们在日常生活中学会做各种事情，锻炼生活自理能力，培养自信心。该孩子做的事情，父母千万不要替代，更不要溺爱，这样有利于孩子独立生活能力的培养，有利于他们的健康成长和适应社会能力的发展。

独生子女的家庭经济条件比多子女的家庭要相对优越，独生子女的父

母应该有充分的精力从事早期教育，在感情上投入也较多，这样能使孩子在精神上得到情感的满足，会保持良好的情绪，性格活泼开朗，较少忧虑、烦躁和不安，这是独生子女成材的基础。国内外的独生子女研究结果也比较一致地发现，独生子女比非独生子女在社会能力和某些智力测验水平上要好。父母要重视独生子女的早期教育，认真做好早期教育与智力潜能开发，不要过分溺爱，不要过多地包办代替，注意培养孩子的自理能力，让他们养成良好的学习与生活习惯，这样才能培养出自理能力强，能适应社会发展，有益于社会的优秀人才。

第二章 1岁内小儿运动功能训练

0~3岁是小儿运动发育的关键时期，1岁以内是运动发育最迅速的年龄期，特别是人类特有的运动——双手和行走的运动能力，都是在人生第一年有重大的发展。小儿从出生后的躺卧状态，逐渐发育到抬头、翻身、坐爬、站走的全身大运动都是在1岁内快速发育。手的功能从整个手掌大把抓握发育到拇指与食指的对指捏拿及用手做精细动作，也是在人生第一年迅速发展。小儿运动能力的不断发育使他们的活动范围扩大，接触的事物不断增加，大脑的感知、记忆、思维能力也得到发展，由此提高了他们的认知能力，促进了大脑功能的更快发育。因此，1岁内小儿运动功能的训练有着非常重要的意义，年轻父母和儿童保健工作者都应该给予高度重视。

小儿运动功能的发育是由最初全身性的、不精确的、散漫的运动状态，逐渐发育到局部的、精确的、专一的运动状态。这些运动功能的发育都与大脑的结构及脑功能有关，因为各种运动功能都是在大脑皮质的直接参与和控制下进行的，是随着大脑运动神经的发育而发展，又在脑神经系统的调节下保持正常运动，同时与小儿的早期教育、智力潜能开发及运动功能训练也有直接关系，这些已被科学研究所证实。因此，早期训练小儿的运动功能，培养各种活动能力是小儿智力开发的重要内容，也是智力发育水平的重要标志之一。

1岁内小儿运动功能的发育在不同的月龄期出现不同的动作行为，它的发育遵循着一定的规律和顺序，但同时却与父母是否及时地进行运动功能训练有很大关系。如果能根据小儿不同的年龄与运动发育的具体情况而创造条件，进行适时训练，那么小儿的运动功能发育肯定会快一些，如果不给小儿锻炼的机会，运动能力发育就要迟缓。因此，小儿运动功能的早期训练只有根据每个孩子运动发育的实际水平和运动发育规律，略为超前地进行各种运动能力训练，才能获得良好的效果。这样既能增强小儿体质，促

进身体的生长发育，又能促进运动协调能力的发展，使小儿健康成长。

第一节　1岁内小儿全身大运动训练

一、头部控制运动训练

小儿头部的控制运动是指能主动抬头、挺头、转头的控制能力，头部运动发育与颈部和躯体上部的肌肉张力是否发育正常有密切关联。小儿头部运动发育是先仰后竖，头部控制运动能力是先训练俯卧抬头运动，再进行头部竖直、转头自如的运动训练。

（一）抬头运动训练

抬头运动是指小儿在俯卧时能主动抬起头来，使头部、颜面部抬起的角度大于45度角。根据小儿运动发育规律和抬头运动的训练方法，抬头运动训练分为辅助抬头和独自抬头两部分训练。

1. 辅助抬头运动训练

生后不久的小儿俯卧位时，自己抬不起头来，需要成人用手辅助孩子把头抬起来。这适合于1个月左右还不能抬起头的小婴儿训练。

训练方法：让小儿俯卧于床上，两臂向前上方伸出，成人站在他身后，用两手掌从小儿两腋下托住他的胸上部轻轻向上抬举（图2－1－1），使头部与胸上部离开床面，借此让小儿能抬起头来，向前方观看（图2－1－2）。新生儿后期可以进行这一运动的训练，可根据小儿俯卧位抬头的具体情况反复进行。

2 － 1 － 1　　　　　　　2 － 1 － 2

图 2 － 1　辅助抬头训练

给小儿进行辅助抬头运动训练时应该注意，用手掌向上抬举小儿胸上部时，抬起的角度以 30 度～45 度角为宜，手的操作慢而轻，最好能让小儿主动抬起头。小儿俯卧时，颜面部要歪向一侧，不要口鼻贴于床面而影响呼吸。

2. 独自抬头运动训练

小儿俯卧时，自己能够把头抬起来，就要经常让他独自抬头训练。根据头颜面部抬起的高度分为稍微抬头和抬头自如两个阶段训练。

（1）稍微抬头运动训练

让小儿俯卧于床上，两臂向前上方伸出，成人用带有响声的色彩鲜艳的玩具，在小儿头部前上方引诱他自己用力抬起头来观看。但小儿头抬不高，抬头的时间短，颜面部抬起的角度小于 45 度角（图 2-2）。

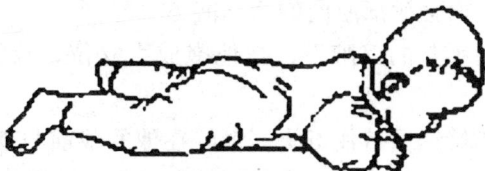

图 2-2 稍微抬头运动

小儿 2 个月时即可开始进行稍微抬头的运动训练，到 3 个月大时，小儿仍不能抬起头，既为稍微抬头运动的发育迟缓，应加强抬头运动训练。

（2）抬头自如运动训练

小儿用两臂肘支撑着用力地抬起头来，前胸上部与头颜面部抬起的角度达到 90 度角，并能自由地转动头部观看周围环境（图 2-3）。

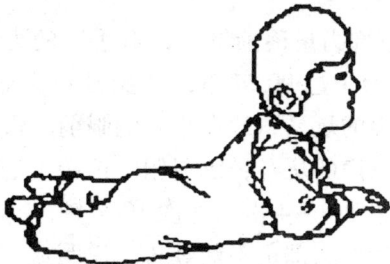

图 2-3 抬头自如运动

小儿俯卧位能抬头后，要让他每天反复多次地进行趴卧抬头运动训

练，并逐渐延长时间，以增强头部的控制能力，锻炼手臂的有力支撑。小儿5个月时，如果仍做不到手臂支撑着抬头，则说明这一动作发育迟缓，应该加强俯卧抬头运动的训练。

（二）头部竖直转动自如的运动训练

小儿头部挺直并能转动自如的运动训练，就是把小儿抱成直立位，让他头颈部挺直，能自由地左右转动头部的运动。

1. 头部竖直运动训练

小儿2个月时，颈部无力，支持不住头部的重量，导致头部向前后与左右歪斜。这个时期，每次给小儿喂奶后，成人就要用手臂支撑住他的背部并用手掌托扶住他的头，把他竖着抱起来，逐渐减少你手的托扶，把你的手放在小儿头部附近，让他独自支撑头部几秒钟，进行头部能竖立挺直的控制能力训练，增强颈部肌肉的活动能力。

用双手扶抱在小儿的双腋下，把他抱成直立位，让他练习颈部挺直，能头部竖立片刻。

为了让小儿能持续保持住挺头，最好在他的眼前与他说话，或者利用发声的玩具逗引他能挺住头，让小儿较长久地保持头部竖立挺直。

2. 直立位转头运动训练

成人把小儿竖抱起时，他的头部能竖直挺立，就要用发声的玩具在他的头部两侧有意识地逗引，吸引他能左右转动头部去寻找发声的玩具，左右两侧交替练习，增强小儿头部竖直和转头的控制能力，每次训练2~3分钟，每日数次。

3. 俯卧位转头运动训练

3个月的小儿，颈部力量逐渐增强，双手臂的力量也增强，能用双臂肘支撑着抬起前胸，抬头达90度角，并能挺直头部。这时可将哗铃棒、铃铛或拨浪鼓等带响声的玩具，放在小儿的眼前，慢慢地左右移动，逗引他左右移动头部去看发声的玩具，练习俯卧位转头运动，不断增强颈部肌肉的运动能力，每天俯卧3~4次，每次10分钟。

小儿4个月时，如果头部仍不能竖直，说明这一运动的发育迟缓，应该经常进行头部竖直与转动的运动训练。

二、翻身运动训练

小儿翻身运动有一定的发育规律，首先是从仰卧位翻身到侧卧，再翻过身去呈俯卧位，然后是由俯卧位翻身呈仰卧位的运动发育规律。遵照翻身动作的发育规律，小儿翻身运动有仰卧翻身和俯卧翻身两种训练。训练时，先从辅助小儿仰卧与俯卧翻身运动做起，逐渐让小儿自己能翻身。

小儿仰卧翻身运动的发育略早于俯卧位翻身运动的发育，因此，在翻身运动训练的顺序上，先从仰卧位翻身运动开始，后是俯卧位翻身运动训练。进行翻身运动训练时应该注意安全，尤其是要注意小儿手和臂不要压伤。

（一）辅助翻身运动训练

1. 辅助仰卧位翻身运动训练

先辅助进行仰卧位翻身运动训练，让小儿呈仰卧位，成人把一只手伸到小儿身后托住他的后背，用另一只手贴敷于小儿的胸腹部（图 2 – 4 – 1），托小儿后背的手轻轻用力把他先翻身呈侧卧位（图 2 – 4 – 2），稍停一会儿，然后帮助小儿翻身呈俯卧位（图 2 – 4 – 3）。也可以让小儿呈仰卧位，双腿向上屈曲，成人的左手把小儿的右手向头部上方轻轻拉直，再用右手轻压他的右膝盖内侧，稍用力往外侧压贴于床垫上，然后提起他的左腿往右侧拉，顺势辅助他翻成俯卧位。

2 – 4 – 1

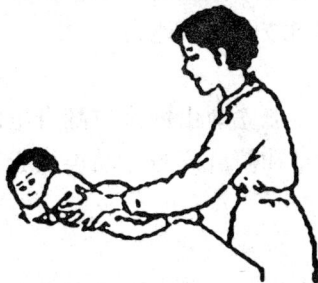

2 – 4 – 2

2 – 4 – 3

图 2 – 4　辅助仰卧位翻身训练

119

辅助小儿仰卧翻身训练必须向左右两侧交替进行，每天训练多次。小儿2个月时，便可开始辅助仰卧翻身运动的训练。

2. 辅助俯卧位翻身运动训练

帮助小儿仰卧位翻身训练后，再辅助小儿进行俯卧位翻身运动训练。

让小儿呈俯卧位，头抬起，两臂伸向前方，成人用一只手托住小儿的胸腹部，另一只手扶住他的腰臀部（图2-5-1），托小儿胸腹部的手轻轻用力把他从俯卧先翻身呈侧卧位（图2-5-2），稍停片刻，然后再帮助他翻身呈仰卧位（图2-5-3）。

2-5-1

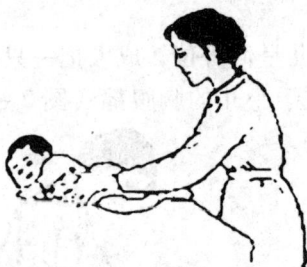

2-5-2

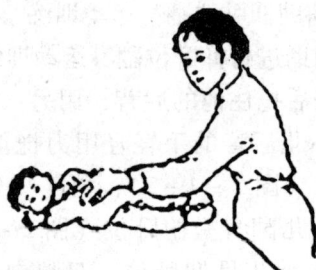

2-5-3

图2-5 辅助俯卧翻身训练

辅助俯卧位翻身也要向左右两侧交替进行，同时也可以由仰卧位翻身呈俯卧位，由俯卧位翻身呈仰卧位，每天反复多次训练。辅助小儿翻身运动训练时，应该注意安全，应尽量让小儿自己用力做翻身运动，发挥小儿的运动能力，促进其运动神经发育，提高其四肢的活动能力。

（二）独自翻身运动训练

在小儿翻身运动的训练过程中，不是单一孤立地由仰卧位翻身呈俯卧位或由俯卧位翻身呈仰卧位，而是把仰卧翻身和俯卧翻身运动连接起来同时进行，才能更好地促进小儿翻身运动的发育。

1. 独自仰卧位翻身运动训练

将小儿放置于床上，取仰卧位（图2-6-1），衣服不要太厚，在他的一侧肩膀下垫上一个垫子，将一个鲜艳带响声的玩具放在他身体的另一侧，吸引他主动往这侧转头翻身去注视，引诱他用力由仰卧位翻身呈侧卧位（图2-6-2），再翻身呈俯卧位的翻身运动（图2-6-3）。

小儿3个月时让他做独自仰卧翻身运动的训练。训练时，一定要尽量让小儿自己用力翻身，独自完成仰卧翻身运动，小儿翻身实在困难时，再帮助他完成翻身运动。

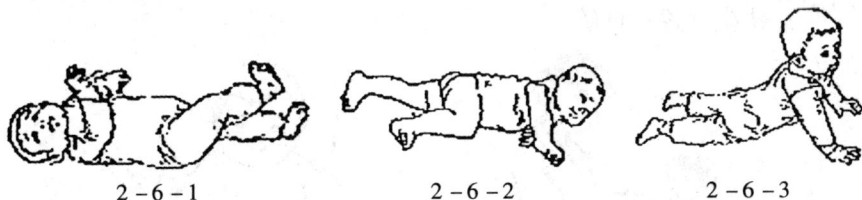

2-6-1　　　　　　　　2-6-2　　　　　　　　2-6-3

图2-6　独自仰卧翻身运动

2. 独自俯卧位翻身运动训练

让小儿呈俯卧位，头抬起，两手指分开，臂肘能有力支撑（图2-7-1）。成人坐在他的身旁，一边与他讲话，一边用哗铃棒发出声音，促使他手臂伸直，支撑起身体，抬头看你，并引诱小儿能抬起一侧手臂去拿玩具，向一侧斜身，这样能让小儿身体转动而带动翻身呈侧卧位（图2-7-2），再翻身呈仰卧位（图2-7-3）。

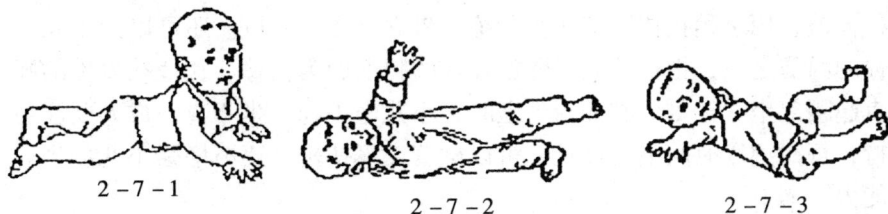

2-7-1　　　　　　　　2-7-2　　　　　　　　2-7-3

图2-7　独自俯卧翻身运动

在小儿独自仰卧翻身和俯卧翻身运动的训练过程中，应根据小儿翻身运动的发育状况，把仰卧翻身和俯卧翻身结合在一起，连接起来，进行交替训练，这样会取得更好的训练效果。

小儿4个月时开始训练独自俯卧位翻身运动，也可以根据小儿仰卧翻身运动的发育情况来定。小儿6个多月时，如果还不能独自完成翻身运动，说明翻身运动的发育迟缓，应加强翻身运动的训练，可以按照第三章中不会翻身运动去干预训练，逐渐让小儿学会翻身动作。

三、坐立运动训练

小儿坐立运动的训练是根据坐动作的发展规律和顺序，即从扶坐到独坐逐渐训练。根据小儿坐立运动的发育规律可把坐立运动分为扶坐立、独坐前倾、独坐自如、俯卧位坐起四部分进行训练。

（一）扶坐立运动训练

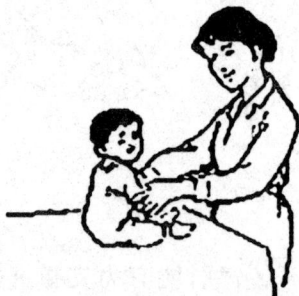

图2-8　扶上臂坐立训练

图2-9　扶腰部坐立训练

小儿5个月时，开始扶坐立运动训练。让小儿仰卧位，成人用双手抓握住他的双上臂，把他拉坐起来，然后，用手扶住小儿的两上臂，让他能直起腰部坐直片刻（图2-8）。也可以用双手扶握住小儿的腰部两侧，使脊柱伸展，用手稍扶住腰部让小儿练习坐立（图2-9）。还可以让小儿坐在你的两腿之间，把他的双手臂放在你的腿上做为支撑，让他扶着你的腿能直起腰部坐立片刻。刚开始坐立时，小儿坐不稳，坐不直，成人要注意扶持，每次训练时间不能过长，可以试着反复扶坐，逐渐增强小儿能坐立的能力。

（二）独坐前倾运动训练

小儿呈仰卧位，成人用双手抓握住他的双手，把他从仰卧位拉坐起来，让他两腿稍分开，身体前倾，能用双手臂向前支撑身体，双手掌朝下放平负重，如三支架（图2-10），练习坐立。小儿勉强能坐立，但是坐不直，成人要稍微扶持，让他坐直坐稳，坐的时间不要太长。小儿坐不直时，可以用双手拇指按压住小儿腰

图2-10　独坐前倾运动

部脊柱两旁的肌肉进行按揉，把其余四指放在髂前上棘向后用力固定，让小儿躯体伸展，促其坐直。经过训练后，小儿坐立时的身体向前倾斜度逐渐减轻，能直起腰部坐直片刻，坐立时间会渐渐延长，慢慢就可以将小儿放在有靠背的小椅子上，让他靠坐着玩耍。

独坐前倾的训练，仅仅是在训练时让小儿独坐立，成人要注意扶持，决不能在小儿身体周围围上东西练坐。那样坐得太久，小儿会坐不直，坐不稳，很容易造成脊柱弯曲。

（三）独坐自如运动训练

小儿经过独坐前倾运动的训练后，坐立的能力逐渐加强，坐立时身体由前倾变成能直腰而坐，脊柱伸展与水平面成直角（图2－11）。但是，小儿坐立的保持能力有限，不能维持很长时间，坐一会儿就坐不直了。因此，一次不要让小儿独坐时间太长，每天可以反复多次训练。训练时在小儿的腿脚前摆放玩具，让他坐

图2－11　独坐自如运动

着玩耍，以防止小儿有厌烦情绪。小儿能独坐立后，在他的前后左右来回走动与他说话，或摇铃铛与哗铃棒，有意识地引逗小儿摆转身体，让他的身体左右转动，头部左顾右盼，进一步锻炼坐立姿势的稳妥和身体自由转动的平衡能力，并渐渐地延长独坐立的时间。

小儿6个月时，可以开始独坐立的训练。小儿8个月时，如果仍不能坐立，说明坐立运动的发育迟缓，应按照第三章第三节中坐立不稳的运动训练去加强练习。

（四）俯卧位坐起运动训练

让小儿呈仰卧位，拉着他的一只手向另一只手的方向慢慢拉起，让他的另一只手撑着能坐起，连续训练几次。让小儿从仰卧位转向侧卧，把他的膝盖屈曲到胸部，使身体屈曲，用小儿喜爱的玩具引诱他用双手支撑着能主动爬起来（图2－12），成为坐立的姿势，然后把玩具递给他玩

图2－12　俯卧坐起运动

耍。小儿俯卧时，拿饼干和玩具在他身体一侧晃动给他看，然后渐渐举

高，引诱他伸一只手去拿，一只手支撑着成为坐立，然后把饼干或玩具给他，以示奖励。

小儿7个月时，开始训练从卧位坐起运动，也可根据小儿坐立运动的发育情况而定。如果小儿长到11个月时，还不能完成从卧位坐起的运动，应加强卧位坐起的运动训练。

四、爬行运动训练

爬行运动是依靠俯卧位时双手与双膝的有力支撑与手膝协调移动动作完成的，对小儿四肢协调运动能力的发展有很大好处。根据小儿爬行运动的发展规律，把爬行运动分为助力爬行、独自爬行和手膝爬行三个阶段来进行训练。

（一）助力爬行运动训练

让小儿呈俯卧位，两腿伸直，手肘弯曲支撑起上半身，成人用双手分别抓住小儿的双脚向前做双下肢屈伸运动，使膝关节尽量弯曲，脚跟碰到屁股，双腿交替向前做屈伸运动。然后，成人用双手再握住小儿两小腿的后侧，使双腿轮流弯向腹部下面，助其爬行。帮助小儿做双下肢屈伸运动后，在小儿头前方不远处摆放玩具，用玩具引诱小儿向前爬行（图2－13－1）。小儿不会爬或爬不动，就会挣扎着在原地蠕动、打转或者向后退，这时成人再用双手分别顶住小儿的脚，推动他向前爬行（图2－13－2），使他能拿到玩具（图2－13－3）。小儿能主动爬行时，成人要逐渐减少帮助，不要再用力推小儿的脚，而是让他的脚用力蹬着你的手掌向前爬行。你的手可以随着小儿向前爬行而向前移动，继续让他用脚蹬着手掌一点一点向前爬动。

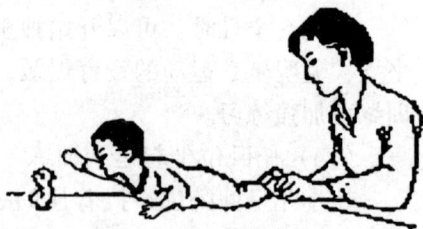

2－13－1

2-13-2

2-13-3

图2-13　助力爬行训练

给小儿做助力爬行运动训练时，要注意在他头前方不远处摆放玩具的距离，一开始放到他伸手能够拿到的地方，以后根据小儿的爬行能力而定，最后一定要让他拿到玩具，使他高兴。小儿6个月时开始训练爬行运动。

（二）独自爬行运动训练

让小儿趴在床上，把他的腿向前弯曲，放在腹部下面，将带响声的玩具或食品放在他伸手能抓到的地方，只要他伸手能拿到这些物品，就夸奖他，再把物品放远一些，也可以拿着小儿喜欢吃的东西引诱他，让他主动向前爬行去拿

图2-14　独自爬行运动

他想拿的东西。小儿会爬行后，要尽量让他自己努力向前爬行到放玩具的地方（图2-14），自己拿到玩具玩耍。在小儿爬行时，要注意训练他双手都能用力，双手都能拿取玩具，训练双手协调运动的能力。

小儿会爬行后，成人要尽量少抱孩子，为小儿创造一个能爬着玩的宽敞环境，想方设法让孩子每天多爬行，进行四肢协调运动能力的锻炼，以促进小儿运动协调功能的逐步提高。

（三）手膝爬行运动训练

让小儿呈俯卧位，在他的胸部下放置毛巾卷、小枕头、滚筒等，或者成人用双手抬起小儿的胸腹部，辅助他呈手膝趴着的姿势，使身体重心落在他的双手和双膝部，促进小儿四肢的有力支撑，并尽量保持支撑的时间。经过手膝支撑训练后，不用任何辅助小儿就能单独进行手膝趴位的支

撑。这时向后拉小儿的一只脚，然后再放开，他会自动把这只脚移动向前，成人再用玩具逗引小儿跪着向前爬行，并逐渐增加向前爬行的距离。

小儿会手膝爬行后，还要经常进行障碍爬，爬过枕头、塑料垫、小木板、沙袋等，促进手膝爬行的能力，逐渐让小儿能用手与脚撑起全身进行手足爬行。

小儿 7 个月时，开始训练独自爬行运动，也可根据小儿"助力爬行"运动的发育情况而定。小儿 8 个月会匍匐爬行，10 个月时会手膝爬行，到 11 个月时还不能向前爬行，则是爬行运动的发育迟缓，应该加强爬行运动训练。

五、站立运动训练

小儿站立运动训练可分成扶站立和独站立运动两个阶段来进行。

（一）扶站立运动训练

扶站立运动即小儿扶着人和物能够站立的动作，分为扶腋下站立和扶手站立两部分进行训练。

1. 扶腋下站立训练

成人将双手伸入到小儿的两腋下，扶他呈站立姿势，让他两腿伸直，两脚与肩平行，脚底平着地站立以后，成人试着稍微放松扶小儿

图 2-15　扶腋下站立训练

两腋下的双手，尝试着让小儿自己站立，使他的身体能得到双腿的有力支撑和持重（图 2-15）。

小儿不会站立，应注意保护，成人决不能完全放松扶小儿两腋下的手，以免小儿失去扶持而摔倒、摔伤。小儿 5 个月时，可以开始短时间的扶站运动的训练。

2. 扶手站立训练

成人用双手紧握住小儿的双手，把他从坐位拉起呈站立姿势。这时让小儿两臂向前平伸，两腿站直，两脚平着地，保持身体平衡（图 2-16-1），尽量让他的双手用力扶着成人站好，而不是成人用力去扶着小儿站好。

小儿刚开始扶手站立时，时间不能太长，次数也不要太多，可以逐渐

增加扶站立的时间和次数，扶双手站立的运动稳妥后，可以改为扶单手臂站立训练（图2-16-2）。这样，让小儿经常用双手或单手扶人或扶物站立玩耍，也可以让他扶着栏杆、凳子、椅子练习站立运动。

2-16-1　　　　　　　　　　　　　　2-16-2

图2-16　扶手站立训练

如果小儿1周岁时还不能扶站立，应该加强扶站立运动的训练。

（二）独站立运动训练

小儿独站立就是不用任何帮助，不扶任何物体，完全能自己站立的动作。在训练小儿扶手站立运动的过程中，成人要试着让小儿自己松开扶着人或物的手，练习独自站立的运动（图2-17）。每次站立的时间不宜过久，逐渐延长站立时间。小儿独站立不稳时，可以让小儿背靠墙站立，两脚跟稍离墙约10厘米，将他的双腿稍微分开靠墙站稳，然后，你慢慢地放手，用玩具逗

图2-17　独站立运动

引他身体离开墙壁站立数秒钟。由于小儿独自站立不稳，很容易摔倒，成人要注意保护，不要摔伤孩子。

小儿10个月时，一般能独自站立片断。在此基础上，让小儿每天坚持锻炼，渐渐能站立稳固，独站立的时间也延长，就可以把玩具放在凳子与矮桌子上，凳子与桌子高度相等，让小儿站在凳子与桌子之间，两边都能拿到玩具来回玩耍，锻炼独站立时的身体平衡与左右转身的活动能力。

六、下蹲运动训练

小儿下蹲运动的训练，应先训练较容易的扶人或扶物下蹲的运动，然后进行较难的独蹲运动训练。小儿11个多月时，开始进行下蹲运动的训练。

（一）扶蹲运动训练

小儿站立平稳后，可以进行扶蹲的运动训练。成人先用双手扶握着小儿的双手，与他面对面站立好（图2-18-1），让小儿扶着成人的双手能做下蹲的动作（图2-18-2）。扶着小儿的双手能下蹲后，再让小儿用一只手扶着人做下蹲的动作。可在小儿的脚前30~40厘米处，摆放一个他比较喜爱的玩具，逗引他去注意脚前的玩具（图2-18-3）。小儿想拿到心爱的玩具，就会主动下蹲拾取，这时，成人可以让小儿扶着自己的手，让他慢慢往下蹲，直到蹲下能拿到玩具（图2-18-4）。然后，再让小儿扶着成人的手站起来，自己玩弄玩具。这样每天坚持训练，并注意发挥小儿的主动性，尽量让他自己去努力完成下蹲运动。

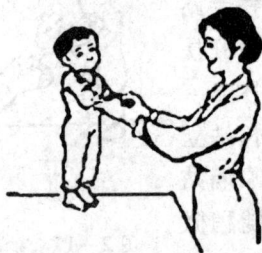
2-18-1

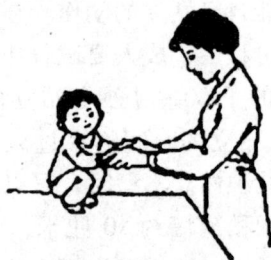
2-18-2

2-18-3

2-18-4

图2-18 扶蹲运动训练

让小儿站在栏杆旁，用一只手抓住栏杆，把他喜爱的玩具放在他下蹲能够拿到的地方，逗引他下蹲用另一只手去捡玩具，反复进行。

（二）独蹲运动训练

小儿经过扶着能下蹲的训练后，下蹲的运动能力增强，不用扶持就可以做下蹲运动，把小儿喜欢的东西放在他的脚前，让他随时能蹲下拾取脚前的玩具玩耍。这样，小儿独自下蹲活动做得很稳妥，很随意，可以随时蹲下、站起来，自由地玩耍。

七、走步运动训练

根据小儿走步运动的发展规律，走步运动训练可分为扶着走步和独自走步两个阶段进行。

（一）扶着走步训练

让小儿先用双手紧握着成人的双手向前走步练习，训练时应注意让小儿的双臂向前伸展，使他的双手能用力扶着成人的手一步一步向前行走（图2－19－1）。成人可随着小儿向前行走而逐渐向后退步，千万不要用手拉着小儿向前行走，更不能用双手提拉起他的双手向前走步。小儿刚开始走步时，行走不稳，应该坚持每天训练，决不能因为怕小儿摔伤而不训练，从而影响小儿行走运动的发育。

小儿经过扶着双手走步的运动训练后，向前行走的动作稳妥了，就可以试着让小儿改成一只手扶着人向前行走的训练（图2－19－2）。也可以利用小儿推车与栏杆，让小儿扶着练习行走。尽量不要靠学步车，以免让小儿形成不正确的行走姿势。如果小儿1岁时还不能扶着走步，应该加强扶走运动的训练。

2 － 19 － 1

2 － 19 － 2

图 2 － 19　扶手走步训练

（二）独自走步运动训练

小儿能用一只手扶人或扶物走步后，走步能力增强了，行走姿势也稳妥了，成人就可以试着松开小儿的手，让他练习独自走步（图2-20）。让小儿背靠墙，面对着你，你坐在离他约1米远的地方，拿玩具与点心逗引他，让他向你走来，逐渐增加距离，延长小儿独立行走的距离。可选择小推车、滚动

图2-20　独自走步运动

玩具和手拖拉玩具，以增加小儿行走玩耍的兴趣，锻炼行走和手的活动能力。准备一辆能推着玩的带有木偶的小儿童车，让小儿推着小车不仅能往前行走，还能转弯走，向后倒退着拉着走。

小儿行走很稳妥、自如后，每天可以进行竹竿操的训练。准备一根长约70厘米、直径2厘米的竹竿，要求表面光滑无刺。成人与小儿面对面站立，让小儿的双手向前平伸，用手紧紧握住竹竿，成人用双手抓握住小儿的双手并往后退步，小儿随着向前迈步，以训练他的行走能力。竹竿操可以训练小儿双手扶竹竿先上举、下蹲，再站立起来向前走四步（图2-21）的竹竿操训练。运动训练时，成人用响亮有节奏的声音说"上举""下蹲""站起""向前走一、二、三、四"步的口令，激发小儿的兴趣，使之感到快乐与高兴，从而喜欢做竹竿操。竹竿操运动训练时，要注意随着小儿的动作进行，一定要轻柔，不要硬拉硬扯，防止小儿摔倒。

2-21-1　　　　　　　　2-21-2　　　　　　　　2-21-3

2-21-4　　　　　　　　　2-21-5

图2-21　竹竿操训练

小儿会行走后，取得运动能力发育的重大发展，完成人生第一年行走运动的发育，并能接触更多的事物和环境，学习更多的知识，这是小儿运动神经发育与智能发育的一个重要体现，对小儿的运动功能和活动能力有着非常重要的意义。大部分小儿1岁时可以独自走步，如果小儿长到1岁半仍不能行走，则说明行走运动发育迟缓，应加强行走运动训练。

第二节　1岁内小儿手精细运动训练

小儿的精细运动主要是手部运动，是从无意识地触摸物体开始，而后到有意识随意地去抓握东西，最后发育到手能做各种精细运动，这些都是小儿手运动功能的不断发育成熟。小儿刚出生时，手不会任何运动，很快发育成可以用整个手掌大把抓握，即五指并抓，逐渐发育到手拇指与食指的对指捏拿。拇指与食指的对指捏拿运动是手的精细运动，是人类操作物体特有的方式，也为小儿今后用手做各种复杂技能奠定了基础。小儿抓握物品的最初方式是用手掌的尺侧抓握（图2-22），进而用全手掌抓握（图2-23），然后发育到桡侧掌抓握（图2-24），最后发展成用拇指与食指的对指捏拿动作（图2-25），完成手精细运动发育的重要一步。

图 2 - 22　尺侧掌抓握

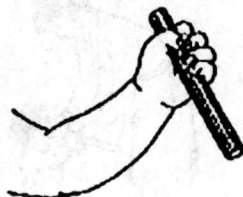

图 2 - 23　全掌抓握

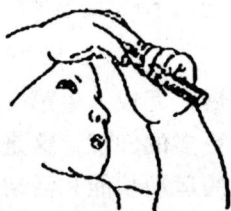

图 2 - 24　桡侧掌抓握

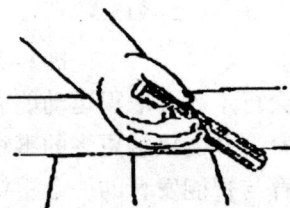

图 2 - 25　拇食中三指捏拿

　　小儿手的精细运动基本包括抓握、捏拿、搓揉、翻揭、撕扯、拼插、折叠等。小儿手指摆脱紧张状态后，手眼协调能力发育成熟后，有意识地用双手去做各种技巧动作，使小儿手精细运动与手眼协调操作物体的技能逐步发育成熟。小儿手的精细运动从无意识到有意识，从不随意到随意，从不协调到协调，从笨拙到灵巧的不断发育过程，都与大脑的发育功能有密切关系。手是认识事物特征的重要器官，手运动的不断发育，使小儿接触物体的感知能力不断增强，从而提高了认知能力，促进了大脑发育和智力潜能开发。随着小儿年龄的增长，手精细运动的水平不断提高，双侧肢体的配合性运动和手眼协调能力越来越成熟，促进着小儿双手操作技能灵巧性的发展。小儿手运动的训练应该积极进行，促进手运动能力的发展，这是早期教育的重要内容，对早期智力潜能开发非常重要，也为小儿将来能独立生活打下基础。因此，训练小儿手的精细运动，锻炼手的协调能力和操作技能，对小儿的运动发育和智力潜能开发起着重要的促进作用。

　　1 岁内小儿手精细运动的发育有它的连续性和内在联系，有一定的运动神经发育规律和顺序。所以，在对小儿进行手运动的训练时，应该遵循脑神经运动系统的发育规律，结合小儿手运动发育的实际水平，循序渐进地、持之以恒地进行训练，这样才能更好地促进小儿手精细运动的发育，提高手的灵巧性，使他成为心灵手巧的聪明孩子。

一、1岁内小儿手精细运动的发育规律

对小儿进行手精细运动的训练时，应该根据手运动的发育规律和顺序，注意不同的月龄小儿不同的手运动能力，并掌握正确的训练方法。

新生儿

所有新生儿的手指都很紧张，是以屈肌张力为主，所以总是处于握拳姿势。手部有握持反射，手臂常呈旋转式，这是新生儿普遍存在的上肢屈曲过度的原因。如果用手指触及一下小儿的手掌心时，他的四指和拇指立刻会攥紧你的手指，并会持续握着（图2－26）。一直

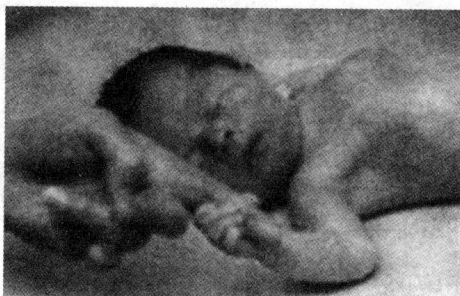

图2－26 新生儿手指持续抓握

到4周以后，小儿的手指才能处于放松状态，手才会张开。从小儿出生后的第二天开始，给他进行手和手指的抚触按摩，可以减轻手的紧张性。经常轻轻抚摸小儿的双手，进行触摸刺激，可以在早期促进手触感知能力的发育。

2个月

小儿手指的紧张度减轻，双手开始张开（图2－27）或者轻轻地握拳。手指或手掌碰到物体偶然会无意识地抚摸或抓握片刻。对周围环境的不适应使小儿手舞足蹈，对物体表现出极大的兴趣，但手还不能抓握。这时要经常解开小儿的宝宝袋，把他放

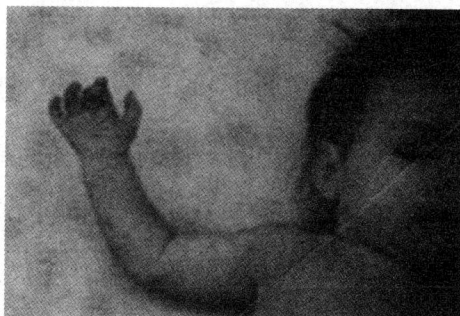

图2－27 2个月手指伸开

在床上，让他自由地挥动手臂，将色彩鲜艳的塑料吹气玩具、气球、彩条、红色手帕、旋转的音乐玩具悬挂在适当的位置，便于小儿注视，并能用手触摸。父母也要常常用自己的一个手指和一些易抓握的玩具去碰触小儿的手掌心，并放入他的手中，进行触摸和抓握的刺激训练，增强手的抓握能力，让小儿逐渐学会用手抓握住东西。

3 个月

小儿手的握持反射消失，手可以有意识地张开，试着用手抓握住东西。两手能紧挨着放在胸前，合在一起，并能玩弄自己的手和手指（图2-28）。如果3个月后小儿手紧握拳持续或者握拳姿势异常，则提示可能存在手屈肌紧张过度，应引起注意。这个年龄的小儿，由于手眼不协调，

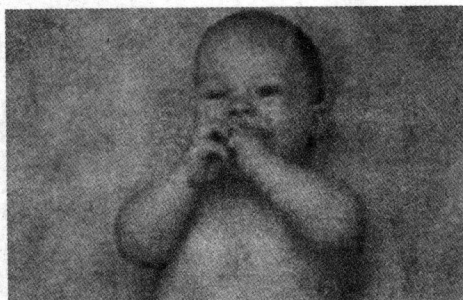

图2-28 3个月玩弄自己的手指

眼前的玩具看到而拿不到，要经常把有把柄的玩具放在小儿手中，帮助他能抓握住物品。如果小儿不抓握，就用你的手轻轻地把他的手指弯曲过来，让他抓握住，持续几秒钟后再慢慢放开你的手，逐渐减轻你弯曲小儿手指的力量，但不要强迫小儿去抓握东西。这时的小儿特别喜欢看鲜艳夺目的玩具，要在小儿床上方他能看到、触摸到的地方悬吊一些五颜六色的易摇响、易抓弄的玩具，扶着他的手去够取，练习抓取与抓握，培养手眼协调功能。

4 个月

小儿开始有目的地抓向玩具，这是一种视动整合能力的手抓取运动，这种手的抓取运动有赖于手眼的协调功能。如果从侧面递给小儿一个响圈，他会把一只半张开的手缓慢地朝响圈方向伸出，去抓取响圈（图2-29）。小儿抓到响圈后，另一只手也会伸向响圈，用双手抓住响圈玩耍。4个月的小儿两手会很自然地接触在一起，并时常玩弄双手的手指。玩具碰

到手指时，他会主动抓取动作，并能将玩具在手中留握。这时要在小儿的面前经常放些小玩具，如哗铃环、哗铃棒、小铃铛、拨浪鼓等易抓握、易摇响捏响的玩具，引诱小儿伸手去抓取，使他的手眼协调能力进一步增强，并使双手都能抓握住玩具，促进小儿的视动整合能力。

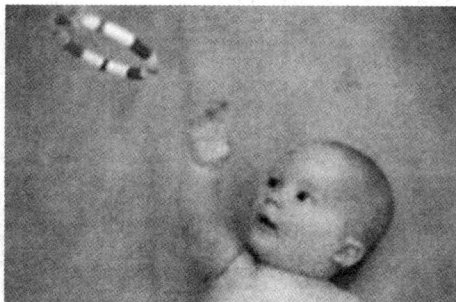

图2-29 4个月张开手抓向玩具

5个月

小儿的抓握能力有了明显提高，仰卧时能自如地用手抓住自己的脚，可以把奶瓶准确地放进嘴里，能拿着东西往嘴里放，并能从成人的手中拿取玩具（图2-30），双手都能抓取玩具，并模仿着玩弄。这时要注意训练小儿准确抓取的能力，经常把小儿抱成坐位，在他伸手能抓到的地方，

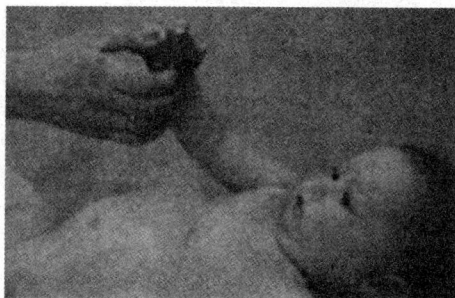

图2-30 5个月能准确抓取玩具

摆放一些颜色鲜艳、形状不一的小玩具，引诱小儿主动伸手去准确抓取，并慢慢地移动玩具摆放的距离，让小儿凭着自己的努力去主动抓取玩具。要经常拿着有趣的发声玩具，玩弄给小儿看，吸引他的注意力，让他用两只手都能去够取并抓住玩具玩耍。

6个月

随着小儿手运动的不断发育，这时的小儿能用一只手将积木传递到另一只手中（图2-31），双手能互相来回传递积木几次。这说明小儿两个大脑半球已经能协调统一，能使物体在两手之间互相传递并玩耍。此时应注意训练小儿双手传递物体的能力，成人在与小儿玩玩具时，要有意识

地、连续地向小儿一只手递玩具，训练他将手中的玩具能传递到另一只手中，逐步教会他双手能来回传递玩具玩耍，增强双手协调运动的能力。这种最初的双手配合性协调运动很重要，它可以在早期识别出小儿双手的协调性运动是否正常。

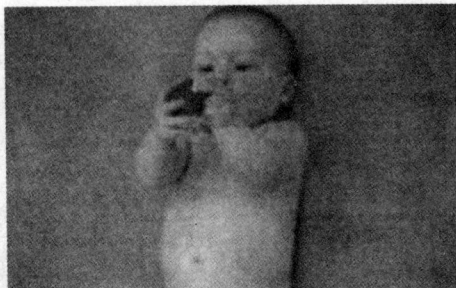

图2-31　6个月双手来回传递积木几次

7个月

此时让小儿抓握积木时，他会用伸直的拇指与其他四个手指一起拿积木，重要的发展是拇指参与了运动，以桡掌侧手指去抓握住物体，并能用两只手抓住积木不准确、不协调地敲打（图2-32）。这时小儿的手运动发育很快，要经常让他的双手都能拿着大小合适的玩具玩耍，如能摇

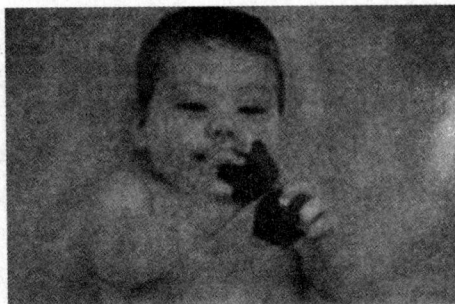

图2-32　7个月双手不协调敲打

晃易传递的玩具，能撕扯的物品，让小儿双手拿着不断地玩弄。对一些能摇晃出响声的玩具，小儿特别感兴趣，能注意其发出的响声，会不停地摇摇晃晃。这时要注意训练小儿拿着有响声的玩具有节奏地摇晃，促进手的协调性运动，增强小儿手运动的灵活性。如果小儿不摇晃或不能摇晃出响声，就要握住他的手帮助他摇晃出响声来，在摇动中不要让玩具轻易地掉落，使他能较长久地玩弄玩具。

8个月

这时的小儿会用手的拇指与食、中指抓拿起小东西，要经常拿一些鲜亮的小物品给小儿看，训练他对小物品的注意，吸引他能抬起手臂，用拇指与食指、中指三个手指去拿取小物品（图2－33）。可选择一些小汽车、小玩意、积木等玩具，你先做示范，用伸开的手指把小玩具拿起来，让小儿模仿着用拇指与食指、中指拿取小玩具玩耍。刚开始时，小儿拿取的动作比较笨拙，总是用拇指与其他四手指乱抓拿，经过多次训练后，小儿

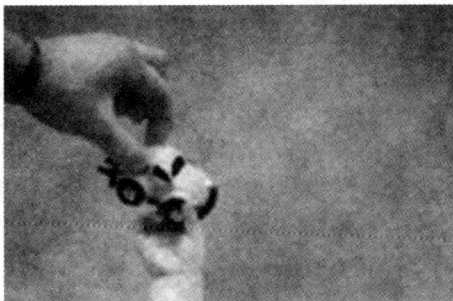

图2－33　8个月用拇、食、中三指拿取玩具

就会慢慢地用手的拇指和食指、中指相对准确地将小东西拿起来。还可以选择一些指拨玩具，如小按键、小算盘、小电话等，成人用手把着小儿的食指去拨弄，玩具发出的响声能引起小儿拨弄玩具的兴趣，培养食指活动的灵活性，为拇食两指的对指捏拿打基础。

9个月

这时小儿能随意地伸开手指，这种伸开手指的能力会使小儿笨拙地放下或扔掉手中的玩具。小儿对丢弃每一个玩具都感到特别高兴，他会全神贯注地注意跌落的玩具（图2－34）。这时小儿手动作不厌其烦地重复着，东西从手中掉落后，他会再去拿取，经常把拿到手里的东西扔了拿，拿了扔。这就需要耐心地反复地训练小儿将手中的玩具有意

图2－34　9个月能主动丢弃玩具

识地松开，与他玩传递玩具的游戏，让他把玩具给你，放在你的手中，你再立即还给他，反复练习。让小儿在语言的提示下，能有意识地拿起或放下玩具，最好能放在指定的位置，完成定向运动。训练手的运动受大脑意志控制，有助于促进小儿的思维能力。

10 个月

小儿开始对任何小东西、小物体产生兴趣，能用手的拇指和食指将小物品捏拿起来，这一切均用伸开的拇指与食指完成，手指运动变得越来越灵活。这个时期是发展拇指与食指尖对捏动作的关键期，要训练小儿用拇指与食指的手指尖捏拿小东西与小纸片（图 2-35），如葡萄干、大米花、糖豆、小丸、小珠

图 2-35　10 个月用拇食指尖
捏拿小纸片

子等，可以让小儿把这些小东西放进碗与盒子里，再从碗与盒子里把小东西拿出来，锻炼手眼的协调能力。此时，小儿模仿能力已比较强，对各种玩具越来越感兴趣，并模仿着玩出一些花样。如果教他用双手互相对敲两块积木，他会模仿着去做，积木的敲击声使小儿十分开心。小儿能用手的拇指与食指尖相对准确地将小东西捏拿起来，使手的精细运动达到相当高的水平，迈出手精细运动的重要一步。

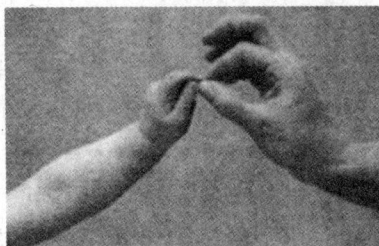

11 个月

小儿手精细运动的灵活性逐步增强，手的食指和拇指像钳子一样能捏起珠子和小丸。在捏取时，食指弯曲，拇指伸开，达到了相当熟练的程度（图 2-36）。随着手指灵活性的发育，手肌肉的细化达到了很高的程度，小儿会用手的拇指与食指很自如地对捏并捏紧小物品，再伸直两个手指头，松开小物

图 2-36　11 个月拇食指像钳子
一样捏起小丸

品。为了完成这一动作，手指伸肌和屈肌的控制力必须十分精细，两种肌群的运动力必须配合得相当统一。这时要进一步训练小儿手指的控制能力，可选择一些小饼干、小点心与小馒头放在盘中，你先做示范，用拇指和食指把这些小食品捏起来放入口中，让小儿模仿着用拇指与食指捏拿起

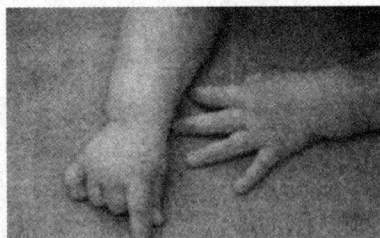

小食品，也能放进嘴里。可以让他把捏起的小东西投入到小口的容器中，如将小珠子和小丸捏起来放进小瓶子里。还可以选择一些带孔洞的玩具，让小儿把一些小物品从孔洞中投入，训练手指的控制能力。如果此时小儿手的拇指与食指仍不能对指捏拿起小东西，就要引起重视，做进一步检查。

12 个月

小儿双手配合性操作物体的协调能力增强，可以随心所欲地摆弄各种物品，可以用一只手同时抓握住两块积木（图 2 - 37），能将一块积木放在另一块积木上。对这个年龄的小儿，要进行多种综合性手部动作的训练，多提供一些相关联的玩具，例如把盖扣到瓶子上，把套叠玩具套叠在一起，把小棍棒插入孔中等，不断提高手眼协调与双手协调的能力。利用玩具做游戏，逗引小儿做些简单、连续的动作，如把小棍一个一个插入小孔中，把环形物一个一个套在小棍子上，把小豆豆、小丸一个一个放进容器里（图 2 - 38），连续推滚小球和转动玩具等。让小儿玩各种套叠玩具，拿小套桶、套塔、套杯往一起套叠，先用两个套装玩具对套，再逐渐增加数量，指导训练小儿手连续操作玩具的能力，练习手的灵活性，不断提高小儿双手配合性运动和手眼协调能力，增强视动整合运动，逐渐让小儿用手做各种复杂的动作。

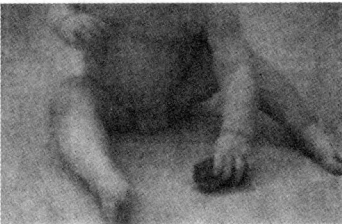

图 2 - 37　一只手抓起两块积木

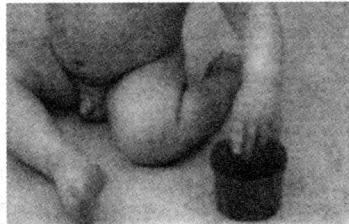

图 2 - 38　把小物品放进容器里

二、1 岁内小儿手精细运动的训练内容

（一）手触摸抓握动作的训练

1 ~ 2 个月的小儿能用手触摸东西，抓握住有把柄的玩具，要对他进

行用力抓握住玩具不松手的训练。

准备工作：准备几个带把柄、有响声的玩具和色彩鲜艳的塑料吹气玩具、气球、彩条、旋转的音乐玩具等。这些玩具能引起小儿的注视，很容易让他用手触摸与抓握，并容易洗涤和消毒。

训练方法：让小儿呈仰卧位，成人拿一个能发出声响的玩具在他面前引逗，使他注意到玩具，然后把玩具的把柄放在小儿的手掌心中，让他用手抓握住。如果他的手指不抓握，就用你的手轻轻地把他的手指弯曲过来，帮助他用手指进行抓握，持续几秒钟后，再慢慢地放开你的手，逐渐减轻你弯曲小儿手指的力量，让他能主动抓握住玩具。可以利用玩具把柄去碰触小儿的手指，刺激他的手指张开将玩具用力抓握住，要反复多次训练。也可以在小儿床的上方悬吊气球、彩条、塑料吹气玩具，这些玩具要悬挂在小儿看得见、一伸手能触摸到的地方，让他容易用手碰触。这样，在小儿手舞足蹈时随时能用手碰触到玩具，成人也要经常拉着小儿的手去触摸与拍打，左右手交替练习。

（二）手抓取动作的训练

让小儿凭着自己的努力，伸手去够取摆在面前的玩具，进行准确抓取能力的训练。在小儿4个月时开始抓取动作的训练。

准备工作：在小儿的面前经常放些能抓握、能摇响捏响的鲜艳小玩具，如哗铃环、哗铃棒、小拨浪鼓、手摇铃、不倒翁及各种软塑捏响的小玩意。

训练方法：4个月的小儿开始用手试着去抓取东西，把小儿抱在桌前，把鲜艳、带响声的小玩具放在他面前20厘米处，使他伸手能够抓到。成人先拿着能摇响、捏响的玩具，玩弄给小儿看，吸引他的注意力，引诱他伸手去抓取玩具。然后，把一个小的容易抓握住的玩具放到他伸手能够抓到的地方，如果小儿不向前伸手，可以轻轻地把他的手臂推向玩具，让他用手去摸，要使他的手张开，能抓取到玩具。可以慢慢移动一下玩具放置的位置，或变换一个玩具，吸引他主动去抓取，让他凭自己的努力伸手能够抓取到玩具，锻炼手的准确抓取动作，增强手眼协调能力，提高手抓取物品的灵活性。

（三）双手互相传递动作的训练

小儿 6 个月时开始进行把一只手中的玩具传送到另一只手中，并能互相来回传递几次的训练。

准备工作：在小儿的面前摆放各种易抓握的鲜艳小玩意，玩艺的大小要利于小儿手的抓握和传递。

训练方法：成人拿着一个鲜艳有趣的玩具，让小儿注意看，并示范把手中的玩具传递到另一只手中。然后，成人把手中的玩具递到小儿的一只手中，把他的另一只手放在拿着的玩具上，让他把手中的玩具传送到另一只手中，再拿起一个小儿更喜爱的玩具，去接近他拿玩具的那只手。小儿想拿到这个玩具，就把原来手中的玩具传递到另一只手中后，来拿成人手中他喜爱的玩具。有的小儿习惯用一只手拿玩具，就先把玩具放在他不太使用的那只手中，他就会很容易传递到另一只手中。如果小儿把两件东西都抓在一只手中，就再拿第三件东西给他，让他用拿东西的手去接，他也会把东西传递到另一只手中。双手互相传递动作可在日常生活中反复训练，让小儿经常用手传递多种东西，并能双手互相交换着传递几次，培养手的传递动作。

（四）手拇指与食指、中指三手指拿取动作训练

小儿 8 个月时，训练小儿用手的拇指与食指、中指能够准确地将小物品拿起来的能力，开始训练手的拇指与食指、中指三手指的拿取动作。

准备工作：把小儿抱在桌前坐好，桌上摆放着积木、小球、小玩意，便于小儿用手指拿取。

训练方法：成人用手指拨弄积木，逗引小儿注意看，让他看着你先用手的食指、中指靠近一个积木，后用拇指靠近拿起积木，再把它放下，然后让小儿用拇指和食指、中指试着去把积木拿起来。刚开始时，小儿是用拇指和其他四手指把弄，乱抓拿，如果孩子总是用整只手大把抓这些小东西，可以用胶布轻轻地把后两个手指屈曲粘贴在一起，训练他用拇指和食指、中指将小东西拿起来。经过反复训练后，小儿就能用拇指与食指、中指相对准确地拿起小物品。成人也可以用手的拇指与食指把一小片鲜艳的彩纸或小玩意拿给小儿看，让他从你的手中用拇指与食指、中指三手指拿取小彩纸片或小玩意，反复训练，增强手指拿取小物品的能力。

（五）双手对敲运动训练

　　8个月的小儿也可以让他进行两只手各拿着一块小积木对着敲打的动作训练。

　　准备工作：让小儿呈坐立位，在他面前摆放几块小积木。

　　训练方法：成人先做示范，用两只手各拿一块积木，让小儿看着你两只手对在一起敲打一下积木，然后把两只手分开，再敲打，再分开。积木的敲击声吸引着小儿，这时让小儿两只手各拿一块积木，帮助他互相对击敲打两块积木，逐渐减轻手的帮助，让他学会敲打积木。积木的敲击声使小儿十分开心，小儿会不断地敲敲打打，练习双手对敲的配合性运动。小儿双手同时敲打对击动作，能锻炼他左右手一起协调运动，促进两侧大脑半球指配运动的统合能力，培养手眼协调能力。

　　（六）手拿起放下动作训练

　　小儿9个月时开始进行有意识地拿起放下手中物品的动作训练。

　　准备工作：让小儿呈坐立位，在他的身旁放好看的玩具和物品。

　　训练方法：先握住小儿的一只手，不让这只手活动，让他用另一只手拿玩具，然后，再给他一个他喜爱的玩具，他想拿到喜爱的玩具，就必须把手中原有的玩具放下，才能拿到喜爱的玩具，反复训练几次。成人用一只手拿起一个有响声的玩具，逗引起小儿的注意后，将手中的玩具边说边放下，让小儿用一只手也拿起这个玩具，让他玩弄一会。成人用一只手再拿起一个有趣的新玩具给他，并伸出另一只手，放在小儿拿玩具的手下面说"把玩具给我，就给你新玩具"，示意他松开拿玩具的手，使玩具掉落在成人的手中，再来拿新玩具。如果小儿把手中的玩具放下，再来拿新玩具，要笑着对他说些赞扬的话。成人要不厌其烦地用语言示意小儿把玩具拿起来，再指示他把手中的玩具放在指定的位置，经过多次强化训练，让小儿手的动作受意志控制，能够有意识地将物品拿起放下。

　　（七）手撕扯动作训练

　　9个月的小儿也可以让他双手撕扯纸片，训练手的撕扯动作。

　　准备工作：选择一些干净的纸，用缝纫机把纸轧成各种简单的形状。

　　训练方法：让小儿坐在成人的大腿上，先示范着把用缝纫机轧过的纸撕扯给小儿看。撕扯引起的响声吸引他注意看，他很感兴趣，便主动伸手抓住纸，让他抓住纸的一边，成人抓住纸的另一边，稍用力把纸撕扯开。

撕纸声，大纸变小纸，这都让小儿很好奇，很兴奋，双手就会主动撕扯，不断做撕扯动作。撕扯动作熟练后，不用缝纫机轧过的纸小儿也能撕扯开，增强了双手配合性的运动。

（八）手拇指与食指对指捏拿动作训练

训练小儿用拇指和食指尖对指捏拿住小物品，在捏取时食指弯曲，拇指伸开，像钳子一样地捏起，使手的精细运动达到很高的水平，是手精细运动发育的重要一步。小儿10个月时进行拇指与食指的对指捏拿动作训练。

准备工作：把小儿抱在桌前，在他的面前摆放小糖豆、葡萄干、大米花、小饼干、小豆子、小珠子、小球等小东西和一个塑料碗。

训练方法：成人先用拇指与食指尖对捏起一个一个的小东西放入碗里，连续放几个，然后再把小东西捏出来。随着小儿手指灵活性的发展，模仿能力也增强，小儿也会用拇指和食指对指捏取并捏紧小东西，模仿着把小东西放进碗里，必要时可以帮助他把小东西捏拿起来放进碗里。经过训练后，小儿不仅能把小东西捏起放进碗里，还能从碗里把小东西捏拿出来，拇指、食指指尖的捏拿动作越来越自如，达到相当精细熟练的程度，手的控制能力也越来越准确。要经常给小儿一些容易捏拿的小食品，如小饼干、小糖豆、小馒头、葡萄干等，将它们放入盘中。成人先用拇指与食指捏拿起来放入自己的口中吃，让小儿也模仿着捏拿着吃，既锻炼拇指与食指的准确捏拿能力，又增强了手眼协调的能力。如果小儿不能用拇指与食指尖对捏起小东西，也可以用胶布把其他3个手指屈曲粘贴在一起，训练他用拇指和食指对指捏拿起小物品，提高手指的灵活性。

康复训练篇

KANGFUXUNLIANPIAN

第三章 小儿运动落后和姿势异常的矫正康复训练

正常儿童的运动功能遵循着大脑神经系统的发育规律，有一定的顺序，到了一定的年龄小儿往往会出现一定的运动功能表现。如果运动功能水平与年龄相当，说明小儿的运动功能发育正常；如果运动功能明显低于小儿的年龄应该达到的水平，则说明小儿可能有运动发育迟缓。

只有知道了正常儿童的运动功能发育规律和一定年龄应有的运动能力，才能发现运动落后以及姿势异常的小儿，才能给予及时的干预训练和矫正康复治疗。

第一节 正常小儿的运动功能发育

正常儿童运动功能发育规律和顺序的基本表现是：

新生儿期的小儿，俯卧位时臀部抬起比头高，膝在腹下方，全身呈屈曲状，不能抬头或瞬间抬头。如果手臂放在胸下不动，两腿会做交替蠕动。让小儿俯卧悬空时，头下垂，肘弯曲，臀部与下肢伸直。新生儿两手常常握拳，受到刺激后握得更紧，醒时手脚经常活动。

2个月的小儿，俯卧位时臀部能放平，抬头达到45度角，下颌能离开平面5~7公分。仰卧时下巴与躯干保持在中线位置，双下肢交替踢腿。让他俯卧悬空时，头也能抬起与躯干在一水平线上。竖抱小儿时，头能竖立。这时小儿手指紧张度开始降低，两手能张开，偶尔碰到东西会无意识触摸。

3个月的小儿，俯卧位时肘能支撑，抬头达到90度角，胸部能抬起。仰卧位时头能自由地从一侧转向另一侧。把他抱起直立时能竖头稳定。手

经常无意识地拍打物体，能抓握住物品达数分钟，双手能合在一起放在眼前看，并玩弄自己的手指。

4 个月的小儿，俯卧位时能抬头转头，双手能支撑，俯卧位与侧卧位能转换，并发展到一只手臂能支撑，另一只手臂能举起，从仰卧位翻身到俯卧位，并能把手从胸下抽出。把小儿从仰卧位拉坐时，头能抬起，颈竖直，靠物能坐立片刻。扶小儿双腋下站立时，两腿能支撑身体。当东西碰他的手时能抓握，能拍打眼前的物品，但判断不准确。

5 个月的小儿，俯卧位时手臂向前伸直，头能环顾四周，手臂和小腿能短时抬起悬空，从俯卧位翻身到仰卧位。扶小儿坐立时，能挺直身体，背靠物能坐立。扶腋下站立时臀部能伸展，能站立。手能主动地够取玩具，但不够准确。

6 个月的小儿，俯卧位时手臂能伸直，五手指张开支撑。仰卧位时，头能抬起片刻，能自行翻滚。让他独坐立时，身体前倾小于 45 度角。扶腋下站立时双腿能跳跃。手能抓起东西，双手能互相交替传递物品玩耍。

7 个月的小儿，俯卧位单手、单髋支撑时能高抬起一只手臂，熟练翻身，以腹部为中心向前蠕动。这时小儿能平稳独坐立，搀扶着能站立。全手掌与伸展的拇指能抓握起物品，手抓东西能往嘴里放。

8 个月的小儿，俯卧位时能匍匐爬行。让他坐立时，能左右转身，身体保持平衡，手抓栏杆能从坐位站起。手的拇指与食指、中指三手指能抓取小物品，双手拿积木能对敲。

9 个月的小儿，俯卧时能用手膝不协调爬行，能从卧位坐起再躺下，自发抓住栏杆站起来，扶站时一只脚能抬起，双手搀扶时能迈步。这时的小儿能扔掉或放下手里拿着的物品。

10 个月的小儿，能手膝协调爬行，能侧位坐，并能从半跪姿势站起。小儿能独自站立片刻，搀扶着能弯下身子去拿起玩具站起来，扶栏杆能来回行走，并能用拇指和食指对捏起小物品。

11 个月的小儿，能平稳独站立，从站立位坐下，扶着小推车能走几步。小儿手的拇指与食指尖能准确地对指捏拿小丸，双手能摆弄玩具，把手里的小东西能放进容器里。

　　12 个月的小儿，站立时能保持身体平衡，能手足爬行，爬过小的障碍物，能爬上台阶，跪走，独走，扶手能主动下蹲，并从蹲姿站起。小儿手能翻书，一只手同时能抓起两块积木。

　　1 岁~1 岁半的小儿，能独走自如，能转弯，能爬高，双手搀扶着能上下楼梯。小儿用手能叠 2~3 块积木，能拿杯子喝水，用双手玩抛球。

　　1 岁半~2 岁的小儿，能爬上椅子和桌子，会跑步由大人扶停，双脚能蹦跳，能踢皮球，并双足交替着上楼梯。小儿用手能穿珠子，向不同的方向抛球玩。

　　2 岁~2 岁半的小儿，行走时能迅速转弯，会跳远，能从一级台阶跳下，能攀高，能走小木桥，能平稳跑步。小儿能逐页翻书，叠 6~7 块积木，会盖瓶盖，能投掷球。

　　2 岁半~3 岁的小儿，从 20 厘米高的台阶跳下能保持身体平衡，会骑小三轮车，会踢球入门。小儿能用手拍球 1~2 下，叠 8 块积木，能临摹画直线，会折纸。

　　小儿运动功能的正常发育是先天和后天因素共同作用的结果，先天获得完整的身体是运动发育的基础，后天环境的教育训练是促进运动不断发育的必要条件。如果在母亲怀孕期间受到不良影响，染色体异常，先天代谢异常，胚胎发育出现异常，小儿分娩时或出生后出现脑的损伤，机体的功能就可能会出现缺陷，如脑细胞神经系统发育不正常，这样，无论后天教育环境如何，小儿的某些脑功能发育都可能难以达到正常儿童的发育水平。特别是当有些小儿运动能力明显落后或有姿势异常出现时，就应该引起特别注意，需做详细检查，以便给予及时的矫正治疗与康复训练。

第二节　小儿运动落后和姿势异常的早期表现

　　影响小儿运动功能和姿势发育的主要因素有脑神经、骨骼、肌肉、韧带等，其中最重要的是脑中枢运动神经系统。小儿的运动和姿势随着脑运动神经系统的发育而发展，同时又在脑运动神经系统的调节下保持正常。

因此，小儿运动功能的发育水平与运动姿势的表现可以反映出大脑运动神经系统的发育情况，可以借其早期发现运动落后和智力低下的孩子，使这些孩子能尽早接受干预训练和康复治疗，尽可能达到正常的运动能力和保持正确姿势，这对孩子的一生都是非常有益的。

为了帮助家长早期发现运动发育落后和姿势异常的孩子，识别小儿的运动功能发育与年龄是否相当，姿势有无异常，我们根据小儿运动功能的发育规律，提出运动落后和姿势异常小儿的一些早期表现，让家长早期识别出孩子的运动落后和姿势异常，能进行早期干预康复训练。

一、小儿运动发育落后与姿势异常的早期识别

1. 高危因素

从妊娠开始到小儿出生后，由遗传、宫内、生后多种因素造成脑发育缺陷和脑损伤所表现出的一系列脑神经与功能的不足与缺陷称为高危因素。主要高危因素包括孕期感染、中毒与缺氧、胎盘异常、围产期窒息、产伤、颅内出血、早产儿、低体重儿、病理性黄疸导致的神经核损害等。对于有高危因素的小儿，要在生后6个月内每月查体一次，检查原始反射的发育、智力发育水平是否落后以及运动姿势有无异常，必要时做头颅CT、诱发电位、肌电图检查予以确诊。

2. 原始反射的检查

原始反射是新生儿或婴儿早期特有的一过性反射，这些反射在应该出现时不出现或应消失时不消失均属异常。反射发育检查可以准确反映出脑中枢神经系统的发育情况，可以判断出小儿神经系统发育的状况。大多数原始反射会在小儿出生后数月内消失，出现消退延迟或持续存在常有重要的识别作用，通过对原始反射的检查可以早期诊断脑损伤的小儿。

3. 运动功能落后

（1）头部控制能力：头部控制是小儿大运动中第一个最早发育的运动，对早期识别运动发育落后具有相当重要的诊断价值。正常小儿2个月时能竖头，3个月时能竖头稳，并俯卧抬头大于90度角。小儿4个月时，如果头部仍不能竖直，前后左右摇晃，说明竖头动作发育迟缓。小儿5个月大，俯卧位时仍做不到手臂支撑着抬起前胸与头部，竖抱时头不能挺

立，则说明抬头动作发育迟缓。

（2）翻身运动：小儿 6 个月时还不能独自完成翻身运动，说明翻身动作发育迟缓。

（3）坐立运动：小儿 8 个月时仍不能独坐立，说明坐立动作发育迟缓。

（4）爬行运动：小儿 11 个月时还不能向前爬行，说明是爬行动作发育迟缓。

（5）站立运动：小儿 12 月～14 月时仍不能独自站立，说明站立动作发育迟缓。

（6）行走运动：小儿 1 岁半时仍不能独走，说明行走动作发育迟缓。

4. 肌张力异常

肌张力是指正常人在安静休息的清醒状态下，全身肌肉不完全松弛，保持一定程度的紧张状态。肌张力是维持各种姿势及正常运动的基础，肌张力协调正常才能维持身体的正常姿势和运动。

（1）肌张力低下：表现为肌肉迟缓柔软，关节运动的范围扩大，被动运动时阻力减退。小儿仰卧位时呈蛙状，坐位时身体前倾，呈圆背样的拱背坐，有的呈 W 跪坐位。小儿俯卧位悬垂时呈倒 U 字姿势，步行时呈鸭步，膝关节伸展性扩张等。

（2）肌张力增高：表现为肌肉较硬，关节运动的范围缩小，被动运动时阻力增加。小儿易头向后仰，角弓反张，下肢内收内旋，呈尖足与交叉状，走时出现剪刀步。

（3）肌张力动摇：在小儿运动静止时肌张力无异常，甚至肌张力偏低，但在活动时肌张力明显增强，肌张力从低到高来回变化，在高低之间转换。

5. 姿势异常

所谓姿势是指机体在相对静止时为克服地心引力所呈现的自然位置，如仰卧位、俯卧位、坐位、立位等都是一种姿势。保持一定姿势是产生自发运动和随意运动的基础，只有保持正常姿势才有正常的运动。运动落后和姿势异常的小儿，由于运动时控制能力差、肌张力异常而出现各种体位的异常姿势，正确评估小儿异常姿势对矫正康复训练很重要。

（1）紧张性头偏斜：让小儿由仰卧位扶成侧卧位时，颈部向前突出，出现头背屈与紧张性头偏斜的表现。

（2）持续性手握拳：出生后，新生儿姿势以屈肌张力为主，所以手是处于握拳姿势的。一般到2~3月时，小儿的拳头渐渐松开，有利于小儿抓握东西。小儿4个月后，手握拳姿势异常僵硬或持续握拳姿势是运动发育落后的早期表现。

（3）拇指内收：又称皮层拇指，是指小儿握拳时拇指位于其余四手指内侧的握拳姿势。正常新生儿大多会出现拇指内收，如果小儿3个月后仍有持续的拇指内收，则应该提高警惕。

（4）上肢屈曲、内收与内旋：由于上肢肌痉挛导致上肢屈肌与旋后，小儿俯卧时不能伸直肘关节或手臂而支撑起身体，抬起头部。

（5）异常坐姿：由于髋关节内收与内旋，屈曲不充分，身体稳定性差，小儿呈拱背坐。有的小儿为了坐立稳定性，利用屈髋与屈膝，把臀部坐于两大腿之间，呈跪坐位（又称W跪坐位）。

（6）异常立姿：小儿站立时头背屈，颈前突，胸椎后弯，腰椎前弯，上肢屈曲与内收，髋关节及膝关节屈曲，出现下肢尖足与交叉而不能站立。如果小儿站立以足外侧负重时易出现足内翻，以足内侧负重时易出现足外翻。

（7）异常行走姿势：由于下肢各屈肌与内收肌痉挛，小儿行走时足尖着地形成尖足，并有双下肢交叉，行走时形成剪刀步。小儿常不能行走，即使能走也步态不稳定，容易跌倒，常走快步又不容易停下来。

二、小儿运动发育落后与智力低下的早期表现

新生儿期的小儿易激惹、烦躁、惊吓、啼哭不止，对噪音与体位改变表现出惊吓和持续哭闹，睡眠困难，喂养困难，吞咽困难，吸吮无力，少动，少吃，少哭，哭声弱，刺激后反应低下。

2个月的小儿：不看人看物，没有追视，对声音无反应。肌张力减低时，不能俯卧位抬头。肌张力增强时，手脚易打挺，上肢屈曲，全身很用力，角弓反张。

3个月的小儿：逗引时无反应，不会笑，不追声。颈软，头不能竖

直，头直往后仰，竖抱时挺不住头，俯卧位时不能抬头达 45 度角。小儿的手持续握拳，扶双腋下站立时，双下肢无支撑。

4 个月的小儿：没有笑声，表情呆滞。拇指常握在四指之中，手不能握物。俯卧位抬头小于 90 度角，竖头不稳，肢体柔软或发紧，双下肢支撑能力弱。

5 个月的小儿：手不会伸出抓物，仰卧位拉坐时头后滞，直立位抱起时头不能转动自如，俯卧位时前臂不能支撑起前胸部。

6 个月的小儿：扶着不能坐立，扶坐时竖不起头，不会翻身，扶站立时尖足，足跟不能落地，足跟抬起大于 30 度角。

7 个月的小儿：头和手频繁抖动，双手不能互相传递物品，不能坐立，双下肢不能跳跃。

8 个月的小儿：不能独坐，搀扶时不能站立，不能用拇指和其他四手指抓起小物品。

9～10 个月的小儿：上肢屈曲，内收内旋，扶手不能站立，双手不能对敲物品。

11～12 个月的小儿：不会爬行，不能站立，不能扶走，不能从俯卧位换到坐位，再从坐位换到俯卧位，下肢屈曲，内收内旋，站立时尖足。

1 岁～1 岁半的小儿：手膝不能爬行，不能爬高，不能独走，扶走时尖足，剪刀步态。

1 岁半～2 岁的小儿：行走不稳，搀扶不能上楼梯，不会跑。

2 岁～3 岁的小儿：行走不稳，不能上下楼梯，双脚不能蹦跳，手不能穿珠子。

以上列出运动发育落后和姿势异常小儿早期识别的一些表现，目的就是帮助家长能够早期发现运动落后和姿势异常的孩子，给予早期矫正和康复训练。根据小儿的运动表现和姿势异常，推断出小儿下一阶段应该出现的运动能力，有目的、有计划地去安排一些特别的运动和活动训练，去促进小儿运动能力的发育。

早发现、早诊断、早干预对于运动发育落后和姿势异常小儿的康复至关重要。一般来说，最早发现小儿发育落后的应该是父母和家里最接近孩子的人，但由于缺乏教育常识和经验，也由于感情上难以接受自己孩子发

育落后的事实，可能造成一定的拖延，错过了早期治疗和康复训练的最佳时机。如何让家长尽早意识到异常问题，敢于面对现实，成为早期矫正康复训练的关键问题。为了让父母和家人能及时发现孩子运动发育落后，可以借助以上小儿正常运动功能发育和运动发育落后的早期识别与表现去观察自己的孩子，去与同年龄正常儿童做全面比较。如果自己的孩子在较多方面的发育均比较落后，而且比较明显，家长就应该引起注意，做进一步检查，避免错过早期康复训练和矫正治疗的最佳时机。

家长能较早认识到康复训练对运动发育落后和姿势异常小儿早期发展的重要作用，能尽早按脑运动神经发育规律进行系统的矫正治疗和康复训练，并结合早期教育对小儿进行认知、语言、社会交往和生活自理能力等全面指导，挖掘智力潜能，促进小儿大脑的早期全面发展，对孩子一生的发展都将起到非常重要的作用。因此，对大脑受过损伤的小儿应该尽早进行智能干预训练，通过有目的、有计划的系统康复训练，使他们的智力潜能得到充分开发和发挥，提高其智力水平，尽可能防止伤残和智力低下小儿的发生。

第三节　小儿运动发育落后和姿势异常的矫正康复训练

对运动发育落后和姿势异常小儿的早期干预与矫正康复训练愈早愈好，目前认为，脑损伤小儿早期干预的最佳时机是新生儿期，早期治疗的时间为生后 6 个月之前，在 6~9 月内进行矫正康复训练。对运动发育落后和姿势异常小儿进行早期干预和矫正康复训练，不仅能促进脑中枢神经的快速发育，改善异常姿势，增强运动能力，还能防止肌腱挛缩和骨关节畸形等继发症，从而减轻小儿的伤残。

0~3 岁是小儿运动发育的关键期，在这个时期内进行干预康复训练会取得非常显著的效果，最容易获得脑功能的建立。脑损伤早期处于初期阶段，运动落后和姿势异常还未固定化，如果在这一时期能及时发现并进行康复矫正训练，这对改善小儿的运动落后和姿势异常、提高运动功能、减轻残疾、防治智力低下均可取得事半功倍的效果。如果错过早期干预与康复矫正治疗时机，继发性变性等原因可使运动落后和姿势异常固定化，就会给矫正治疗和康复训练带来很大困难。因为脑结构和脑组织在婴儿期尚未发育成熟，正处于迅速生长发育阶段，大脑在不断地成熟和分化，年龄越小脑发育越快，脑中枢神经系统就具有较大的可塑性，早期干预康复治疗也可以得到明显效果，能使受损伤的邻近脑细胞通过神经轴突绕道投射、树突出现不寻常分叉或产生新的神经突触等形式，使受损伤的脑神经突触在形态结构上发生改变。新生的神经突触连接能形成传递功能的神经网络，使受损伤的脑神经功能缺陷得到代偿。脑的代偿与可塑性关键在于小儿生命早期的干预康复治疗。

未发育成熟的脑组织在外界环境对于神经系统的不断刺激过程中得到发育和完善，外界的刺激越频繁强烈，脑细胞发育的速度就越快。在大脑受损伤的初期，脑功能未固定化，可塑性很大，代偿能力也强，脑神经系统的形态结构和功能也有很强的重组能力，可以受训练环境的影响而发生变化。如果在大脑受损伤早期给予及时的适当的治疗干预和康复训练，脑神经条件反射的建立、训练经验的积累都能引起脑功能的变化，使受损伤的邻近脑细胞有效地实行重组或修饰，就会以代偿来取代缺失的功能，使发育中的脑功能得到代偿康复，就能提高脑损伤小儿的智力水平。

在干预康复训练中，每一次功能训练新经验都会导致脑损伤小儿脑神经突触的连接增加，神经突触密度也增大。当训练经验积累越来越丰富时，大脑就通过神经突触投射进行优化，促进脑功能发展。一个神经突触被使用的机会越多，它就会进一步优化，就有可能被永久地保留下来。脑神经突触永久性保留决定于多次重复的使用，也就是进行多次重复的强化脑功能训练，以使大脑神经突触连接加强，增加神经网络，脑功能也增强。实践证明，反复强化的康复训练可以巩固已有的神经突触，促进神经网络和通路的形成；反复复杂的干预康复训练，能促进新的神经网络和通路进一步形成，使脑功能得到发展，充分开发智力潜能，提高小儿的智力水平。因此，对大脑受过损伤的小儿应该尽早进行智能干预，通过有目的、有计划的系统康复训练，使小儿的智力潜能得到充分开发和发挥，取得最佳的康复效果。

一、头部控制能力差的运动训练

头部控制是小儿运动发育中最早完成的运动，是大运动发育中的第一个里程碑，在早期识别小儿运动发育迟缓中具有相当重要的地位。如果小儿不能控制头部运动，就难以完成其他的一切运动。

（一）头部正中位训练

1. 仰卧位的头正中位训练

该训练适用于头经常歪向一侧、紧张性头偏斜的小儿，是用来诱发上部脊柱的直立反应，使头部保持正中位的强化训练。可将响铃和鲜艳的玩具悬挂在小儿眼前逗引他双手正中抓物，使头保持正中位，并延长保持头正中位的时间（图3-1）。

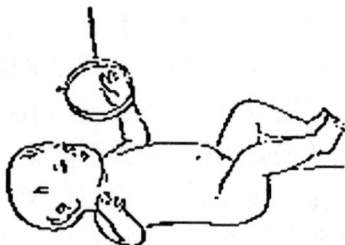

图3-1 仰卧头正中训练

2. 坐立位的头正中位训练

2~3月的小儿可以让他背靠在你的胸腹部抱着，使婴儿能坐直，头摆正，进行身体竖直挺头的正中位训练。较大的小儿可让他取坐位，用双手抓住小儿的双肩胛部，固定脊柱，必要时用双手向后背脊柱去压迫，被动地伸展脊柱，让小儿挺胸，保持头部竖直的正中位置（图3-2）。

（二）矫正头后仰训练

该训练适用于头后仰，角弓反张的小儿。

1. 仰卧位抬头训练

头后仰为颈背肌张力增强所致，让小儿仰卧位抬头能增加颈后深部肌肉胀力，能牵拉痉挛的颈后部肌肉而减轻头后仰。用双手托住小儿头后部

图3-2 坐立头正中训练

两侧，用拇指固定前额两侧，抑制头后仰，同时前臂压住固定其双肩，向上方慢慢地托起头部前屈数次（图3-3）。

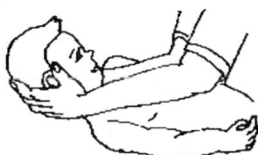

图3-3　仰卧抬头训练

图3-4　抱球姿势训练

抱球姿势训练矫正小儿头后仰，适用于年龄稍大的小儿。让小儿呈仰卧位，你跪坐在他的脚下方，用一只手托起小儿的头后部，使其身体抬高，另一只手把他的双下肢屈曲，使小儿全身呈屈曲状态，恰似球形，称为抱球姿势（图3-4）。也可以让小儿双上肢抱于胸前，双下肢屈曲，臀部抬高，你用腹部固定小儿的双脚，用双手托起小儿头部，使他头前屈，呈抱球姿势。

2. 坐位头前屈训练

让小儿呈坐立位，用双手托置于小儿头后两侧，将中指、食指放置于前额两侧，拇指抵住下颌，固定小儿的头部，把小儿的头向前屈和向左右侧交替转动数次，每个头部姿势固定2~3秒钟，称为头部体操。

（三）头部竖直训练

该训练适用于头不能竖直挺立，颈肌张力弱的小儿。

1. 坐位头竖直训练

你背靠靠垫呈半仰卧位坐立，并双腿屈曲，让小儿仰躺在你的腿上，头放在你的膝部，你用双手紧握住小儿的双手把他拉坐起，使他双上肢伸直，颈与身体呈直立坐位，反复进行（图3-5）。

图3-5　坐位头挺立训练

2. 拉坐头竖直训练

小儿呈仰卧位，你用双手抓握住小儿的双上臂，把他慢慢拉起呈坐立位。训练一段时间后，让小儿的双手紧握住你的拇指，你的双手紧握住小儿的双手腕，将小儿由仰卧位慢慢拉起，让小儿成为坐立位头竖直，训练几分钟（图3－6）。注意拉小儿坐起时，头抬高成45度角时，稍停顿几秒钟，诱导小儿自动抬起头部，拉坐时也不要用力过猛，最好让小儿主动用力拉着你的双手坐起来。

图3－6　拉坐头竖直训练

3. 俯卧位抬头和转头训练

小儿3个月俯卧时仍不能抬头说明俯卧抬头动作发育迟缓，应加强俯卧位抬头训练。让小儿俯卧位，在他的头前方用能发声的玩具逗引他抬头，逐渐延长抬头时间（图3－7）。在抬头训练的基础上，让小儿能左右转头。如果他不会转动头部，可用双手扶住他的面颊部，先转向左侧停2秒钟，再转向右侧停2秒钟，两侧交替重复训练数次。

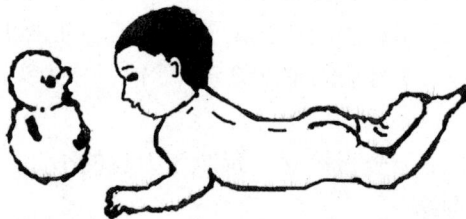

图3－7　俯卧抬头转头训练

小儿头部控制能力差除了以上矫正训练外，还要注意小儿平时的正确姿势。

1. 正确的抱姿：对头易后仰的小儿，要经常把他背靠人的胸腹部抱着，一只手托住小儿臀部，另一只手搂抱胸部，阻止小儿头后仰。

2. 正确的睡姿：头后仰的小儿呈仰卧位时，可在头部垫上小枕头。呈侧卧位时，枕头要垫高，让小儿头部稍微向前屈曲，双手居中，双腿向腹部稍微弯曲。

3. 正确的进食姿势：小儿进食时，要取半仰卧位与坐位，汤勺或奶瓶由嘴的正下方入口进食，避免由上方喂食引起小儿头后仰。

二、不会翻身的运动训练

翻身运动是一个复合性的动作，它包括了头部的控制、躯体的旋转以及上肢的抬起支撑。正常的小儿翻身时，首先是头部转向一侧，然后上肢及肩胛部也向这一侧转动，带动躯体旋转，最后臀部和下肢也向这一侧运动，完成翻身动作。小儿6个月时还不能独自翻身，说明翻身动作的发育迟缓，应加强翻身运动训练。

（一）仰卧位翻身训练

1. 扭动上肢翻身训练

小儿不会翻身时，首先把他的头转向一侧，再缓慢地扭动一侧手臂进行翻身训练。训练时，用一只手握住小儿的一侧手腕，使这侧手臂伸展，再内收、内旋转动，直到转到身体对侧。抓住小儿手臂转动的过程中，可稍加牵拉，用另一只手推动扭动的肩部，促进其身体转动。由于手臂的扭转，小儿的身体及双下肢也会自然地翻转到对侧（图3-8）。

2. 扭动下肢翻身训练

用双手分别抓握住小儿的两侧踝关节，先使一侧的下肢伸直，再扭动另一侧的下肢屈曲、内收，并旋转到身体的对侧，以带动小儿的躯体及双上肢能翻身。可以交替扭动小儿的双腿做左右侧翻身训练（图3-9）。

图3-8　扭动上肢翻身训练　　图3-9　扭动下肢翻身训练

3. 扭转躯体翻身训练

先将小儿的头偏向一侧，把双手放在小儿的胸部一侧，向颜面部偏向

侧稍用力推，使躯体部扭转带动骨盆，诱发翻身动作（图 3－10）。

4. 扭转头部翻身训练

用双手扶住小儿的头部两侧向一侧慢慢转动（图 3－11），同时拉起一侧肩部，以达到整个身体的转动，而引发翻身动作。

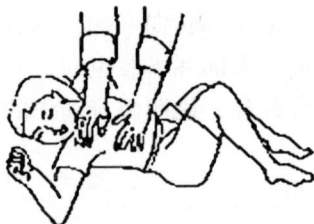

图 3－10　扭转躯体翻身训练　　　图 3－11　扭转头部翻身训练

（二）仰卧位翻身训练

让小儿仰卧于你的双膝上，让小儿一侧上肢上举，用一只手扶住小儿的胸前中部，将另一只手托放在背后，回旋小儿躯体诱发翻身动作（图 3－12）。

可以用被单裹住小儿的身体，保持双上肢向上，先向一侧连续卷起，再向一侧连续打开，使小儿连续滚动。此训练适合于年龄稍大的婴幼儿。

图 3－12　仰卧位翻身训练

三、坐立不稳的运动训练

正常小儿呈坐位时，首先是靠头部的控制能力，然后是靠躯体与臀部的控制力以及双上肢保护性伸展的反应。小儿 8 个月时，如果不能呈坐立位，说明坐立动作发育迟缓，应进行以下坐立动作的训练。

（一）坐立位平衡能力训练

1. 坐立位身体平衡训练

坐在小儿身后抓住他的双上肢向外伸直，先慢慢向前推，再向后慢慢拉，并向左右侧倾斜身体，训练双上肢保护性伸展，每一个动作保持1～2分钟，增进身体前后左右的平衡能力（图3－13）。

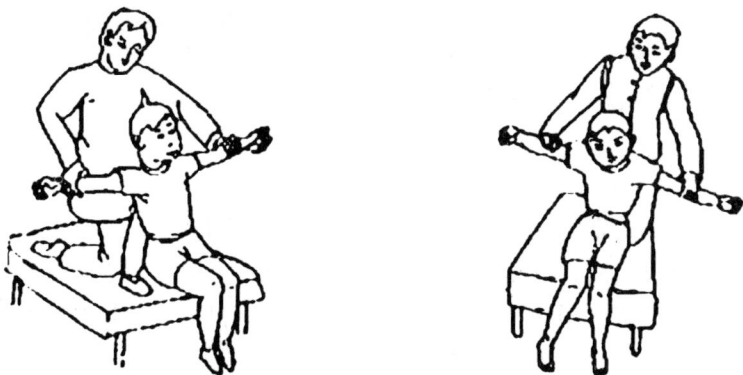

图3－13　坐立身体平衡训练

2. 坐立位身体扭转训练

将小儿的双腿分开伸直，压在你的双腿下，注意不要压住小儿的足背，然后用双手握住小儿的双手，向一侧缓慢扭转他的身体，左右侧交替扭转（图3－14），反复进行。

3. 坐立位身体重心转移训练

让小儿呈坐立位，抬起其双腿，让身体分别向左、右、后倾斜，训练小儿坐时的身体平衡能力，训练时要注意保护。可以扶小儿坐在你的双腿上，慢慢抬起一侧腿，让小儿身体向一侧倾斜，左右侧交替倾斜，训练坐立时的重心转移。

图3－14　坐立身体扭转训练

小儿会坐立后，要经常让他的双下肢伸展平放在床上，身体挺直，练习长时间的坐位姿势，保持身体的平衡。可配合玩具、抛球或坐在底面是

弧形的平衡板上玩耍（图 3 - 15），来巩固小儿长时间坐立的保持能力，提高运动过程中的身体平衡能力。

图 3 - 15　独坐立身体重心转移训练

（二）骑坐位保持训练

骑坐位是小儿常用的一种坐位姿势，在游戏中最常用。小儿双下肢肌张力增高、内收内旋，甚至形成双下肢交叉与剪刀步时，可选用骑坐位对小儿进行矫正训练，纠正下肢内收的紧张性。训练时，让小儿骑坐在滚木上，双下肢完全伸直，整个身体的重量集中在坐骨结节上，同时上肢也负重，完成骑坐位姿势的保持训练（图 3 - 16）。

训练小儿骑坐位身体的重心转换，让小儿坐在你的一侧大腿上，用双手抓握住小儿的腰部两侧，向身体一侧给予一定的力量，让小儿倾斜身体，坐着不平衡，训练他骑坐位身体重心能转换，左右侧交替进行（图 3 - 17）。

图 3 - 16　骑坐位保持训练

图 3 - 17　骑坐位重心转换训练

（三）坐立位屈膝姿势的矫正训练

1. 按膝足背屈的被动牵拉训练

如果小儿的下肢肌张力高，在坐立位时下肢屈曲，膝关节伸展受限，就要进行下肢膝关节的被动牵拉。让小儿呈坐立位，先轻轻地捏揉小儿双腿内侧的肌肉，使其放松，然后用一只手按住小儿一侧的膝关节，使膝关节伸展，再用另一只手抓住小儿的脚腕处进行牵拉上抬（图 3 - 18），使腿伸直，足背屈曲至 60 ~ 70 度角，保持数分钟后放松，双腿交替重复训练数次，矫正坐位屈膝姿势。

2. 按压膝关节训练

让小儿呈坐立位，从小儿身后伸出双手，把双腿分开，同时按住小儿的双膝关节处，用适当的力量向下按压进行牵拉，使膝关节伸展，尽量延长按压时间，增强小儿保持坐立位的能力（图 3 - 19）。

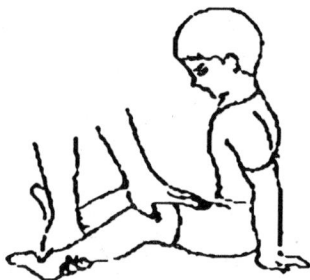

图 3 - 18　坐位按膝牵拉训练　　　　图 3 - 19　按压双膝训练

（四）躯体伸展按摩

小儿坐立不稳时，身体前倾，弓背明显，可用双手拇指按压住腰部脊柱两旁的肌肉进行力度较大的按揉，其余四指放在髂前上棘向后用力固定，让小儿身体能伸展，使小儿坐直（图 3 - 20）。同时按揉腰部阳关穴位（见图 5 - 37），每次 100 ~ 200 遍。用整个手掌摩擦和手指叩击腰背肌肉 1 ~ 2 分钟，或者进行捏脊疗法，加强腰部力量。

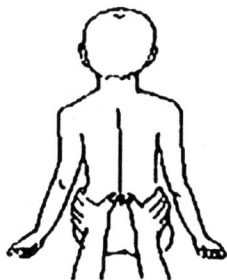

图 3 - 20　躯体伸展按摩

四、不会爬行的运动训练

爬行的基本条件是俯卧位能抬头及四肢的有力支撑。爬行是小儿早期移动的一种方式，是身体重心能够在双手双膝四点之间进行有规律的移动动作。爬行不仅能提高四肢运动的协调能力，还能锻炼躯体的控制力。爬行动作主要有两部分，一部分是手膝位的支撑，另一部分是四肢的协调移动。一般小儿10个月时能完成手膝爬行动作，如果不能爬行，就要进行以下手膝爬行动作的训练。

（一）手膝位的支撑保持训练

1. 手膝四肢支撑训练

在小儿胸部下放置毛巾卷、枕头、滚筒等（图3-21-1），或者用双手抬起小儿胸腹部，辅助小儿手膝爬位的四肢支撑，然后，用双手抓住小儿双手的肘关节处，进行手膝爬位长时间支撑的保持训练（图3-21-2）。

3-21-1   3-21-2

图3-21 手膝位支撑训练

2. 手膝位负重控制力训练

让小儿不用任何帮助，单独进行手膝位的四肢负重训练。训练时，要求小儿双手双膝都垂直，可以在小儿的两侧肩部和臀部用双手同时向斜内侧施加适当的压力，以提高小儿四肢负重及身体的控制能力（图3-22）。

（二）手膝位的重心转移训练

在完成手膝位的四肢支撑姿势控制训练

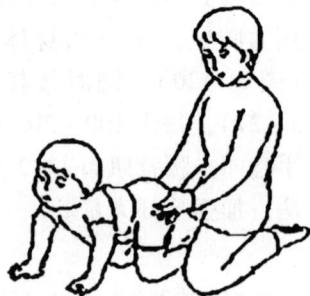

图3-22 手膝位负重训练

后，可以进行手膝爬行时重心的转移练习。让小儿呈手膝位，使双肘关节伸直，手张开，支撑身体重量。先用玩具引导小儿单独抬起一侧上肢（图3－23－1），训练单手臂支撑，左右侧交替进行。再进行单独抬起一侧下肢（图3－23－2），训练单腿支撑，也是左右侧交替进行。然后，进行同时抬起右上肢、左下肢和同时抬起左上肢、右下肢的重心转移的交替动作训练（图3－23－3）。

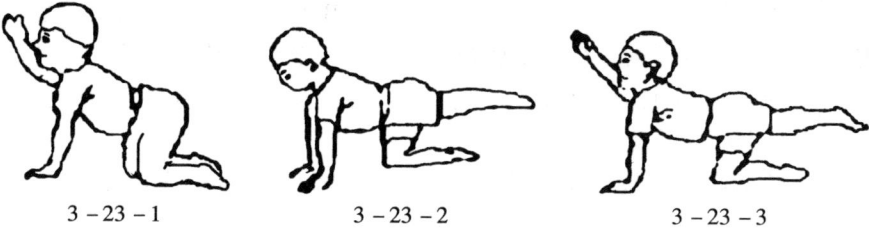

3－23－1　　　　　　3－23－2　　　　　　　3－23－3

图3－23　手膝位重心转换训练

（三）辅助爬行训练

1. 扶臀部爬行训练

在小儿能很好地保持手膝位支撑但不能进行移动爬行时，这时可进行辅助爬行训练。用双手分别抓住小儿骨盆两侧，先将一侧臀部轻轻上提，向前推进一步放下，再将另一侧臀部轻轻上提，向前推进一步放下，这样交替帮助小儿爬行训练（图3－24）。

2. 扶小腿爬行训练

也可以在小儿后面用双手握住小儿的双小腿，左右腿交替向前推进，帮助小儿手膝爬行。帮助时，给予的辅助力量应该是最小的，尽量发挥小儿自己主动向前爬行的能力（图3－25）。

图3－24　扶臀部爬行训练　　　图3－25　扶小腿爬行训练

（三）坐位到爬位的互换训练

要经常让小儿进行从坐位到爬位，再从爬位到坐位的反复训练，促进体位转换及身体旋转训练。只要小儿会爬行，就要设法每天让他进行多种爬行运动训练。爬行能使孩子接触更多的环境和事物，促进四肢运动的协调能力，有利于大脑发育，对小儿的认知能力与运动能力都有好处。根据小儿的年龄可进行以下爬行训练：

1. 推足爬：小婴儿不会爬行时，家人用双手分别推小儿的足底，助其向前爬行。也可刺激小儿足后跟或足底部，让其主动向前爬行。

2. 玩具逗引主动爬：把小儿喜爱的玩具放在他伸手够不着的地方，逗引小儿主动向前爬行。

3. 障碍爬：会匍匐爬行后，引导小儿爬过家人的大腿，或爬过圆滚木等障碍物，促使小儿向手膝爬行过度。

4. 爬楼梯：进行爬楼梯训练，可以促进小儿由手膝爬行向手足爬的转换。

五、不能站立的运动训练

站立要求小儿双下肢有一定的支持和控制能力，有很好的身体平衡能力和站立姿势。有些小儿站立时双下肢不能支撑，常有头前屈、弓背、髋膝关节屈曲状，呈尖足与下肢交叉。为了矫正这些异常的姿势，要分部位进行单关节训练。小儿1岁时如果还不能独站立，就是站立动作发育迟缓，可以进行以下运动训练。

（一）跪立位训练

让小儿进行跪立位训练，主要是调整小儿躯体直立姿势和双膝部的负重能力，去矫正骨盆和髋关节的姿势异常。

1. 双膝跪立位训练

让小儿抓住栏杆、椅背等物体来维持身体稳定，可扶持小儿两侧的髂骨，让小儿保持正确的跪立姿势（图3－26）。也可以经常让小儿跪在沙发或椅子前面玩，提高双膝

图3－26　扶栏杆跪立训练

跪立位的身体平衡能力。

　　小儿双膝跪立位基本能保持平衡后，可进行跪立位的身体重心转移训练。在小儿的后面把双手放在髂关节两侧（图3－27），稍用力把小儿的身体向一侧倾斜，破坏跪立位身体垂直的负重能力，左右两侧交替倾斜，让他尽量保持跪立姿势不摔到。

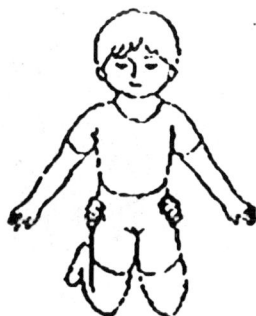

　　2. 单膝跪立位训练

　　单膝跪立位又称半跪位，是一侧膝关节

图3－27　跪立重心转移训练

屈曲90度跪直，另一侧足着地，踝膝关节各屈曲90度，脊柱伸直。在小儿单膝跪立位训练时，先让他抓住栏杆，单膝跪立保持几分钟（图3－28），两腿交替进行，最好双膝跪立位与单膝跪立位互相转换训练，逐渐发展到小儿双手不抓握扶物，就能互相变换跪立位（图3－29），促进单膝跪立位的平衡能力。

图3－28　单膝跪立训练　　　图3－29　单膝跪立转换训练

（二）站起的动作训练

1. 坐位站起训练

　　让小儿坐在合适的凳子上，保持双足底平踏着地，双下肢膝关节屈曲90度，把双手放在小儿的双膝部，使小儿站起来（图3－30）。如果小儿不能站起来，另一个人可扶持小儿的双手臂，帮助小儿从坐位站起来。还可以让小儿手抓住栏杆自己站起来，由双手逐渐过渡到单手，直到不用辅助，小儿能独自站起来。

图 3 - 30　坐位站起训练

2. 跪位站起训练

先让小儿双腿跪立一会，家人用双手托扶住小儿的两手腕使他站起，让小儿站着玩一会儿，然后扶小儿跪下跪直。注意小儿跪立位站起时，一定要让他自己用力站起来。训练方法参照第六章婴儿被主动健身操中的跪起直立运动进行。

3. 爬位站起训练

让小儿双手着地，呈手足爬位，你在小儿后面用双手抓住小儿两侧的骨盆处，双手向后用力使他站立起来（图 3 - 31）。

图 3 - 31　爬位站起训练

4. 蹲位站起训练

你与小儿面对面站立，扶住小儿双手，把玩具放在小儿的脚前，用玩具引诱小儿主动下蹲去拿取玩具，然后再让小儿站起来。扶双手下蹲动作熟练后，再进行扶一只手下蹲站起的训练。经过反复训练后，小儿就可以独自下蹲拾起玩具再站起。这种方法即能训练小儿做蹲下站起运动，又能训练髋关节的屈伸运动。

（三）站立动作训练

1. 扶持站立训练

你坐在小儿身后固定住小儿的双脚，让他足底放平，用一只手扶住小儿的胸部，另一只手扶住他的膝关节，使小儿保持直站立姿势（图 3 - 32）。

图 3 - 32　扶持站立训练

也可以站在小儿的前面或后面，用双手抓握住小儿的双膝关节，使其双腿站直，使足底完全负重站立（图3-33）。为了提高小儿站立伸展的控制能力，还可以与小儿互相牵拉双手进行站立训练（图3-34）。

图3-33　扶膝站立训练　　　　图3-34　牵拉双手站立训练

2. 靠物站立训练

将滚筒斜靠在墙壁上，让小儿身体斜靠在滚筒上，用双手扶住他的骨盆，训练站立（图3-35）。让小儿身体靠墙站立，脚后跟离墙约10厘米，用玩具逗引小儿身体离开墙壁，训练独站立。也可以让小儿扶椅子、床边站立玩耍。有的小儿双下肢肌张力低下，不能坚持独站，可以自制站立架，把小儿的双下肢与胸部用布捆绑住，保持正确的站立姿势，进行站立训练。

图3-35　靠物站立训练　　　　图3-36　单腿站立训练

3. 单腿站立训练

你站在小儿身后，用一只手抓住一侧腿的脚腕部，使小腿后屈曲，令膝关节后屈曲90度，用另一只手固定住站立腿的髋部，可给予适当的压力向下压。保持片刻后，换另一侧腿进行单腿站立训练（图3-36），双

腿交替进行数次。也可以让小儿一只脚放在合适的小凳子上，做单腿站立训练。

4. 独站立平衡训练

站立平衡训练最基础的是身体重心的移动，应先从身体向左右侧倾斜开始训练。你站在小儿的前面或后面，把双手分别放在小儿的左右肩部，先向一侧斜下方施加一定压力，尽量让小儿保持站立位不摔倒，左右侧交替进行（图3－37）。

图3－37
站立平衡训练

当小儿身体重心能移动后，先进行一侧腿单独负重，再开始身体向前移动的训练。利用玩具引诱小儿向前迈出一只腿，当迈出的脚底平踏着地后，诱导小儿将身体重心全部移动到这侧腿进行完全负重，让后侧腿足后跟抬起，脚尖轻着地，保持身体重心的前移。也可以引诱小儿向后退一步，保持身体重心的后移。站立时的身体重心移动平衡训练最好融入到游戏中，如把玩具放在两个矮桌子之间，让他两边都能拿到玩具来回玩耍，锻炼独站立时的身体重心移动与平衡能力（图3－38）。

对年龄比较小的婴儿，让小儿分腿骑跨在你的一侧腿上，使小儿一只腿向前迈出，你的双手从后侧握住小儿大腿的上部，使小儿髋关节轻度外展诱发小儿身体重心向左右前后的倾斜（图3－39）。也可扶持小儿分腿骑跨在圆滚木上，同时做身体左右侧重心转换的动作训练。

图3－38 站立重心转移训练

图3－39 骑站立重心转换训练

对年龄稍大的幼儿，可扶着小儿站立在圆滚木上。注意站立时保持足底放平，做前后左右身体重心的转换运动。有条件还可以让他们站在平衡板上进行平衡能力的训练（图3－40），平衡板的底面是弧型，你可控制平衡板的倾斜度，调整小儿身体重心转移的程度。平衡板左右倾斜时要缓慢，注意保护小儿不要摔倒。

5. 矫正异常站立姿势训练

（1）矫正站立位屈膝姿势

让小儿抓住栏杆站立，双脚底放平，你坐在小儿身后，用双手扶住小儿膝关节向后用力牵拉，尽量使小儿双下肢伸直站立（图3-41），保持片刻，重复训练多次。

图3-40 平衡板训练

图3-41 站立膝部牵拉训练

（2）矫正膝关节过伸姿势

让小儿呈仰卧位，双下肢伸展，上抬小儿的双小腿并使之屈曲，做膝关节的前屈运动，也可以单腿交替屈曲，反复训练。

让小儿呈俯卧位，双下肢伸展，上抬小儿的双小腿，做膝关节的后屈运动，也可以单腿交替后屈，反复训练。为了增强小儿的屈肌张力，可在小儿的脚腕处适当加压。

（3）矫正屈髋站立姿势

你在小儿身后，双手放在骨盆处进行调整，使髋关节伸展，让小儿身体伸直。

让小儿呈俯卧位，你用一只手抓握住小儿的腿加以固定，用另一只手放于小儿臀部向下按压，使髋关节与双下肢伸展（图3-42）。

图3-42 按臀矫正屈髋

六、尖足与剪刀步的矫正训练

小儿迈步时足跟抬起为尖足，迈步时两腿明显交叉为剪刀步。

（一）足背屈踝关节被动牵拉训练

小儿呈仰卧位，用一只手抓握住小儿的脚腕处，另一只手握住足跟部，进行踝关节的足背屈曲牵拉训练（图3-43），矫正下肢肌张力高引起的尖足。牵拉用力时要缓慢均匀地反复进行，以小儿不感觉疼痛为宜。

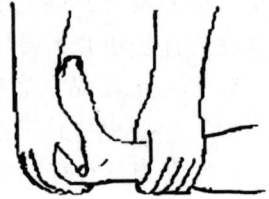

图3-43 足背屈牵拉训练

用双腿挟持住小儿的一只腿伸直，用双手抓握住他另一只腿的脚部向上抬起，使膝关节屈曲90度，脚部尽量背屈曲牵拉，保持1~2分钟，左右腿交替抬起训练。

可以自制斜度约15度的小斜形木垫，扶小儿蹲于斜形木垫上，用胸腹部按压住小儿的背部，使小儿足背能屈曲牵拉跟腱，矫正尖足。

（二）分腿牵拉矫正剪刀步训练

让小儿呈仰卧位，先按揉双大腿内侧肌群，使肌肉放松，再用双手抓住小儿的双脚腕，向身体两侧外展牵拉，使双腿分开达90度角，保持1~2分钟，反复进行。

让小儿呈仰卧位，两腿屈曲外展，用双手按在小儿双膝关节的内侧，向外推按小儿双膝部外展，并进行按压（图3-44），保持1~2分钟，反复进行。

图3-44 分髋牵拉训练

图3-45 楔形板矫正尖足

（三）楔形板矫正尖足训练

让小儿站立在一块一边高一边低的楔形木板上，使身体各部位尽可能保持正确的站立体位（图3-45），这样可以较长时间保持被动牵拉踝关节的效果，而且小儿用力向后倾斜身体时，可以自我牵拉矫正尖足训练。

在楔形板上让小儿做下蹲位的运动训练，也可以矫正尖足。在没有楔形板的情况下，让小儿面对墙壁站立，双手扶墙用力，身体渐渐向后倾斜，使双脚底全部着地保持站立训练（图3－46），直至小儿的脚跟部感觉到疼痛为止。

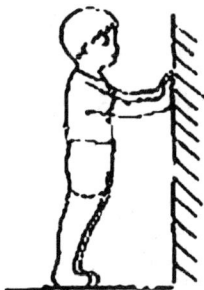

图3－46　尖足站立训练　　　　图3－47　矫正足内翻

如果小儿同时伴有足内翻或足外翻，也可以利用楔形板进行矫正训练（图3－47）。在训练之前，最好将小儿的双脚在热水中浸泡15分钟左右，这样会减轻疼痛感，提高矫正训练效果。

七、不能行走的运动训练

行走的条件是双下肢能平稳站立，单腿能短暂支撑，身体重心转移时能保持站立平衡，并能自动抬腿屈髋、屈膝和屈足背。小儿具备了较完善的身体重心转移能力后，就可以进行行走运动训练。小儿如果15～18个月仍不能独走自如，就应加强行走运动的训练。

（一）借助双手行走训练

你与小儿面对面站立，用双手牵拉小儿的双手，引导小儿双上肢向上方伸展，身体站直后带动小儿向前迈步（图3－48）。

图3－48　牵拉双手
行走训练

可利用竹竿操进行行走训练，让小儿双手紧握竹竿，你用双手握住小儿的双手往后退步，小儿随着向前迈走。竹竿操适用于1岁～1岁半的小儿，不会走路和走路不稳的小儿可以进行走、下蹲、

前进、后退、平衡、扶物等运动训练。竹竿操参照第二章独自走步运动训练中的方法进行。

（二）利用踏步器训练

小儿站在踏步器上，你在背后用双手扶住小儿的膝关节处，调整其双腿交替踏步的姿势，注意身体重心的移动。如果没有踏步器，可在大人的保护下扶物行走，或利用小推车扶着向前迈步（图3－49）。

（三）利用双杠训练

让小儿站在双杠中间，用双手或单手扶住双

图3－49　扶小车行走

杠，你坐在小儿背后，用双手扶住小儿的臀部或膝部，训练他原地踏步。在他的脚前放一个球，做踢球游戏，或者放一个障碍物，让小儿练习抬脚跨越。

（四）带动迈步训练

让小儿与你面向同一方向站立于你的双脚上面，抬脚迈步带动小儿向前迈步。

八、不能上下阶梯的运动训练

上下阶梯需要小儿在抗重力的条件下，能很好控制自己的双下肢来完成。

（一）下肢控制能力的强化训练

小儿呈仰卧位，将小儿的双下肢伸直，让小儿抬起一侧下肢做髋关节的屈曲运动，这主要是强化髋关节的屈曲控制力。训练中，让小

图3－50　抬下肢训练

儿抬起下肢尽可能滞留的时间长一些。如果小儿难以保持这一动作，可以用一只手在踝关节下轻轻上抬（图3－50），给予一定的扶助，使小儿能保持上抬的肢体，双下肢交替抬起训练。

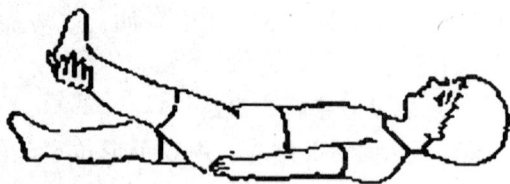

（二）下肢屈曲控制能力的训练

小儿呈仰卧位，双下肢伸直，做双下肢反复交替屈伸的运动（图3-51）。你可用手握住小儿的踝关节处给予阻力，增强小儿屈伸的控制能力，有条件可在踝关节处加一个小沙袋，这样训练效果会更好。这个动作是小儿行走和上下阶梯所必需的动作。

图3-51 下肢屈曲运动

（三）双下肢的负重强化训练

双下肢同时负重时，需要双侧肢体均衡负重，这样身体重心的转移才能顺利进行。让小儿一侧腿上抬，放在障碍物上（图3-52），再从障碍物上把腿落下，反复上抬与落下训练，双下肢交替训练。

可以让小儿一只脚踩在一根圆木、圆球、滑轮上来回滚动（图3-53），滚动的距离越大越好，双下肢交替训练，增强小儿双下肢运动协调的平衡能力。

图3-52 单腿负重训练

图3-53 单腿平衡训练

小儿一般是先会上阶梯，然后才会下阶梯。先用手搀扶着小儿上阶梯，然后让他自己扶栏杆上阶梯，小儿会上阶梯后再训练下阶梯，逐渐让小儿能左右足交替上下阶梯。

九、上肢功能运动训练

运动落后和姿势异常的小儿主动运动往往减少，动手能力差。进行上肢功能训练时，首先要进行关节活动度的训练，包括肩关节、肘关节、腕关节及手指关节活动度的牵拉训练，其次是上肢的负重及手功能训练。

（一）上肢关节活动度的牵拉训练

1. 肩关节活动度的牵拉训练

（1）肩关节内收的牵拉训练

让小儿呈坐位，先用一只手握住小儿的手掌心，用另一只手扶住小儿的肘关节，将该侧手臂向上抬起至与肩齐平，使肩关节外展90度，肘关节充分伸展，然后使小儿的手掌心尽量向上后方缓慢旋转，反复进行（图3－54）。

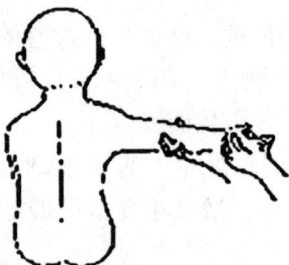

图3－54　肩内收的牵拉矫正　　　　图3－55　肩内旋的牵拉矫正

（2）肩关节内旋的牵拉训练

让小儿呈坐位，用一只手握住小儿的前臂，另一只手固定住上臂，将肩关节外展90度，肘关节屈曲90度，以肘关节为轴使前臂慢慢地向上旋转，进行肩关节外旋动作，动作终了时保持数秒钟，反复训练（图3－55）。

2. 肘关节活动度的牵拉训练

（1）肘关节屈曲挛缩的牵拉训练

让小儿呈坐位，先用一只手握住小儿的腕关节，用另一只手扶住肘关节，缓慢地使肘关节外展伸直，反复训练。

（2）肘关节旋前位挛缩的牵拉训练

让小儿呈坐位，先用一只手握住小儿的手掌，用另一只手扶住肘关节，使肘关节充分伸展（图3–56），然后缓慢地将小儿的手掌心由内下方向上外侧方向旋转，同时尽可能地背曲腕关节，反复多次进行。

图3–56　肘关节旋前的牵拉训练

图3–57　紧握拳的伸指推按

3. 手屈曲握拳的牵拉训练

所有新生儿的手指都很紧张，手部有握持反射。2～3月的小儿握持反射逐渐消失，手指张开，如果小儿3个月后持续握拳姿势就应该进行矫正。

先用双手拇指按摩小儿的手掌，由手心向各手指推按（图3–57）。用一只手握住小儿的手掌，用另一只手握住小儿的前臂，将手掌向背侧进行牵拉。在牵拉的过程中，手指要伸直，手背屈90度并稍停片刻，反复进行。有时小儿手指紧，伸展较困难，可以先用一只手的指尖由远而近轻轻叩击小儿整个手背肌肉，使屈肌放松，待手部张力缓解后再进行手背屈的牵拉训练。

4. 拇指内收的牵拉训练

拇指内收又叫皮层拇指，是指小儿握拳时拇指位于其他手指内的握拳姿势。正常小儿在新生儿期会出现拇指内收，如果小儿3个月后仍有持续的拇指内收则应该进行矫正训练。

用一只手握住小儿的拇指尽量向外牵拉，用另一只手握住小儿的其余四手指，使其伸展（图3–58），反复进行。也可以用布条缠绕拇指，捆绑于手腕处，让拇指保持外展。

图3–58　拇指内收的牵拉

177

（二）上肢负重训练

1. 俯卧位手臂支撑训练

让小儿俯卧在楔形床垫上，把他的双手指伸展放平，使他的双上臂能用力保持长久的支撑能力训练（图 3–59）。

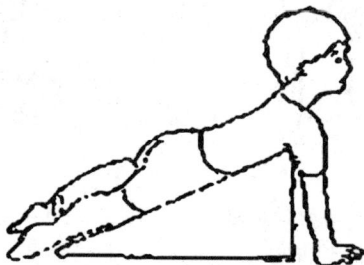

图 3–59　俯卧位手臂支撑训练

2. 坐位上肢负重训练

小儿呈坐立位，让他双上肢尽量向后伸直，肘关节伸展，腕关节背曲，手指伸平。这样可以锻炼小儿上肢的支撑能力，又训练了身体的后平衡能力（图 3–60）。

图 3–60　坐位后平衡训练

3. 单手臂负重训练

让小儿呈仰卧位，你牵着小儿的一只手向另一只手的方向慢慢拉起，让他用另一只手臂支撑着坐起，双上肢交替拉起，训练单手臂负重能力。

（三）手功能运动训练

手的精细动作是指双手协调运动和手眼协调操作物体的能力，多为小肌肉运动。手的基本动作包括抓、握、捏、提、放、撕、扯、捻、压、拧、搓、揉、翻、揭、折、捆、扔、写、绘画等手指动作。手动作的发育随着小儿年龄的增长而不断提高，双手配合性动作也逐步协调，手眼协调能力愈来愈强，促进着双手精细动作的发展，使小儿手的综合性操作技巧越来越灵活。因此，训练小儿手的功能与手眼协调能力，对运动发育和智力发育都非常重要。从小儿的手会抓握东西开始，经常进行伸手取物、捏拿、摞高、套叠、拧盖、拼插、接长、搭配、折纸、剪纸、穿珠子、系扣子、投掷、写画等动手训练，教小儿手的模仿动作，玩各种玩具，如组合式玩具、拼插玩具、拆装玩具、套叠玩具等，不断培养手眼协调能力，增强小儿的视动整合能力。

对运动发育迟缓的小儿应该尽早进行手指灵活，双手协调、手眼协调及综合性手动作的操作技能练习，促进手功能的良好发展。要根据手精细动作的发育特点，不同的年龄有不同的培养训练重点，具体方法可参照第一章第六节中运动发育训练与第二章第二节中手精细运动训练内容进行。

十、感觉统合训练

感觉统合是指大脑将从身体各个感觉器官传来的感觉信息进行多次组织分析、综合处理，做出正确决策，使整个机体和谐有效的运作过程。大脑的不同部位必须经过统一协调的工作才能完成人类高级而复杂的认知活动，大脑对感觉信息的统合发生问题就会使机体不能有效运作，即为感觉统合失调。感觉统合失调是多因素促成的，主要表现为前庭平衡功能失常、视听觉感不良、动作不协调、本体感失调、触觉过分敏感等。感觉统合训练是对脑神经功能失调的小儿提供治疗，从前庭系统、肌肉、关节、皮肤等方面提供感觉输入，使小儿能统合这些感觉，做出适应性反应。感觉运动能增进脑感觉系统的发育成熟，使脑功能失调经过长期的丰富的感觉统合训练，使大脑把多种感觉信息统合起来，建立神经突触的连接，提高脑功能，使不协调向协调性发展。感觉统合训练根据小儿感觉不良与运动不协调，让他做些需要的活动而产生顺应性反应，以此来矫正感觉统合失调。不仅正常儿童可以进行该训练，运动发育迟缓的小儿更需要接受长久训练，只有通过丰富的感觉统合运动训练，不断去改善身体运动的协调和平衡能力，才能提高小儿的运动功能水平。

（一）前庭功能训练

前庭神经系统是人体平衡功能的重要组成部分，前庭神经的信息输入不仅能增强机体的平衡功能，还能促进运动功能的发育完善。前庭系统由内耳的两个前庭感受器、脑干、小脑、前庭神经核组成，与大脑密切相连。内耳的两个前庭感受器是重力感受器和运动感受器。如果前庭信息输入充分，脑的统合功能就强，就会有好的平衡功能。如果前庭系统接受刺激不良，就不能做出适当的运动反应，就会姿势控制功能下降，机体平衡

能力降低。

下面介绍前庭功能训练的主要方法：

1. 悬吊被单侧翻身训练

两个人分别抓住被单的两侧，将小儿仰卧位屈曲放在被单中间悬吊，把小儿翻成左侧卧位，停几秒再翻成右侧卧位，停几秒再做左右侧翻身动作。每次来回侧翻身20余次，每日2~3次。用长被单来回荡悠小儿，可以牵拉颈背肌群，纠正小儿头后仰。

2. 升降训练

用双手托住小儿，让他头朝下，脚朝上，由上往下慢慢俯冲，再由下往上慢慢升起，每次做20次左右。该训练适合比较小的婴儿。

对于年龄大的幼儿，让他站在两个人之间，每人抓握住小儿的一只胳膊，反复举起放下，训练前庭平衡功能。

3. 摆荡身体训练

一个人扶抱在小儿的双腋下，另一个人抓握住小儿的双脚腕处，然后，两人一起左右来回摆荡小儿的身体。

一个人用双手扶抱住小儿的双腋，左右来回摆荡小儿的身体。

4. 移动滑行训练

在光滑的地板上铺一条浴巾，让小儿坐在或躺在浴巾中间，拖动浴巾呈直线与S线滑行。

让小儿仰卧在地板上，用手抓握住他的双脚腕直线拖行。

5. 大笼球平衡训练

（1）俯卧笼球训练

让小儿俯卧于笼球上，用双手抓握住小儿的双脚腕处，缓慢向前后推动笼球，同时用玩具诱导小儿抬头，双上肢向前伸展，训练双上肢的保护性伸展反应（图3-61）。

图3-61 俯卧笼球训练

较大的小儿俯卧在笼球上随其前后滚动时，让他用双手交替从地面上拣物，或用双手掌扶地保持身体倒立，不仅能向前庭系统输入头下位的信息，还能促进双上肢保护性伸展。

让小儿俯卧于笼球上，一个人用双手扶压住他的双大腿，另一个人扶持住小儿的双手臂，顺时针转动笼球2~3分钟，再逆时针转动笼球2~3分钟。小儿俯卧在笼球上双向转动不仅向前庭系统输入水平头正位各方向转动的信息，而且也促进了头部控制能力和躯体抗重力伸展。

（2）仰卧笼球训练

让小儿仰卧于笼球上，用双手扶压住小儿的骨盆，左右转动笼球，诱发小儿左右侧身体倾斜的反应，进行保持身体平衡的训练（图3-62）。

让小儿仰卧于笼球上，一个人用双手扶压住他的双大腿，另一个人扶持住小儿的双手臂，顺时针转动笼球2~3分钟，再逆时针转动笼球2~3分钟。

（3）坐笼球训练

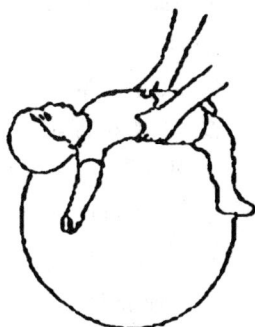

图3-62 仰卧笼球训练

让小儿坐在笼球上，用双手扶住小儿的臀部，使球前后、左右转动，提高小儿头部与躯体的控制能力（图3-63）。

（4）站立笼球训练

扶持在小儿的双腋下，让他站立在笼球上，做蹦蹦跳跳的运动，训练小儿下肢持重及膝、髋关节的屈伸，增强身体的平衡能力。

（5）蹲笼球训练

扶持小儿蹲在笼球面上，在前后滚动笼球的同时，让小儿做从足跟到足尖的身体重心转移训练。

6. 旋转圆底盆训练

让小儿平坐、跪、俯卧在圆底盆中，让他用双手扶抓住盆的边沿，把盆前后、左右晃动与360度旋转。旋转的速度从

图3-63 坐笼球训练

慢到快，每次5分钟，可以根据小儿适应的具体情况而定旋转的强度与时间。此训练适合于幼儿，要注意保护，以防碰伤。

7. 平衡板训练

平衡板是一个底面是弧型、可以晃动的木板，用于训练小儿的平衡

功能。

让小儿坐在或站在平衡板上（见前图 3 - 40），使他能保持身体重心而平衡板不倾斜，从而训练坐位、站立时的身体平衡功能。当小儿在平衡板上平稳自如时，可与他做接传球游戏训练。

8. 独脚椅训练

让小儿坐在独脚椅上，利用臀部和双脚保持好身体平衡，然后抬头、挺胸、双臂平伸，做双脚交替抬高及腿伸直训练，每次 100～200 遍。

9. 小滑板训练

让小儿趴在小滑板上，以腹部为重心，颈部用力，胸部挺起来，使头抬高，双脚伸直并拢并抬高，用双手滑动小滑板，训练运动企划协调能力。

10. 旋转训练

把小儿抱起，两人面对面抱在一起，然后抱着小儿转圈。

把小儿抱起，两手扶住他的头部，让小儿的双腿缠住你的腰部，然后把小儿身体放平，并开始转圈圈。

小婴儿由成人抱着坐在转椅上，大的小儿自己独坐在转椅上，正旋转与反旋转交替训练，隔一天一次，锻炼前庭平衡功能。

11. 圆筒吊缆运动训练

让小儿坐在圆筒吊缆的木板上，用双手紧抱住圆筒，双脚以筒底边为支撑使劲夹住圆筒，开始先做前后、左右摇摆，然后做快速旋转，转动速度要根据小儿的适应情况而定。

12. 旋转轮盘吊缆训练

让小儿屈曲坐在轮盘上，用双手抓住绳子，双脚夹住绳索的底端，身体向前屈曲，做前后、左右的晃动与 360 度转动，转动速度要根据小儿的适应情况而定。

（二）触觉功能训练

1. 笼球滚身训练

让小儿仰卧平躺在地板上，用大笼球在小儿身体上轻轻来回滚动，体会笼球压身的感觉。

让小儿俯卧在大笼球上，在后面用手抓握住他的双脚腕，前后拉动或左右晃动大笼球，使小儿在大笼球平衡身体，感受重力。

2. 彩虹桶翻滚训练

让小儿躺在彩虹桶内，滚动彩虹桶，每次滚动 3 ~ 5 分钟。注意保护小儿的手脚，避免压伤与碰伤。

如果没有彩虹桶，可以抱着小儿让他躺在你身上，与他一起在地板上滚来滚去。也可以让小儿躺在地板上，你用双手滚动她的身体，做翻滚训练。

3. 爬阳光隧道训练

用塑料圈与布制成隧道，两侧均可进入，让小儿往前爬或倒着爬行训练。

4. 袋鼠蹦跳训练

让小儿双脚站在袋内，双手提着袋子边缘连续向前蹦跳，动作就像袋鼠一样往前蹦跳。注意小儿手脚的配合，动作一定要连续，有节奏。每次蹦跳 5 分钟。

5. 跳羊角球训练

让小儿双手抓住羊角球的两个犄角，双脚协调往前跳。每次跳 5 分钟。

（三）本体感觉功能训练

本体感知觉是指关节、肌肉及腱的感觉。

1. 拍球训练

让小儿双脚与肩平行站直，先训练单手拍球，等熟练后再训练左右手交替拍球。让小儿尽量原地站稳不动，每次拍数百个，以增强他左右手协调运动与手眼协调的能力。

2. 蹦床训练

让小儿坐在蹦床上，以身体为支撑做上下弹动训练。

让小儿俯卧或仰卧在蹦床上，有人在旁边站立跳动将他弹起落下。

可让年龄大的幼儿站在蹦床上，用双手拉住小儿的双手，一起蹦跳。

让小儿自己站在蹦床上蹦跳训练（图 3 - 64）。

图 3 - 64　蹦跳训练

蹦床蹦跳训练可以增加肺活量，增强下肢运动量，建立本体感觉，锻炼身体平衡功能和四肢运动协调的能力。

3. 跳圈圈训练

将呼啦圈一个一个排列成各种路径，引导小儿双腿或单腿跳圈圈。呼啦圈由小变大，距离越来越远，来增加难度和活动量。

由于动作迟缓和姿势异常的小儿大部分伴有智力的落后，在运动平衡及手眼协调能力方面常常有困难，从而容易使他们缺乏参与矫正康复训练的主动性和积极性。因此，必须通过能引起他们兴趣的游戏把康复训练寓于娱乐之中，让他们勇于参与，才能收到一定的效果。

康复训练最好与小儿日常生活中的活动结合起来，培训家长来开展家庭康复教育训练。智力康复往往是一个长期的过程，仅靠治疗时的训练是不够的，必须让家长学会一些常用的训练方法，才能保证小儿得到长久连续的训练治疗，使智能康复取得好的效果。在日常生活中，通过自理能力的训练，让小儿自己动手吃饭、穿脱衣、洗漱，学会生活自理，增强他们的自信心，使他们能具有基本的生活能力，过上独立的生活，从而减轻家庭和社会负担。

第四章　小儿语言发育障碍的干预矫治方法

语言是人们用来进行社会交往，表达思想，交流意愿与思维的重要工具，属于人类所特有的心理现象。人们学习各种知识与技能，培养内涵气质都必须用语言来完成。语言是人类最重要的传播交往工具，是人们进行交际与表达思维的基本方式。一个人的语言功能是指能有效地利用口头语言表达自我，善于用语言说服感动他人，并且具备良好的书写与语言运用能力。人们的语言是通过眼与耳的感知输入大脑中枢，经过语言处理分析器处理分析、储存后，再经神经传出，支配构音运动器官咽、喉、舌而进行口头语言的表达。若耳、大脑、构音器官三个环节中任何一环的功能异常，均会产生语言障碍。

我们都知道，想让小儿的语言有好的发展，就要与他们进行语言交流。语言交流是双向性的，需要互相往来，才能达到交流的有效性，才能促进小儿的语言发育。小儿从他生后的第一声啼哭就开始了发声，从宝宝啊啊发声到叽叽咕咕、咿咿呀呀说话，父母都应该做出积极的回应，模仿小儿的发音说话，有目的地诱导他发音。这些都能起到强化发音训练的效果，可以使小儿开始模仿人的言语，模仿语言就是言语的开端。小儿9～10月开始能懂得注意听人说话，并主动发音，能"冒话""萌话"，会说"妈、爸、打"等音。从1岁开始，小儿进入言语期，能逐渐理解词语，言语词汇增多，并用言语表达需求。这样一来，小儿需求增多，学说话的积极性提高，就要注意及时的给小儿提供帮助，让他们的需求得到满足，目的能够达到。接触的事物增加，刺激着小儿不断地表达自己的要求，学会用更多地词语。2～3岁是小儿学说话最快的时期，也是语言表达快速进展的时期，不但会背诵一些儿歌，还会说一些完整的句子，喜欢与人交

谈，小儿交往能力和交往积极性快速发展，使他们的语言表达能力快速提高。

语言发展是一个相当复杂的过程，受着先天遗传因素、后天环境以及所受教育的制约，其中任何一方有问题，都会影响小儿的言语发育而发生语言障碍。语言能力的发育又与思维能力的发展紧密相连，使言语成为思维存在的重要形式。掌握语言的过程就是思维发展的过程，思维发展能促使小儿对语言掌握得更准确、更概括。与小儿多进行语言交流，能促进他们思维想象力的发展，使他们开窍开口，提高语言表达能力。小儿具备了一定的语言功能后，通过语言去表达、交流意愿和情感，可以促进思维的广阔性、条理性以及逻辑性的发展，从而扩大并加深他们对事物的认识，丰富他们的感情生活，增进他们积极参与人际交往的活动。

语言障碍是指在对语言的理解、表达、语言信息处理及交流过程中出现的障碍，出现语言障碍的小儿的语言功能明显落后于同年龄正常儿童的语言发育水平，导致各种原因引起的构音障碍与语言发育迟缓。小儿语言功能的发育易受内、外环境的影响，常出现言语及语言障碍，多表现为说话晚，发音不清楚，嗓音异常，说话音调不准，语言表达困难，口吃不流利，言语理解感知障碍等等，都直接影响着小儿的语言表达、社会交往活动以及生活学习。对语言障碍的小儿进行及时的语言干预矫治训练，不断去促进他们语言功能的发育，可以大大降低语言障碍带来的不良影响，使他们能进行人与人之间的交流和社会交往，提高社会适应能力，发展智力。

第一节　正常儿童的语言发育

必须熟练掌握正常儿童的语言发育功能，才能判断小儿的语言是否有障碍，并给予及时的语言能力训练和干预治疗。

一、正常儿童语言理解能力的发育

1~2个月的小儿对声音以惊奇的表情做出反应，能注意讲话人的脸，听到父母的说话声表现出愉快，对大的响声做出惊吓和注视反应，引逗时能微笑。

3～4个月的小儿对不同声音能做出不同的反应，头能转向发声的方向，能追声。

5～6个月的小儿听到叫自己的名字时能做出一定反应，会以不同的声音表达不同的感受，对大人的讲话以发声作为回答。

7～8个月的小儿能安静地注意听人讲话或注视物体，听到"妈妈"的词语时能把头转向妈妈，听到"再见"时会摆摆手，已显现出初步的言语理解能力。

9～10个月的小儿对"坐""走""吃""喝"等词语能理解并做出反应，出现交流手势。懂得自己的名字，叫他的名字时有反应，听到熟悉的人称时能转头到处寻找。

11～12个月的小儿能逐步理解常用物品的名称，会伸手表达"要"的意思，向他说"把某物给我"时能理解，会用点头、摇头表示行与不行。

1岁～1岁半的小儿言语理解发展很快，并能与特定的事物联系在一起。当听到某物品名称时，能指出该物品，能从两个物品中辨别出自己所需要的物品。听到叫自己的名字时会走过来，能准确地指出身体的某一部位。

1岁半～2岁的小儿能理解家人常用的言语，基本理解简单的话语，能按大人的口头要求做事情。能正确使用"有""没有"，能分清你我。

2岁～3岁的小儿对语言已经能理解分析，能理解词汇的具体含义。能理解日常用品的用途，理解大小，认识图片，能正确执行一些指令。懂得轮流说话与倾听，能对答简单的问题。

二、正常儿童语言表达能力的发育

1～2个月的小儿会轻轻发声，会发"咕咕""咯咯""啊啊""喔喔"的音，并能发出尖叫声。

3～4个月的小儿会使用两个不同的元音，能"咿咿呀呀"地反复发声。

5～6个月的小儿能发出辅音与元音的组合，如"ba""ma""pa"，

可模仿发出连续的单音节及唇音。

7～8个月的小儿能模仿言语，学会调节与控制发音，会发出多种有节奏的重复同一音节的声音，如说"ma－ma－ma""ba－ba－ba"等重复音节，能有意识地"对话"。

9～10月的小儿常常无意识地发出一连串重复的连续音节，如"打、打、打""爸、爸、爸""妈、妈、妈"等言语，而且还常常带着一定的声调，模仿语言增多。

11～12个月的小儿能有意识地叫"妈妈""爸爸"，模仿发音越来越多，尽管发音不清楚，但能准确地说出几个单字。

1岁～2岁的小儿发音时出现声调变化，会说的词语逐日增多，会说单词，会说各种人的称呼，能说出常用物品的名称，模仿着念一两句儿歌，能说出3～4个字的短句，并能利用言语达到一定的需求目的。

2岁～3岁的小儿会说出自己的名字，能说出父母的姓名与职业，会唱儿歌，背诵唐诗，会说反义词，会使用三个词的短语，说简单的复合句，开始使用描述性语言，说出的大部分言语已经清晰准确，能主动与人交流，能用完整的句子表达一件事，能提出许多问题，并正确回答简单的提问，已具备语言交流的能力。

三、正常儿童语言发育的规律

1～2个月小儿从哭声、吸吮、吞咽动作中演变而发出一些声音，特别是他们在吃饱、睡足处于舒适状态时发出的声音，呈自然反射性发声，大多是元音，有辅音与唇音出现，偶然出现双元音。

3～4个月的小儿发声发音的数量和频率增多，辅音增加，出现了舌尖音和唇齿音。

5～6个月的小儿发音数量继续增加，并出现了辅音的重复，已能模仿出单音节的发声。

7～8个月的小儿能模仿单音节发音，并能发出"ba""ma""da""ka"等双音节。发音中辅音发展快，无规则的发音达到高潮。

9～10个月的小儿模仿发音频率达到高峰，并出现模仿语言，模仿说出"爸爸""妈妈"，但无所指，有时说出令人难懂的发音。

　　11~12个月的小儿模仿双音节言语继续发展，能说出个别有意义的一个词和一连串重复的字。

　　1岁~1岁半的小儿开始说出能让人理解的词语，会说单词，会喊"爷爷""阿姨"等各种称呼，会模仿动物叫声。

　　1岁半~2岁的小儿能说出周围所熟悉的物体名称，能正确使用"有""没有""我""我要"，会说单字、双词句和2~3字的简单短句。

　　2岁~2岁半的小儿会说3~4个字的短句，能正确使用人称代词，会用"你""我"简单对话，会说3~4句每句三个字的儿歌与唱儿歌，能说出一些图片的简单名称。

　　2岁半~3岁的小儿词汇量迅速增加，会说较完整的句子，能对答"这是什么"和"在哪里"的简单问题。能说出父母的姓名、职业。能说出几个反义词，背诵儿歌和唐诗。能说出简单物品的用途。会说几个形容词。

正常儿童的语言发育规律

语言发育	最早月龄	85%通过月龄	最晚月龄
会发 a、e、au 等音	0	1.6	2
笑出声	2	2.7	7
主动对人笑	1	2.8	5
会用声音回答	1	3.0	5
哭时开始有厌倦急躁等情绪	2	3.7	6
主动对玩具笑	0	3.8	6
会尖声叫	2	3.9	7
会用哭声要人或要东西	2	4.9	6
会发 da、ma 音，无所指	5	8.5	10
会发 ba、ka 等双音节	5	8.7	11
懂得"不要这样"的话	5	8.8	11
会用动作表示"再见""欢迎"	6	8.9	12
会模仿成人发音	7	11.5	14
向他要东西知道给	7	13.2	15
叫妈妈有所指	8	13.8	15
叫爸爸有所指	7	14.5	16
会叫其他亲人（2人）	8	14.7	18
除亲人称呼外会说1~2个字	9	14.9	16

（续表）

语言发育	最早月龄	85%通过月龄	最晚月龄
会表示不要	12	15.8	18
知道亲人的名字（2人）	11	16.1	18
知道同伴的名字（2人）	11	16.1	18
执行简单取物指令	12	16.2	18
指出身体3~4部位	11	16.6	19
会用叠字（3个）	11	16.8	21
会说一个词	12	18.7	20
开始模仿声音	12	19.1	21
会说10个词	13	19.1	21
会说2~3个词的句子	14	19.5	22
懂得"上面""下面"	14	19.5	21
会叫自己的名字	15	19.8	23
懂得三个设问	18	21.2	25
会用词回答："这是什么"	18	22.7	25
会说3~5个词的句子	18	22.7	26
会说父母的名字	18	23.9	29
会用词回答："×××到哪儿去了"	19	24.2	26
会用词回答："谁来了"	19	24.6	28
常用的东西会说出名称（4件）	19	25.1	28
会用代名词"我"	18	25.1	27
会说3~4句儿歌	18	25.5	28
会用代名词"他"	18	26.3	28
会用代名词"你"	18	26.4	28
会问："这是什么?"	20	26.8	28
会问："×××到哪儿去了?"	19	27.5	29
会问："那是谁?"	20	28.3	30
会说4首以上儿歌	19	29.1	32
用完整句子表达一件事	28	29.6	35
知道反义词（3个）	27	29.0	36
知道连接词"和""跟"	23	29.7	32
理解饿了、冷了、累了	27	30.5	34
会问会答生活简单问题	28	31.4	36
会用形容词（2个）、副词（2个）	28	33.2	35

第二节　小儿的语言发育障碍

　　语言发育障碍是指小儿在发育过程中的语言发育能力明显落后于同年龄正常儿童的发育水平，也就是说小儿在语言功能建立的整个过程中，由各种原因引起的语言感觉、语言表达、语言中枢的信息处理及相关器官组织结构功能障碍，或者在语言发育过程中语言刺激训练不够，语言交流贫乏等均可引起语言发育障碍。语言发育障碍不仅能严重影响小儿的语言表达能力，还将影响他们的社会适应能力和学习能力，使心理行为问题增加。

一、语言发育障碍的病因

（一）耳聋性语言发育障碍

　　语言发育必需有赖于耳的听觉功能正常，由于种种原因造成听觉功能障碍都会影响小儿的语言发育。语言首先通过耳的感知输入到大脑中枢，经过语言处理分析器处理、分析、储存后，再经神经传出支配语言运动器官咽、喉、舌而进行语言的表达。如果听觉功能异常，就会产生听语困难，影响语言学习。耳聋性语言发育障碍是造成小儿语言障碍最多见的病因之一。对耳聋性语言障碍的小儿要及时配置合适的助听器，使他们的语言发育功能尽可能不受到影响。

（二）智残性语言发育障碍

　　智残性语言发育障碍的小儿在智力和语言技能方面都落后于同年龄正常儿童的发育水平，他们大多数语言发育迟缓，无论语言理解还是语言表达都发育得晚，是语言发育障碍最常见的原因。轻度智力残疾的小儿表现为说话延迟，言语表达能力略低于同龄正常儿童的水平。中度智力残疾的小儿虽然有言语能力，但词汇量少而单调，句子结构简单，语言的理解与表达能力均降低。重度智力残疾的小儿不能进行有效的语言交流，言语功能严重障碍，发育严重迟滞。极重度智力残疾的小儿言语功能缺失，完全没有语言能力，基本上处于无语状态。语言发育障碍的程度虽然取决于智力残疾的程度，但是与后天的语言学习训练也有很大关系。

（三）脑损伤性语言发育障碍

小儿在出生前或出生后，因任何因素引起脑神经系统损害造成的脑损伤，都会影响到小儿的语言发育。如果尚未发育的大脑组织受到损害，受损的时间越早，损伤越严重，对小儿语言发育的影响也越严重。如果大脑皮质受到破坏，言语感觉区和言语运动区就会发生障碍，能引起小儿语言理解与表达等方面都发育延迟，同时造成构音器官的运动不协调而发生语言障碍，发病机制主要是脑神经中枢损害导致了与构音器官运动有关的肌肉麻痹、痉挛而造成不同程度的运动不协调性语音障碍。

（四）儿童孤独症性语言发育障碍

孤独症是婴幼儿时期发生的广泛性发育障碍，男孩多于女孩。这类小儿是以特殊的语言交流障碍、社会交往障碍、兴趣狭窄、行为刻板为特征。在行为上，这类小儿在婴儿期常避免目光接触，对语言缺乏兴趣，缺少对人的亲近感，不愿与人接触交往；在幼儿期常独自活动玩耍，对游戏无兴趣，不合群，对父母不眷恋，不听指令，不能与人交谈，重复性语言、刻板语言和模仿性语言较多。这种儿小往往语言倒退，并丧失以前获得的语言能力，语言发育停滞；言语的节律、语调及发音均发生异常，对语言的理解能力差，说话单调平淡，缺乏感情变化的言语节奏；说话不分"你""我"，对人称代词常用错。

（五）运动性语言发育障碍

运动性语言障碍的发病机制主要是参与构音器官的肺、气管、喉、声带、舌、唇、鼻腔的肌肉麻痹、痉挛或运动不协调，常常影响发声时的呼吸、语音、语调、语速和共鸣而引发语音障碍。构音器官的形态异常或有缺陷也可以导致构音异常而出现声音障碍，如舌系带过短、唇裂、腭裂、巨舌症、牙齿咬合错位、腭咽闭合不全等先天性发育异常，导致发音时运动协调困难、气流异常，进而影响口头语言的表达，表现为吐字不清楚、发音不准确、鼻音过重等各种运动性语言发育障碍，但是他们对语言的理解功能正常。

（六）单纯性语言发育障碍

这类小儿听力正常，全身检查无其他异常，理解性语言正常，表达性语言迟缓，到了说话的年龄不说话，但却能听懂别人的讲话，常用其他方式表达自己的意愿，多在家族近亲中有类似者，常伴有精细动作的发育迟缓，性格多内向，一般在 5 岁之前便能进入正常儿童的语言发育水平，对以后的语言表达不会有什么影响。如果到了 5 岁之后仍不能正常说话，就要注意检查有无其他的器质性病变而引起语言功能的发育迟缓。

（七）环境性语言发育障碍

在不同的语言环境条件影响下，小儿语言能力的发展是不同的。如果一个孩子生长在一个相对封闭的家庭环境中，缺少语言环境，家人沉默寡言，平时说话少，孩子语言交流少，很少与外人接触交往，父母为聋哑人或语言障碍，这些不良的语言环境都可以影响小儿语言功能的发育，小儿就不能正常学会说话，就很容易发展成用表情与手势作为交流的方式，造成语言发育迟缓。跟狼长大的狼孩就是有力的证据，狼孩因为完全脱离人类的生活环境，他只学会了狼嚎。狼孩由于错过了学习语言的关键时期，回归到人类社会中，无论怎样精心培练也很难达到正常人的语言，这说明在完全失去学习语言环境中长大的小儿会直接影响到语言的发育。相反，如果从小比较注重孩子的语言训练，切合小儿的需要和兴趣进行语言交流，使他们能理解，有回应，引导他们发声说话，提高对言语的感知能力，尽早学会语言表达，达到了语言交流的有效性，小儿的语言表达能力水平就会很高。

忽视对小儿早期的语言刺激训练，忽视与孩子的语言交流，把小儿放置于缺少语言的环境中抚养，或者在条件比较差的孤儿院长大，小儿虽然有一定的语言能力，但语言功能的发育却处于低水平，他们在发音、词汇、句子结构和语法上常常低于正常水平，他们的语言表达能力比语言理解能力差。

（八）心理性语言发育障碍

小儿遇事紧张、意志薄弱、缺少自信、胆怯、焦虑不安、与人疏远等心理情绪障碍或行为问题，都会直接或间接地影响到小儿的言语，造成语言交流困难，可能使他们说话不流利，节律不自然，语言表达显得笨拙，说话不清楚，结巴口吃等。小儿的语言表达困难又会加重心理问题，进一步引发语言表达障碍。

二、语言发育障碍的表现

（一）语言表达能力低

有些小儿语言表达能力明显低于实际年龄应有的水平，如小儿迟迟不会说话，语言明显少于同年龄儿童，有的虽然说话流利，但是内容简单，词汇少，所表达的语法结构简单，语法结构常不稳定，前后不一致，经常遗漏与忽略名词与动词部分以外的语法成分，语言表达往往难以被人听懂，常出现一些毫无意义的单词。这些小儿在语言交流中难以保持话题，往往只关注自己所选择的话题。

（二）语言表达不流利

语言表达困难，流利性不好，说话中有过多的停顿、重复、语速迟缓或急速、音调不准和口吃现象。有的小儿说话不流畅时，常常伴随一些瞪眼、下颌抽动、伸舌、口型动作的不协调，学习说话特别困难，发声时出现运动性活动障碍与言语表达不流利。

（三）语言构音异常

构音异常是指由于发音器官神经肌肉的病变或运动不协调使发音、音速、共鸣、韵律等发生异常，表现为发声困难，说话不清晰，吐字不准确，发音模糊与错误，舌根音化或舌前音化，有的发音鼻音过重或过轻，使声音、音调、节律等发生异常。

（四）语言理解障碍

小儿语言理解力明显降低，语言理解力的降低可继发性的影响语言表达，因此，他们在说话时不能选择适当的词语表达自己的意思，自己命名物体比指出他人命名的物体更为困难。语义紊乱，常常将意义与功能上相关联或相近的单词相互代替。出现语义与语法紊乱现象是因为他们不能精确地辨别语言声音，也可能是把传入的声音及单词按顺序排列困难，回忆单词与声音的能力受到损害所致。但是他们可以通过视觉信息以及一些非语言性策略的帮助，使语言理解及表达的缺陷得到某种程度的改善。这类小儿进入学龄期后可能出现阅读困难，因为理解能力差而导致智力水平受影响，但非语言性智力可能正常。

（五）语言表达障碍

这类小儿能理解语言，但语言表达困难，言语能力发育缓慢，说话延迟，说话简单，词汇量少，不能使用功能性语言（意义词汇）。在交谈中习惯以点头与手势表达，常常做出极简短而直接的应答，不善于进行详细的描述。口头语言多缺乏灵活性，喜欢用少量的普通单词，常常不能选择合适的单词去表达，或者不能用其他合适的单词代替。说出的话不能被理解时，往往重复原话而不会采用新的词语加以修正和说明。说出的话常有语义与句法方面的错误，但是能够理解语言，大致明白词汇，正确执行一些指令。

语言是小儿在生活学习、社会交往和个性发展中一个重要的能力，因此，早发现、早诊断语言障碍并及时进行干预矫治训练至关重要。小儿出生后，即应生活在丰富的语言环境中，定期进行听力检查和语言发育评估，一旦发现异常，立即进行干预训练。在养育孩子的过程中，父母和家人想及时发现孩子的语言问题，可以借助于正常儿童语言发育的规律和语言异常的早期识别信号去观察，去与同年龄正常孩子做全面比较。如果自己的孩子在语言方面存在一定的问题而且比较明显，就应该引起注意，需要到医院做进一步检查，给予及早的语言矫治训练。

小儿语言发育异常的早期识别信号：

2个月对熟悉的声音和脸无微笑。

3个月与人面对面逗引时无微笑，不会咿呀发声。

4个月不能试图模仿声音。

8个月不能学语，无模仿语言，不会"躲猫猫"游戏或对此无兴趣。

12个月不能说一个字的词，不能指点任何物品或图片，无任何手势表示，如挥手"再见"或摇头"不"等。

1岁半用手势代替说话或表示需求，不能使用单词。

2岁不能模仿说单词或动作，不能听从简单的指令。

3岁不能将单词组成短语或句子，不能自发与人进行交流，与人交流时常常表现受挫。不能与他人做游戏，局限于玩某些玩具。词汇有限，不能理解或回答简单的问题。

4岁不能复述简单的故事或不能清楚地回忆最近发生的事件，句子发音错误多，替代或遗漏一些音，外人（非家庭成员）听不懂小儿说的话。

三、语言发育障碍的评估

对语言发育障碍的小儿进行语言训练之前，最好能做出语言发育的正确评估，确定语言障碍的具体表现，按评定结果而选择语言矫治训练的方法。

（一）基本运动功能检查

全身姿势与运动功能对发音有影响，对小儿的运动行为进行观察，如模仿动作，游戏的技巧，眼手和四肢是否协调运动，自发语言和沟通能力的表现，可采用儿童心理测验方法进行测试，评估小儿的语言发育与智力发育水平，为语言干预矫治训练提供可行方法。

（二）听觉、视觉机能检查

1. 听觉功能检查

每一个小儿出生后必须进行听力筛查，如果听力筛查多次未通过，可以进行稳态听觉诱发电位检查以确诊听力障碍的程度。对因耳聋引起语言障碍的小儿要及时配置合适的助听器，使听力障碍的孩子在语言发育的关键年龄就能得到听力补偿，进行语言学习训练，使语言发育功能不受影响，让他们像正常孩子一样学习生活。

2. 视觉功能检查

用物品配对，听词语指点物品与图画，辨别图形、文字、人物去了解小儿的语言理解感知能力，也可以进行视力筛查和定期视力检查。

（三）构音器官与构音检查

1. 构音器官检查

语言的口头表达需要喉、咽、腭、舌、唇、齿等发音器官的结构完整与功能正常，否则会影响语言表达而发生言语障碍。对每个语言障碍的小儿应该详细检查与构音有关的器官，注意观察是否有畸齿、腭裂、唇裂、舌肥大、舌系带与声带发育异常。检查口腔运动功能是否正常，发音时口腔运动是否协调，检查构音器官相关肌肉的肌力是否降低，运动是否受限，判断是中枢性还是周围性的运动障碍。

2. 构音检查

以普通话语音为标准语音，结合构音运动技能对小儿的语言水平进行评定，发现异常构音进行系统分析，确定构音异常的类型。

小儿常见的构音障碍：

（1）舌根音化：以 g、k、h 等舌后音代替舌前音，将"耳朵"说成"耳廓"，"草莓"说成"考莓"等。

（2）舌尖音化：以 d、t、n、z、c、s 等舌尖音代替某些语音，将"乌龟"说成"乌堆"，"裤子"说成"兔子"等。

（3）省略音化：省略语音的某些部分，将"飞机"说成"飞一"，"布鞋"说成"物鞋"等。

（4）送气音化：将不送气音发成送气音，将"婆婆"说成"跛跛"，"泡泡"说成"抱抱"等。

（5）不送气音化：将送气音发成不送气音，将"踏"说成"大"等。

（6）鼻音化：发音时气流从鼻腔送出为鼻音如 m、n。当气流不能从口腔出，就会把非鼻音发成鼻音共鸣，将"怕"说成"那"等。

（7）无声音化：发音时部分或全部只有构音器官的运动但无声音。

（四）语言功能评估

语言功能评估主要是了解小儿语言理解能力和语言表达能力的发育水平，评估在语言方面的问题与障碍。在小儿语言发育过程中，语言的理解先于表达，如果一个小儿会说少量的词语，实际上他应该懂得更多。评估小儿语言理解能力时，要符合小儿整体的语言发育水平。

对较小的小儿可用实物、玩具和图画，通过听词语指点测试，理解指示，配合行为，去观察小儿语言理解感知能力的水平。用刺激发音、模仿语言词汇、表达需求的语言能力，了解小儿语言表达的流利性，去评估小儿掌握的词汇量与语言发育水平。

对学龄期小儿可使用图画片测试词汇，通过看图画与物品回答问题，观察小儿的口头表达能力，给指定的词语配对，看情节图画进行叙述，了解词汇量和语法结构的掌握程度，了解小儿是否懂得图画中人物的相互关系、动作的意义、物体的属性等，尽可能准确地评估小儿的语言发育水平。

语言发育障碍与智力发育水平有很密切的关系，在正确评估小儿的语言发育水平时，可根据年龄做相应的智力测验检查。对于言语表达困难的

小儿，要使用非语言性智力测验方法，以确定语言障碍是否起因于智力低下。

四、语言障碍的诊断标准

根据中国精神障碍分类与诊断标准（CCMD-3），语言障碍的诊断标准如下：

（一）特定言语构音障碍的诊断标准

1. 发音困难，讲话时发音错误，以致别人很难听懂。患儿说话时的语音省略、歪曲或代替的严重程度，已超过同龄儿童的变异范围。

2. 语言理解和表达能力正常（韦氏智力测验语言智商、操作智商及总智商均≥70）。

3. 不是由于听力缺陷、口腔疾病、神经系统疾病、精神发育迟滞或广泛发育障碍所致。

（二）表达性语言障碍的诊断标准

1. 言语表达能力明显低于实际年龄应有的水平。2岁时不会说单词，3岁时不能讲两个单词的短句，稍大后仍词汇量少，讲话过短，语法错误等，其严重程度超过同龄儿童的变异范围。

2. 语言理解能力正常。

3. 标准化测验总智商正常（韦氏儿童智力测验操作智商及总智商均≥70）。

4. 不是由于听力缺陷、口腔疾病、神经系统疾病、精神发育迟滞或广泛发育障碍所致。

（三）感受性语言障碍的诊断标准

1. 言语理解能力低于实际年龄应有的水平。1岁时对熟悉的名称无反应，2岁时仍不能听从日常简单的口令，以后又出现不能理解语法结构，不了解别人的语调、手势等意义，其严重程度超过同龄儿童的变异范围。

2. 伴有语言表达能力和发音的异常。

3. 非言语性智力测验智商在正常水平（韦氏智力测验操作智商≥70）。

4. 不是由于听力缺陷、口腔疾病、神经系统疾病、精神发育迟滞或广泛发育障碍所致。

第三节　小儿语言发育障碍的干预矫治方法

对小儿进行语言矫治训练之前，首先进行观察分析，最好做出语言能力评估，要清楚小儿发声、发音、构音器官的情况，对小儿的语言水平有一定了解。如果是语言发育迟缓的儿童，其语言发育水平没有达到与年龄相应的水平，应进行全面训练，尽可能地提高语言理解和表达能力。如果是唇、口、舌等构音动作不协调导致的语言障碍，就进行唇、口、舌运动技能训练。如果是听力障碍就应当配戴合适的助听器，再进行语言能力训练。

一、构音器官运动训练

语言构音障碍是发音器官的肌肉运动功能减退和运动不协调所致。发音时需要气流与喉、咽、舌、齿、唇等构音器官的正常协调运动，气流异常与运动受限不协调均可造成构音障碍。语言构音障碍主要表现为吐字不清楚，说话慢，费力，鼻音重，发音单调不正确，语音声调异常，间隔停顿不当，有口部唇、舌运动不灵活发生的颤音等。构音器官的功能包括：

1. 肺和气管的功能

主要是进行气体交换，我们说话时必须借助于肺和气管呼出的气体，使声带振动而发声，语音是在呼气时发出的声音。

2. 喉头与声带的振动功能

呼气时气流经过声门引起声带振动就会发出声音，声带振动的幅度、频率及声音的高低，取决于呼出气体的压力、声带的长度与厚度以及声带的紧张程度等因素。

3. 口、鼻、咽腔的共鸣功能

口腔包括舌、唇、软硬腭及牙齿，其中舌头是最为活跃的发音器官。正是口腔的自由张开闭合，舌的伸卷升降，使口腔产生不同的共鸣，在气流通过口腔时发出不同的声音。每个口腔运动位置的细小变化，都能改变声音的性质。小儿要学会正确清晰地发音说话，首先要学会自如地运用口

腔、舌、唇、牙齿、面颊几个会活动的构音器官，使口腔肌肉运动灵活自如。在发音说话时，正确地掌握运用构音器官的运动位置，使小儿说出准确的语音。

　　小儿自生后接受良好的语言刺激，逐渐学会发音，使构音器官的活动不断受到锻炼，口腔运动灵活性增强。小儿在一岁左右进入言语表达期，言语技能不断提高，构音运动更加协调熟练，使小儿发音日益精确，说话清晰准确，逐渐能具备语言交往的能力。但有相当多的小儿在吸吮、吞咽、咀嚼、吸气、呼气等运动方面发育不完善和不协调，造成发音的很多困难，由于运用构音器官动作不当而引起发音障碍。这些发音障碍主要是由于发音器官肌肉的运动不协调，无法使发音器官的肌肉运动自如而妨碍了语言表达，常常影响发声的质量、共鸣和语音韵律。构音器官的协调运动是正确发音的必要条件，几乎所有语言障碍的小儿都存有构音器官运动不良的表现，对这些语言障碍的小儿进行构音器官的感知运动训练是非常必要的，是矫治语言发育障碍的重要方法。因此，根据小儿口腔的构音特点，设计出一套训练构音器官的操练动作，让他们能按照运动要求去做构音器官运动训练。这些操练运动需要连续训练、长久坚持才有效。实践证明，构音器官的协调运动越熟练，言语技能越准确，越有利于小儿的语言表达。

　　（一）呼吸运动训练

　　进行呼吸运动训练前，先让小儿全身各个部位的肌肉放松，使咽喉部肌群也相应放松。小儿在完成呼吸运动训练后，要尽量长时间保持这些呼吸运动，以增强构音器官运动的协调熟练，然后进行发音训练。

　　1. 让小儿做深呼吸，然后嘴唇噘起，慢慢吹气，尽量延长吹气时间。

　　2. 让小儿吸气时双臂高举起，双臂放下时吐气。

　　3. 做扩胸运动的同时进行深呼吸，以增加肺活量。

　　4. 让小儿呈仰卧位，双下肢屈曲上抬，用大腿压迫腹部练习深呼吸。

　　5. 把小儿的口鼻同时堵住，让他憋气。憋气的时间越长，换气时就会有一次深呼吸的过程，促进深呼吸动作。

　　6. 让小儿站直，练习深吸气和缓慢吐气，在向外吐气时一口气数一到两个数，逐渐延长向外吐气的时间，每次一口气多数一个数。

7. 让小儿经常吹哨、口琴、蜡烛、肥皂泡、纸条、风车等。

8. 让小儿经常用吸管喝水、吹水、吹泡泡等。

9. 把乒乓球放在桌子上，让小儿从不同的方向去吹。

（二）舌运动训练

1. 让小儿吃硬性或韧性食物，练习咀嚼运动，增加舌搅拌，训练舌头的灵活性。

2. 用棒棒糖让小儿舔一下，将棒棒糖在他嘴边移动，让他用舌头追着舔棒棒糖练习伸舌。

3. 把蜂蜜或果酱涂在小儿嘴的周边，让他用舌尖上下左右去舔掉它，做伸舌运动。

4. 让小儿的舌尖沿外嘴唇正转、反转地转圈数次，增加舌肌肉运动。

5. 用压舌板或筷子轻轻地压小儿的舌尖或把舌尖往后推，使嘴巴自然张大。

6. 用压舌板或筷子轻轻地把小儿的舌尖往上抬，保持一会再放开，多次重复，尽量使舌尖往上翘，使舌尖在口腔里能前后左右的移动。

7. 让小儿用舌尖使劲抵左右腮，并舔两侧嘴角。

8. 让小儿舌尖向上腭部卷舌，弹舌。

9. 让小儿舌尖抵上唇，再放下抵下唇，交替活动训练。

10. 让小儿舌尖抵住上门齿，再放下抵于下门齿，上下交替做舌运动。

（三）下颌运动训练

1. 张口与闭口训练。如果小儿不能主动张嘴、闭嘴，可用一只手轻轻按住小儿头部上方，另一只手抓住下颌部，进行张嘴与闭嘴的动作训练。

2. 用软毛刷在小儿口的周围快速刷拂皮肤，促进其闭嘴。

3. 让小儿下颌部左右侧交替移动。

（四）唇运动训练

1. 让小儿经常进行嘴唇的张开、闭合、前突、缩回、咂吧嘴、大嘴变小嘴、撅嘴、咧嘴微笑、鼓腮、吹气、亲嘴等。

2. 用双手置于小儿面颊部，向前挤压使嘴唇前突，并向上下交错推

动嘴两侧的肌肉。

4. 让小儿上下嘴唇同时贴于上下齿龈，维持一会再同时离开。

（五）口腔发音运动的具体训练方法

1. 上下牙齿尽量大幅度做咀嚼动作 20 次。

2. 将下颌向左右两侧来回移动 20 次。

3. 把舌头尽量伸出口外，维持一会后缩回，重复做 20 次。

4. 尽量向后卷舌，维持 3 秒钟，然后放松，重复做 20 次。

5. 张开口，舌尖抵到上门牙，重复做 20 次。

6. 张开口，舌尖抵到下门牙，重复做 20 次。

7. 舌尖伸向左嘴角，维持 3 秒钟，再把舌尖伸向右嘴角，维持 3 秒钟，两侧交替各做 10 次。

8. 用舌尖沿嘴唇右转圈 10 次，再左转圈 10 次。

9. 用舌尖先使劲抵右腮一下，再抵左腮一下，两侧交替各抵 10 次。

10. 双唇用力含着压舌板，把压舌板往外拉，与嘴唇相抵抗，维持 5 秒钟放松，重复做 10 次。

11. 把舌头伸出口外，用压舌板使劲压舌，维持 3 秒钟后放松，重复做 10 次。

12. 深吸一口气，合紧嘴唇，憋气，吹胀两腮部，维持 5 秒钟后放松，重复做 20 次。

13. 用力合紧双嘴唇，紧闭维持 3 秒钟后放松，重复 20 次。

14. 深吸气时张大口，吐气的同时用力说"啊"，然后迅速合上嘴唇，重复说 10 次。

15. 咬紧牙齿说"yi"音，重复说 10 次。

16. 把嘴唇嘟起来说"wu"音，重复说 10 次。

17. 咬紧牙齿说"yi"音，然后嘴唇嘟起来说"wu"音，交替重复说 10 次。

18. 闭嘴唇先发"m"音，再重复说"ma"音 10 次。

19. 重复说"ba"音 10 次。

20. 把嘴唇闭紧，然后说"pai"音，重复说 10 次。

（六）矫治鼻音化训练

鼻音是由于软腭运动减弱，发音时咽腭部不能闭合，将非鼻音发成鼻音的嗓音共鸣异常。鼻音化是鼻腔共鸣过度的结果，进行矫治训练是让小儿发声时的鼻腔共鸣与口腔共鸣协调平衡起来。

1. 让小儿经常吹蜡烛、哨子、喇叭、肥皂泡等，训练气流通过口腔。

2. 捏住小儿的鼻孔，让他用口做深呼吸。

3. 让小儿用鼻子深吸气后，张大嘴吐气。

4. 让小儿张大嘴吸气和呼气，或者用鼻子吸气和呼气。

5. 让小儿站直对着镜子使劲张嘴连续打哈欠，或用力咳嗽，训练咽腭部软腭上升的运动。

6. 让小儿经常练习突出口腔共鸣的元音"a""o""u"。

7. 推掌法训练多适用于较大的小儿。让小儿把双手放在桌面上向下压，在双上肢迅速往下用力的同时发"啊"或"卡"的音，可促进软腭肌收缩与上举，增强咽腭部的闭合，克服鼻音化。

（七）面颊部运动

1. 用双手的食指、中指与无名指三手指的指腹，在小儿的面颊部先由内向外，再由外向内轻轻按揉。

2. 用双手同时拍打小儿的面颊部，手法要轻柔。如果小儿能配合，手法可适当重一点，也可以轻重交替拍打。

3. 双手直立，放在小儿的面颊部，先由内向外，再由外向内轻轻按压。当由外向内按压到最后一下时，可用手掌的下部把小儿的嘴挤成圆形。

（八）口周按摩

按摩能解除口腔肌肉的紧张性，加强肌肉张力，有利于口腔的构音运动。发音训练之前，先进行口周的按摩，来减轻构音器官肌肉的紧张性，使发音能随意自然。

1. 用五手指轻轻叩击下颌及下颌关节附近的皮肤，促进口腔的张开闭合，增强口周的肌力。

2. 用干净温暖的手对小儿口腔内的面颊、舌面、软腭等不同部位进行按揉，增加舌与软腭运动的灵活性，促进口腔内感觉。

3. 用五手指在下颌及下颌关节附近的穴位上进行叩击与按摩，促进

口腔动作。

4. 用食指或拇指掐揉下颌唇沟正中的承浆穴，先用指甲掐 20～30 次，再用指腹按揉 50～100 遍（见图 5 – 21、5 – 62）。

5. 用双手拇指端同时按揉两嘴角旁的地仓穴（见图 5 – 21），每次按揉 100～200 遍。

6. 用拇指掐揉上颌唇沟正中的人中穴，先用拇指甲掐 20～30 次，再用拇指腹按揉 50～100 遍（见图 5 – 67）。

7. 用两手中指同时按揉下颌骨凹陷中咀嚼时咬肌隆起最高点处的颊车穴，称为揉牙关，每次按揉 100～200 遍（见图 5 – 22、5 – 24、5 – 61）。

8. 用两拇指自下而上交替推按后发际正中的哑门穴（图 5 – 22、5 – 24），每次 100～200 遍。

9. 用双手拇指从上下唇正中向两侧双耳下进行推按 100～200 遍，按摩要领参照第七章中的面部按摩法。

二、发音训练

发音是语言发展的前提，小儿要获得有声语言，首先要进行发音训练。发音训练的目的是让小儿充分感觉多种形式的发音动作，帮助他们掌握发音动作技巧，培养正确发音，促使发音器官功能发育成熟，逐步学会发音说话。小儿早期的发音训练主要是被动发音训练，一定要在小儿对声音感兴趣的基础上反复练习，利用多种语言游戏来训练提高小儿学习发音的兴趣，保持他们轻松愉快的情绪，这样对发音训练有很大好处。

小儿的语言发育有一定的顺序，发音训练要按照语言发育规律去进行。

1. 模仿发音的顺序：单音模仿→双音模仿→单词模仿→短语模仿→句子模仿。

2. 学习获得单词的顺序：首先是学习名词发音，其次是形容词发育，接着是动词发育。

3. 语言有一个由易到难，由生疏到熟练，由含糊到清晰逐步发展的过程，小儿的言语训练应由单词到多词，从三个字的句子过渡到四个字、五个字的句子，逐渐增加句子的字数，让他们逐步掌握语法形式。

（一）正常发音训练

1. 首先训练发六个元音："a""o""e""i""u""ü"，其中"a""e""i""u"四个元音是发音重点。然后发辅音"b""p""m"，能发这些音后，再学习发较难的音，如舌根音、舌前音、卷舌音、唇齿音、鼻音等。最后将已学会的辅音与元音相结合，如"ba""pa""ma""fa"。反复发音熟练后，可采取元音＋辅音＋元音的形式，如"ama""apa"的发音，最后过渡到单词和句子的语言训练。

2. 训练发音时的口型，让小儿嘴张大发"啊—啊—啊"的音，嘴巴圆起来发"喔—喔—喔"的音，嘴巴小圆发"呜—呜—呜"的音，嘴巴扁起来发"鹅—鹅—鹅"的音，牙齿对齐发"衣—衣—衣"的音。

3. 选择一部分发音容易、好理解的字、词，反复训练。

4. 通过游戏训练发音，如模仿一些动物的叫声、汽车的镝镝声、音乐声等。

5. 训练连续发音，一口气把同样的词语连说几次，次数由少到多，逐步增加。

6. 声音由小变大、由大变小，大声小声交替训练。

7. 从低、中、高三种不同的音调交替训练。

8. 用节拍器配合调节发音的韵律。

（二）正音训练

所谓正音训练，就是利用各种方法矫治小儿的错误语音，使他们掌握标准的发音技能，克服异常发音。有些小儿由于语音能力差，对许多很相似的语音分辨不清楚，容易发生混淆与替代语音。还有一些小儿由于不同原因造成构音能力差，对于构音较为复杂的语音动作难以掌握，发生替代音。正音训练就是帮助这些孩子克服这些语音的构音障碍。

1. 构音器官运动训练

在矫治小儿发音错误时，构音器官的运动协调训练占有很重要的作用。语言的构音是一种复杂精密的运动协调技能，通过口腔运动形成不同语音的唇舌动作，把这些简单的唇舌动作组合起来就能够形成各种声音的构音动作，引发准确语音。

正音训练通常从口型模仿动作开始，当小儿不会发音时，首先进行构

音器官运动训练，使被动发音运动逐渐变成主动发音运动，让小儿充分体会到每种发音动作产生的明显感觉后，小儿就可以依靠口腔运动感觉调控自己的发音，学会正确语音。构音器官的一般运动训练可参照前面所提及的基本动作进行，对于特定的错误发音或替代音，还需要有针对性地进行较为复杂的综合运动训练，选择适当的构音运动训练是为了矫治异常发音和引出正确发音。准确发音技能的巩固需要系统地重复训练，所以，构音器官运动训练要系统进行，每天 3~4 次，每次 10 分钟。但要注意，不能让小儿构音器官的运动过分疲劳。疲劳的特点就是构音运动不协调，错误发音不能很快矫正。

2. 导出正确发音

正确发音意味着小儿能听到正确语音的感知与说出正确语音的感觉。一般来说，小儿都有模仿言语的本能，只要让他们集中精力跟着成人进行模仿，就能学会正确发音的技能。但是，脑发育不良或脑损伤的小儿，替代音顽固的孩子，模仿发音未必见效，往往需要系统的干预矫正手段、长久重复的训练，才能让小儿逐步形成正确发音的运动感觉来调控发音动作，纠正错误发音，导出正确发音。

三、语言训练

根据一般语言发育规律，应先增强小儿的语言理解感知能力，在理解语言的基础上，让小儿能用语言表达。让小儿置身于良好的语言环境中很重要，只有通过言语环境的不断刺激熏陶，才能促进小儿言语感知能力的发展，使他们逐步掌握发音技能，学会说话。家庭与社会都要提供良好的语言环境，特别是家庭对小儿的言语发展起着很重要的促进作用。父母要积极参与，与孩子多说话交流，提供良好的言语示范，鼓励孩子说话，并结合日常现实生活，采用贴近小儿生活实践和感兴趣的学习语言游戏进行丰富的语言训练，让小儿逐渐懂得语言的含义，建立语音和语义的联系，学会用语言进行人际交流，不断提高语言表达能力。

小儿的语言发展是一个渐进的过程，需要为他们提供适宜的语言训练方法。对于言语障碍的小儿，要有目的、有计划地进行语言强化训练，使他们的言语缺陷得到一定的矫治。相反则会影响小儿的言语活动，使言语缺陷更加严重。

言语理解先于言语表达，当小儿会说一定的词语时，能够理解的词语会更多。理解是表达的基础，只有理解了语言，才能更好地表达。对小儿进行语言功能的基本训练主要包括语言理解感知能力和语言表达能力两个方面。

（一）语言理解感知能力训练

语言理解感知能力训练主要包括语言听觉感知能力和语言视觉感知能力两方面。

1. 语言听觉感知能力训练

准确的辨音能力与正确的发音密切相关，开展系统的语言听觉感知能力训练，就是为了发展大脑言语感知中枢的皮质功能，以便使小儿能够准确辨别各种声音的不同。小儿在学习言语的过程中主要依靠听觉，只有让他们听清楚准确的发音，才能够进行模仿，并能准确发音讲话。听觉功能的发育完善能促进小儿语言听觉感知能力的发展，也决定着他们在日常交往活动中对整个语言系统的学习。对于语言发育障碍的小儿来说，更需要语言听觉能力训练，来不断提高言语辨识的能力，能听懂说话。这就需要在日常生活中，多与小儿说话，经常念儿歌与讲故事给他听，利用一切机会不断地讲周围的人和事物，训练他注意听你说话。在小儿看着你时你再讲话，反复说，并能让他做出相应的反应或对话，使小儿能逐渐理解这些语言和特定事物的联系。这些语言和词义的联系被小儿储存在记忆中，日益增加，逐渐积累，将成为语言表达时随时取用的词汇。

小儿语言听觉感知能力训练的内容包括：

（1）从小进行听觉能力训练，让小儿在安静合作的精神状态下，倾听周围环境中的各种声音，进行非言语声音训练。主要是利用日常生活环境中的各种声音进行听觉刺激，如玩具声、汽车声、铃声、鼓声、哨声等，训练小儿对这些声音有反应，让他逐步能认识分辨这些什么声音。

（2）选择优美动听的乐曲、歌曲定时播放，用动听的音乐吸引他，培养听觉感知能力。

（3）利用录音机去收集各种有高有低、有快有慢、有熟悉或不熟悉的不同声音，定时播放给小儿听，引导他一边聆听，一边辨别这是什么声

音，以提高小儿的听觉敏感度。

（4）在小儿的视线外，经常呼叫他的名字，训练他听到自己的名字有反应，能点头，能应答，知道自己的名字。

（5）在一定的时间内，让小儿注意听人讲话，进行言语声音训练，激发小儿模仿发音，提高听觉感知能力，促进语言理解与表达，逐渐能听懂人的讲话。

（6）训练小儿随声行动，听到敲门声去开门，听到电话铃声去接电话，听到音乐节奏就舞动身体，听到指令后能有行动。

（7）每天坚持给小儿念儿歌与讲故事，与他一起阅读图画书，培养专心听故事的注意力，逐渐让小儿能听懂情节，指认图画片，能理解词语，并与特定物品事物联系起来。

（8）训练小儿在日常生活中听从简单指令，经常用语言指使他们拿物取物，听指令干些力所能及的事情，让小儿把语言与物品配对联系在一起。

（9）把小儿经常接触到的东西用简单清晰的语言表达出来，反复说，重复讲，让小儿逐渐理解语言与实物的联系，进行语言模仿表达。

（10）选择与小儿年龄相匹配的有趣故事，经常讲给他听，吸引他听故事的注意力，让他能理解听懂，并从听故事中获得愉快的感受。

（11）经常给小儿提问题，让他听到提问能做出正确回答。

2. 语言视觉感知能力训练

语言视觉感知能力训练是把视觉信息与语言联系起来，在语言学习中具有重要作用。与小儿说话时，小儿的眼睛会看着你的眼睛，注意听说话，小儿眼神的注视有助于促进语言感知的能力。

小儿语言视觉感知能力训练的内容包括：

（1）从小进行注视物体练习，让他看人看物，眼睛随物移动，训练追视与视觉停留。让小儿注视说话人的面部表情变化，训练目光对视。如果小儿不能对视，可以用手轻轻拨住他的头，让他目光接触，这样有助于培养注意力。

（2）选择鲜艳夺目的音响玩具，吸引小儿注视。

（3）让小儿经常看镜子里的自己，认识自己，认识身体五官，并能认识父母，认识熟悉的人。

（4）让小儿看着人的面部表情，去模仿做些动作，如伸舌、张嘴、咂舌、闭眼、扮鬼脸等。

（5）训练小儿看着人的口型做口舌运动操，模仿发音时的口型动作，这样有助于小儿掌握发音时的口型动作。

（6）让小儿多看彩色醒目的图画片，边看边说，让他指认，并练习说出名称。

（7）练习指认和寻找物品，让小儿能从一堆物品中找出自己所需要、所喜爱的物品。

（8）让小儿学会视觉配对，在相同的物品、玩具、图画片中，练习把相同的物品、图画、颜色进行分类，把图画、物品、形状相同的东西进行配对。如家人手拿一张图画片，令小儿注意看，再令他从几张图画片中选取一张与家人手中相同的图画片做配对练习。

（9）训练小儿懂得把茶叶放进茶杯里，把水果放到果盘里，等等。

（10）让小儿经常观察周围的人和事物，指导他将人和事物用语言表达出来，看见人能说出称呼，看见接触过的东西能说出名称。

（11）鼓励小儿看书、拼图、画画，并能看图说话，读出认识的字，培养他的阅读能力。

（12）与小儿一起看相册说故事，讲照片中熟悉的人和发生的事情。

（13）能简单描述看到的事物，能记住所看到的事情。

（二）语言表达能力训练

1. 语言前期训练

语言前期是小儿说出有意义单字之前的时期，语言前期训练是为小儿能发音说话而做准备，包括语言刺激训练与构音器官运动操练的口腔干预，都将对小儿语言表达有很大帮助。语言前期训练应注意以下几点事项：

（1）多逗引小儿，让他能愉快地发出笑声、各种声调与语音。

（2）与小儿说话时，要用丰富的面部表情吸引他的注意力，让他用眼睛注视你。如果小儿不看你，就把双手放在他的两眼旁挡住余光，与他碰碰头和碰鼻子，让他注视你，听你说话。

209

（3）与小儿眼神对眼神说话时，对他发出的各种声音要用同样的声音去回应，让小儿能重复发音。

（4）结合日常活动中接触到的东西，不厌其烦对小儿说话，看见什么说什么，干什么说什么。只有通过真实的动作与生动的表情、眼神，让小儿了解做事情的含义，懂得语义与事物的联系，才能有效地促进语言发育。

（5）聆听各种声音，正确模仿发音口型，模仿语音，模仿各种声响，如汽车声、火车声、电话铃声、猫叫声、狗叫声等。

（6）选择小儿适合的童话故事，定时讲给他听，特别是睡前讲故事，是促进小儿语言发育的最佳方式。小儿听熟的句子如同儿歌一样被记住，为学会说话提供词汇。讲一些简单的儿童故事，不但让小儿容易理解，还要让他觉得很有趣，愿意听。

（7）采用小儿感兴趣的事物和环境培养交往愿望，促进他主动与人交流。小儿对物、人、事情感兴趣就能产生某种需要而主动与人进行语言与行为交流，并通过交流交往来满足他的需要，给他带来快乐。在交往过程中，小儿往往缺乏明确的目的，主要是凭兴趣去做，感兴趣的事物就容易接受，不感兴趣的事情则不看不问。因此，要为小儿创造一个有趣味的人际交往环境，培养交往行为，促进语言发育。

（8）进行互动式动作和手势表达，提高小儿语言理解的能力。小儿在说话前，先是学会理解语言，在语言发展早期能够理解的词汇要比会说的词汇多很多。所以，语言前期训练主要是通过实物与直观的演示互动，让小儿理解一些词汇，懂得每个词汇所代表的事物，而且要从听到的声音和看到的事物中识别出已经学会的词汇，为语言表达打下基础。

2. 语言表达能力训练

语言是小儿进行交往，表达意愿与感受，提高认知能力的重要工具，小儿学习知识与技能，学会人际交往必须通过语言来完成。小儿会说话是指必须由孩子自发说出，而不是重复大人的话。小儿面对物品时，回答别人的提问时，能自发说出正确的词汇与句子，才算是会说话，能对话。语言能力靠后天的学习与培养，有一个循序渐进不断发育成熟的过程。为使小儿的语言表达能力得到很好发展，就要营造丰富的语言交流环境，因为小儿的语言是在与人不断交流中学会的。提高语言表达能力，不仅能增进人际关系的交往沟通，而且能认识周围环境和事物，提高认知能力。

语言障碍的小儿口头语言比正常儿童发育缓慢，说话较晚，发音不准、吐字不清，只会说单字却不会说句子，所以应当注意语言表达能力的反复强化训练和正确发音，鼓励他们跟着模仿言语，跟读文字去促进语言表达能力。

（1）从称呼人开始口语训练

1岁左右，小儿开始进入言语期，能说出准确的语音，能说出让人理解的单词，会喊爸爸、妈妈，并逐渐学会称呼家里所有的人。见到陌生人要引导小儿正确称呼人称，主动打招呼问好，随时提醒并教他称呼各种人，让他能按照不同的年龄与性别去称呼外人，例如比妈妈年轻的称呼阿姨，比爸爸年轻的称呼叔叔，把年纪大的妇女称为奶奶，把年纪大的男人称为爷爷等。如果小儿称呼对了，要给予及时的表扬。表扬使小儿很愿意自己去判断怎样称呼人，这样去学会正确称呼人，表现得很有礼貌，就会得到大家更多的称赞，小儿就更喜欢称呼人。

有些1岁半小儿的语言表达能力可能停留在称呼人的水平上，对此不必担心，只要小儿能听懂大人的话，能理解词汇，加强语言训练就可以了。

（2）学说物品名称，学会说单词训练

1岁半后，小儿话语增多，变得叽里咕噜，但是大人不明白小儿在说什么，他用自己乱编的语言说话，并开始知道每件东西都有名称。这时大人就要根据生活中的实物，根据小儿发出的声音变成简单的词汇名称，反复说给小儿听，让他学说物品名称与单词。在不断学习中，小儿记住各种事物名称的同时，慢慢积累词汇，在脑中建立词库，成为语言表达时随时取用的词汇。小儿学习言语，首先学会说一些名词，有些名词是一个字，多数是两个字，如球、苹果、汽车、积木、桌子等，因此选择小儿经常接触的一些实物，教他学会说各种物品名称，逐渐让小儿看见熟悉的物品能说出名称。

小儿刚开始模仿口语时，只能跟着大人说一个音，逐渐能说出许多有意义的词语，如"吃、拿、球"等，表现出使用词语的能力，并且懂得感

受，学会使用表达动作。这时小儿说一个字往往代表一句话，如小儿说
"干"，可能就表示要吃饼干，说"蕉"表示要吃香蕉，但是有时说出一
个字会被大人误解，如小儿说"吃"，就有可能表示吃香蕉，也可能表示
吃饼干，这时大人就要指着香蕉说："是吃香蕉吗?"让小儿必须用话语、
面部表情和手势向你表示是或不是，并能点点头同意，你才能给他吃。

（3）会背儿歌训练

小儿会开口说话不久，会很容易背诵儿歌押韵词，这时就可以让他们
先学说儿歌的押韵词，如"小白兔"就让他说"兔"，"白又白"让他说
"白"，"两只耳朵竖起来"让他说"来"。把儿歌押韵的词留给小儿说，
让他添上押韵的词，体会到参与的快乐，他就会主动背诵儿歌，很快就会
背诵一句、两句甚至整首的儿歌，会背诵唐诗。在背诵儿歌的基础上，小
儿很快学会说 3 个字的句子，也就比较容易与他人进行语言交流沟通。

（4）学会说短语训练

2～3 岁是小儿学说话最快的时期，不但会背诵一些儿歌，还会说一
些简单句。小儿最先会说的是名词，有些名词是 1 个字，多数是 2 个字，
在名词中加上形容词后连成 2 个或 3 个字的词汇，如红球、大汽车、小白
兔、长板凳等，让小儿学着说话。特别是一些描述自我的简单语言，如
"我饿""我渴""我要""我想"等，小儿更容易学会表达。随着语言能
力的发展，小儿会说礼貌性语言"你好""谢谢""再见"，能说出自己的
姓名、年龄，能描述自我状态，说"我有什么""我看见什么"的语言，
会说征求别人意见，请求别人帮助的语言，如说"我可以这样吗""可以
帮助我吗"等。这样小儿逐渐能用简单的语句表达自己的需求和愿望，会
说简单的短语和完整的一句话，能主动与他人说话，进行语言交流。

学会说话的小儿总是有许多问题和疑问，经常问"这是什么""那是
什么""里面有什么""为什么"等，想知道许多事情，想要学会怎样去
说明问题。这时怎样运用实际情景中恰当的语言去回答小儿的问题很重
要，千万要耐心细致，简单明了地回答小儿提出的问题，满足他们的好奇
心，让他们能理解，能记住词汇，发展语言。小儿掌握积累的词汇量多
少，在很大程度上取决于小儿的生活条件和所受的教育条件，每一个小儿
掌握词汇量差异很大，教养者在给小儿进行语言训练中所使用的词汇量和

扩展词汇的多少直接关系到小儿词汇量的积累和语言能力发展的速度，必须随时要注意扩展词汇的训练。

（5）对话提问训练

最好从小儿出生后不久就养成与孩子不断对话的习惯，不管是喂奶，还是换尿布、洗澡，都要通过眼神和动作让孩子了解你目前正在做的事情。不管能了解多少，小儿都能从这种对话的过程中建立语音与语义的联系。要经常面对面地提出比较简单的问题，让小儿注意听，注意看，能理解听懂，训练他用眼神、表情、手势、动作作出应答性反应。随着小儿年龄的增长，对一些简单的问题，小儿自己能找出答案，父母就经常发出指示，让他去寻找、去指认，使他能用动作手势回答简单问题，并能用语言来表达提问，应答问题。

提问是启发性教育的一种形式，在早期语言表达的训练过程中，有目的地提问是促进小儿动脑思考问题，学习语言表达的好方法。根据周围环境中的实物，最好选择一些小儿已经理解的问题进行提问，应从易到难、由浅入深渐渐地提出问题，激发小儿独立思考的潜能，能正确说出否定句与肯定句，提高对答问题的能力。小儿回答问题正确时，给予及时的表扬鼓励，让他享受到成功的乐趣，进一步激发语言表达，提高认知能力，增进人与人之间的交往沟通。

（6）讲故事训练

听故事是小儿最喜欢的事，而说故事则是培养小儿说话能力的最佳互动方式。给小儿讲故事不但能激起欢乐的情绪，还能有效地为他提供说话的"材料"，使他学会表达情感，描述事情。如果一个故事已经讲过好几遍，那么不妨讲到关键处停顿一下，让小儿说出关键词，这样有助于小儿回忆内容，学会说出重要的话语句子。

当小儿听故事很熟时，他就会有自己讲故事的愿望，父母就要鼓励他讲故事。刚开始让小儿讲结尾，讲不清楚也不要急着纠正，等一会再给他讲一遍，让他有清晰的概念，渐渐小儿听故事后能大致复述故事的情节。

3. 书面语言能力训练

语言不单单是指一个人能有效地利用口头语言来表达自我，善于用语言表达各种事物，而且还要具备良好的书面语言运用能力。

（1）小儿通常是先学会说话，然后才会书写，把他会说的简单字写在纸上，教他指字发音。

（2）把小儿会说的话记录下来，教他一个字一个字指着去读，让他去阅读自己说过的话，是提高小儿语言表达的好方法。

（3）看图说话，拿出一张图画片，让小儿看着图画叙述情景与动作。看图画书可以让小儿把语言变成图像储存在大脑，很容易把语言变成图像记忆，促进语言发展。

（4）让小儿涂鸦，通过画画的方式来表达他心中所想的、口头想说的。

（5）认字阅读，读准字音，理解语句的内容，认识标点符号。

（6）练习书写能力，会临摹，会抄字，掌握基本笔画和笔顺。

（7）流利朗读儿童读物，念儿歌和童谣。

四、嗓音训练

嗓音是言语构成的一个重要部分，言语运动技能的发展过程也是嗓音的发展过程。发展正确嗓音不仅包括对嗓子发音过程的训练，而且也包括对言语的训练，也就是说，好的言语意味着要有正确的构音及嗓音。正常有效的嗓音应该使人感到悦耳、动听、易懂、听起来明白，在言语交流中无障碍。正常的言语声音应当与小儿的年龄、性别相符。

对小儿的音调、音量和音质所引起的嗓音异常，应寻找病因治疗。有些小儿不良的发声习惯致声带紧张和疲劳，发生嗓音沙哑、发声无力，应进行嗓音矫治训练。对由于过分情绪紧张而形成功能性嗓音失常的小儿，可进行心理辅导。小儿在陌生人面前容易害怕紧张，家人尽可能地让孩子在陌生人多的场合中培养出轻松的感觉，做到发声自如，学会正确发音。

（一）咀嚼法

1. 适应证

是治疗功能性嗓音言语失常"最为轻松自然"的训练方法，最适用于发音过于紧张的小儿。咀嚼法在做咀嚼动作的同时进行发声运动，会使声带的紧张度下降，声带接触更趋完善，音调微有变化，声音听起来自然放

松，音质随之好转。咀嚼法能有效地缓解发音及构音肌群的紧张性，从而使小儿轻松发音，使咽部共振的效果增强，使呼吸与声带振动维持协调状态。咀嚼训练不仅有助于小儿牙齿及牙槽骨发育，也给小儿的正确发音打下基础。

2. 训练步骤

（1）咀嚼训练：许多小儿说话时过于紧张，将牙齿咬紧，嘴张得很小，这就需要张大嘴，大幅度地练习咀嚼。可以让小儿模仿家人的咀嚼动作，年龄小不配合的就要多吃硬性和韧性食物，练习咀嚼。咀嚼时下颌、喉腔、舌、嘴唇都相对放松，用咀嚼来运动构音器官，增进构音器官的灵活性，同时使呼气时声带张力维持平衡，功能上协调一致。

（2）咀嚼时练习柔和发声：在咀嚼的同时发单音节"a""e""u"，也可以进行简单数数，说一些单词和连贯的句子，这样使声音听起来轻松自然。

（3）每天训练应间断地进行 4~5 次，每次 10 分钟。

（二）张嘴法

1. 适应证

一般情况下，在说话时增加嘴的张开度，可以使发声器官的运动更加协调，能够缓解功能性嗓音言语疾病和功能性发音亢进的嗓音。张嘴法能够促进声带的闭合，纠正音调、音质和响度的问题，改善口腔共鸣。如果想改变发声紧张和费力的状况，张嘴法便是有效的方法之一。无论是嗓音正常的小儿，还是发声障碍的孩子，只要将嘴张得大，音质都会有所提高。不但在说话时要将嘴张大，而且在平时也要牙齿微微分开，上下门牙间距最好不到一指，这样会使口腔处于松弛状态，有利于发声。

2. 训练步骤

（1）经常让小儿模仿家人张大嘴和张嘴说话，在说话之前就要有张嘴的意识，上下门牙间距不到一指，牙齿分开，会使口腔处于松弛状态。也可以让小儿对着镜子观察张嘴说话与闭嘴不能说话的差别。

（2）让小儿将头稍微低向胸部，分开嘴唇和上下颌，使口腔张大，然后较为轻松地发"a"的音。在这种状态下，发音会更加自然。

（3）平时经常进行以上两种方法的练习，使口腔运动更加灵活，张嘴

幅度增加。只要将嘴张得够大，音质都会有所提高。

（三）伸舌法

1. 适应证

可用于治疗一些咽、喉腔一定程度的紧闭或声带有"紧"的发声。当舌靠后或咽缩肌过度收缩，声音听起来"紧"，不清晰自然，将舌伸出就能够有效地缓解咽部的紧张性。伸舌法之所以有效是因为它将舌根从咽部拉出，使咽喉部更加通畅，有利于咽、口腔产生共鸣。训练时再采用高音调高元音的发音，声音完全是由真声带发出，这样有助于缓解咽部的紧张度。伸舌法能够适当地改变已经习惯了的错误的发音，可以结合发气泡音或哈欠—叹息法一起使用，嗓音效果会更好。

2. 训练步骤

（1）家人首先示范张嘴、伸舌的动作，在让小儿模仿的同时，以高音调持续地发高元音"i"，要保证颌部和舌部都是放松的。

（2）用食指按住小儿的下颌，让他微微张开嘴，伸出舌头发高音调高元音的"i"。

（3）让小儿保持张嘴、伸舌的动作，分别用升调和降调的方式持续地发高元音"i"，并找出哪个音调能改善音质，然后用该音调坚持练习。

（4）重复前三个步骤，逐渐将音调降下来，直到建立稳定的目标音调。

（5）从高元音"i"练习过渡到单词，如声母"y""b""p""m"，练习"一""笔""皮""米"。

（四）哈欠—叹息法

1. 适应证

对于治疗功能性嗓音言语疾病和鼻音障碍是一种很有效的方法，它主要适用于发声时气道过于紧张和软腭松弛麻痹无力。哈欠–叹息法能让小儿张大嘴深呼吸，保持腹式呼吸而产生吸气式哈欠动作。张大的口腔使气道充分张开，气体从口腔完全呼出，软腭反射性上抬，咽缩肌松弛，使声带振动，能产生呼气式叹息动作。当小儿发叹息声"ha""hi"时，听上去声音很自然，小儿也会感觉到很轻松，对嗓子发音会有明显改善。在小儿说话过度紧张时，可以把哈欠—叹息作为一种放松训练方法。

2. 训练步骤

（1）配合图片给小儿讲故事："这个小儿总是紧闭着嘴，说话很费力，声音不好听。当这个小儿张大嘴打哈欠时，说话很轻松，声音很好听。"

（2）让小儿打哈欠，呼气时轻轻发叹气声，能有舒适感。

（3）让小儿叹息时发"h"音，每次1到2个，以后每次4到5个。

（4）在小儿叹息时发"h"音时加入"ɑ"元音，发叹息声"hɑ"，然后逐渐过渡到"h"开头的单词和词组，如"哈""哈哈""哈气"等。小儿起初发音会很困难，但这是消除喉部紧张的关键步骤，一定要重视训练。

（5）让小儿发叹息声"ɑ""i""u"，然后过渡到单词和词组。

（五）吸入式发音法

1. 适应证

吸气时发出的高音是由真声带的振动所产生的，它能帮助修复功能性失音或者听觉言语障碍引起的功能性发音亢进而使真声带振动发音。一些患有失音症的小儿，失去了用真声带发音的能力，往往失去时间越久恢复的难度越大。吸入式发音是个简便的方法，它能促使声带闭合，恢复正常发声。该法也可以用来治疗青春期童声发音。

2. 训练步骤

（1）成人先做示范，举起双肩的同时吸气，放下双肩的同时呼气，并发出高频的"哼"声。

（2）让小儿双臂上举时深吸气，放下时吐气发出声音，注意动作的协调性。熟练后，将吐气时间逐渐延长。

（3）吸气和呼气发音熟练时，就不需要手臂辅助运动了。开始教以单韵母"i""ü"开头的词组，以巩固用真声带练习发音。

（六）甩臂推掌法

1. 适应证

主要用于治疗由声带疲劳、肌无力症、声带麻痹以及声带损伤等所造成的声门闭合性障碍，对于小儿语言障碍的长期不发声所造成的发音功能低下有很大疗效。其作用是增强软腭肌收缩、上举及咽腭部正常闭合，提

高发音时声门下压，增加呼气力量，克服鼻音，提高嗓音的音质和响度。甩臂推掌法的关键是甩臂推掌与发音必须同步进行，共同完成发声，提高语音。

2. 训练步骤

（1）让小儿紧握双拳提到胸前，然后将双臂突然迅速向下向后甩，同时双手掌完全张开，在甩臂推掌动作用力的同时发"啊""卡"的音，动作与发声必须同时进行。此时发出的声音往往比较响亮，并能形成良好的嗓音共鸣。

（2）另一种方法是让小儿双手紧紧抓住椅子的两侧或双手放在桌面上向下压，在迅速往下用力的同时发声发音，练习语音。

（七）喉部按摩法

1. 适应证

全身以及喉部的紧张经常导致功能性发音障碍，通过手指环绕喉部柔和地按摩，从而使喉部紧张性减轻，喉部位置下降，喉内肌和喉外肌群获得较大程度的放松，嗓音就变得舒适洪亮，从而达到治疗效果。

先采用哈欠－叹息法训练嗓音，可以使小儿喉部肌群较大程度的放松，并使喉部位置下降。如果这种方法无效，可以采用喉部按摩法来获得治疗效果。

2. 训练步骤

（1）首先观察小儿的颈喉部的肌群是否过度紧张，喉部位置是否过高。

（2）用食指和中指环绕舌骨，两指分别向后两侧滑动，直到触及舌骨大角，在舌骨末端轻轻转揉按摩。

（3）用手指触及甲状软骨的上缘，轻轻向下、向两侧滑动数次。

（4）在治疗过程中逐渐延长元音"i"的发音。

（八）心理放松法

1. 适应证

绝大多数的发声障碍和病理性嗓音都与长期发音发声不当有关，用心理放松来代替紧张反应会改变错误的用嗓习惯。在嗓音治疗过程中，仅仅生理的放松是不够的，同时还需要努力做到心理的放松。虽然心理放松法不能对所有的嗓音言语疾病和听觉言语障碍都起作用，但实践证明，心理放松法和其他方法结合使用，对发声障碍的小儿来说效果良好。心理放松法能够缓解发音时不必要的用力和心理紧张。

2. 训练步骤

（1）要求小儿将注意力集中于身体的某一部位，有意让某块肌肉放松或紧张，来体会两者的差别。

（2）从头部开始放松，先是头皮，再转到眼睛、面部肌肉、嘴唇、下颌、舌部、咽部、喉部、颈部等。这种逐步的心理放松法能使情绪紧张较快地松弛下来。

（3）放松喉道和呼吸道，让小儿将头稍微低向胸部，在深吸气时打一个舒适的长长的呵欠，在打呵欠的同时发"ɑ"的音。

（4）通过想象也能达到放松状态。例如，可以想象轻松自在地躺在一张吊床上，还可以想象躺在小舟上，漂浮在湖上等。

（5）尽可能地让小儿在各种场合都要"培养"出轻松的感觉，做到用嗓自如。训练一定要持之以恒，才能巩固效果。

第四节　小儿语言发育中应注意的问题

为了使小儿的语言能力得到发展，进行语言训练的最简单方法就是要让小儿尽早与人交流沟通，创造一个丰富的语言应答环境，引导小儿发音发声，模仿学语音，理解词意，增加词语，学会用语言表达自己的要求和愿望，能进行人际交流。小儿基本上是通过日常生活中的言语交往和对周围事物的认识而逐步学会说话的，这就需要在养育小儿的过程中，在培养他们语言能力的过程中尽可能做到以下几点：

（一）养成与小儿说话的好习惯

丰富的语言刺激环境对小儿的语言发展很重要，所以家人要养成与孩子不断说话的习惯，尽可能多与孩子眼神对眼神地说话，进行目光对视与交流，逗引他笑，激发他发音，让他模仿说话。用固定的名字称呼孩子，让他听到自己的名字有反应，尽早知道自己的名字。

把日常生活中发生的每一件事情，通过清晰准确、生动形象的语言表

达出来，见什么说什么，做什么说什么，让小儿逐渐了解所做事情的含义。与小儿反复说话，不要管他能够了解多少，但他都能从这些语言中建立语音和语义的联系。父母所说的这些语言，对于语言发展中的小儿来说都是最好的语言教材，你对孩子说的越多，他就会越早进入学语期，学会掌握较多的词语。

（二）积极回应小儿的发声

在小儿叽叽咕咕、咿咿呀呀地发声时，父母要注意听，看着孩子的脸与他眼对眼的对视，等他发声一停，要及时给予回应。回应时面部表情要丰富，语调要夸张，重复孩子的发声，以激起他能接着张口发声，达到语言互相交流的效果。这种相互交流沟通方式，在非言语与有口语的交流中都非常重要，需要家人与小儿一起学习与互动，在语言交流互动中促进小儿语言功能的发育。

（三）多给小儿读书讲故事

从小儿出生以后，最好每天坚持给孩子念儿歌，讲故事。尽管他听不懂，但那优美动听的语调是让孩子熟悉语音的一个最好途径，时间久了，就成了小儿最喜欢想听的声音，对他学习语言非常有利。读书讲故事时最好选择那些语调变化丰富、朗朗上口的歌谣和儿童故事读给小儿听，吸引孩子的注意力，让他从中获得愉快舒心的精神状态。听故事是小儿最喜欢的事，是培养孩子说话和聆听的最佳方式。

（四）对小儿说话要清楚响亮

小儿出生后，父母要经常用温柔亲切的语调对孩子说话，要言语清晰，发音准确，让小儿容易模仿。讲话时语速放慢，吐字清楚，表情丰富地说一些简单易懂、清楚明确的词汇。声音响亮能引起小儿听人讲话的兴趣，这是培养小儿语言听觉注意力的好方法，对提高语言理解感知能力有很大好处。同时引导并鼓励小儿大胆说话，让他把话说清楚，讲完整。在日常生活中，由于生活习惯，在小儿往往只讲一个字、半个词、半句话时，家人常常就能理解，就不再鼓励孩子把话说完整，长此下去就会妨碍小儿的语言表达，不能完整地把话说清楚。因此，在小儿说话时，应该给以指点，提示必要的词汇，帮助孩子把话说完整，讲清楚。

对于语言障碍的小儿，除了医务人员的矫治训练外，应发挥家庭教育的作用，在日常生活中进行语言训练。让父母明确自己孩子语言障碍的具体情况，知道言语矫正训练的目标，掌握具体的训练方法，这样才能够随时引导小儿正确发音，让他们掌握构音技能。家人要多利用日常生活中经常接触的实物，训练孩子的语言表达，发展主动语言，并启发他们把话说清楚，讲明白。对小儿语言表达出的需求与愿望，要及时给予帮助，满足孩子的需要，让他体会到进行语言交流的快乐。对那些能理解听懂语言而不说话的孩子，家长可以采取以下措施：

1. 不主动满足小儿的要求，等待他能主动用语言表达需要与愿望。例如，把小儿喜爱的玩具放在他拿不到的地方，吃饭时把孩子喜欢吃的食物不放在他面前，放得远一些，引导他用语言说出表达需求的词汇，如"我要""我还要"等。

2. 给小儿制造点小困难与小麻烦，让他表达请求别人帮助的语言。例如，小儿想喝水时，给他未开盖的一杯水或一瓶水，让他用语言表达"打不开""帮帮我"等。吃饭时只给他拿来饭碗而不拿勺子，让他说"我要勺子"等。

3. 做小儿喜欢做的事而又故意忽略他，引诱他提出要求。例如，玩游戏时不叫他，吃好东西时不招呼他，大家要出门时不喊他，引导他说"我也要玩""我也想吃"等。

4. 做小儿不喜欢的事情，帮助他选择自己的喜好。例如，给小儿吃他最不喜欢吃的东西，带他去不愿意去的地方，让他干些他不愿意干的事情，引导他表达"我不要""我不喜欢"等。

除了以上应该注意的事项外，还应该寻找和采用适应小儿言语发育的训练手段。如念儿歌、背顺口的诗、唱歌是小儿学习语言的好方法，能激起小儿模仿语言、张口说话的积极性和兴趣。小儿学习语言没有目的，主要凭兴趣进行，念儿歌、唱儿歌简单明确，音律押韵，能使小儿说话流畅，从容有节奏地念或唱，大大提高他们的发音质量，促进言语、呼吸、嗓音、构音的发育成熟。唱歌与背诗歌，尤其是合唱与集体诗歌朗诵，能让小儿心情愉快，感觉到自己的言语活动与其他孩子平等，消除胆小、紧张、拘束情绪，使构音器官肌肉放松，运动协调，能张大嘴尽情地唱，放声地念，做到用嗓自如，在活泼有趣、轻松愉快的氛围中促进小儿的语言

发育。

最后提及几点容易让家长与孩子进行语言沟通的技巧：

1. 说话时面对孩子，维持双方眼神的接触。

2. 语言沟通前先取得孩子的注意，如叫孩子的名字，让孩子看着你。

3. 谈论的话题应围绕眼前所发生或正在做的事情。

4. 说话时表情丰富，多加入手势与动作，让抽象的语言变得容易理解。

5. 说话时语速要慢，语言简单易懂，口型夸张。

6. 大人应多鼓励孩子主动互动，及时响应，给予较多的赞扬、夸奖。

7. 让孩子带领沟通，大人跟随他们的兴趣及意愿，注意观察、聆听、等待。

8. 运用好的沟通技巧方式，给予孩子较多的语言刺激。

9. 讲解孩子容易明白的事物与道理。

10. 扩展孩子说的话，加入新词汇，使内容更完整。

操作篇
CAOZUOPIAN

第五章 小儿智力低下与运动姿势异常的推拿治疗

推拿是通过手法作用于人体体表的特定部位，以调节机体的生理、病理状况来达到治疗的效果，具有祛病防病的作用。对运动迟缓和姿势异常的智力低下小儿，应尽早使其接受推拿治疗，以减轻肌肉痉挛，增强肌肉张力，促进肌肉功能的恢复，使运动能力得以提高，防止伤残的发生。

第一节 小儿推拿的保健康复作用

推拿是以中医基础理论为指导，运用各种推拿手法直接作用于人体穴位上或某个病位上，通过经络由外到内达到养生保健，强身健体、防病治病的一种治疗方法。推拿疗法由于操作简便，容易掌握，既可用于无病者的养生保健，又可用于有病者的疗疾治病，因而自古以来就是一项群众性的保健医疗方法，受到人们的欢迎。

一、小儿推拿的保健作用

1. 疏通经络、调和气血的作用

经络是气血运行的通路，内属脏腑，外络肢节，将人体各部分有机地联系起来，维持人体正常的生理活动。经络通畅，气血津液才能循环不息，将营养输送到全身脏腑器官使阴阳平衡而保持人体健康。当经络阻塞不通时，阴阳失调，人体就会滋生病症，而推拿就具有疏通经络、调和气血的功能。

2. 增强体质、强筋壮骨的作用

生命在于运动，推拿按摩也是一种运动，是一种被动运动。推拿促进了局部肌肉与骨节的血液循环，增加了局部组织的血流量，使其获得更多的血液供应和营养，从而提高肌肉的张力和弹力，改善骨质营养，使运动功能增强。

3. 安全可靠、治疗广泛的作用

小儿推拿只要辩证地选用穴位，通过正确的推拿手法，就不会发生不良反应，无副作用。推拿疗法操作简便，只要能掌握常用的推拿手法，操作技术熟练，耐心细致，随时随地均可应用推拿治疗。推拿还能起到防治疾病的作用。

二、小儿推拿的康复作用

1. 调整脏腑、平衡阴阳的作用

中医认为，人体在正常情况下保持着阴阳相对平衡的状态，疾病的发生是由阴阳失调所引起。推拿能够调整脏腑的功能，使之达到阴阳平衡。主要是运用各种推拿手法刺激一定的穴位来调整五脏六腑的活动，泻其有余，补其不足，恢复阴阳的相对平衡。

2. 对神经、肌肉产生的兴奋和抑制作用

不同的推拿手法对神经传导与肌肉张力的作用是不同的，强而快的推拿手法，如力度较大的叩击可引起神经、肌肉的兴奋，而轻柔缓慢的推拿手法可起到对神经、肌肉的抑制作用。如用轻柔手法推抹头部，能抑制大脑皮质，从而产生镇静作用。用较重的推拿手法，则能引起大脑皮质兴奋，产生开窍醒神的作用。

3. 增强肌肉的张力和弹性作用

推拿能舒筋通络，活血祛瘀，使肌肉中闭塞的毛细血管开放，增加血液循环，使肌肉获得更多的血液供应和营养物质，从而解除肌肉的紧张性痉挛，加强肌肉的张力和弹性，有利于肌肉耐力，促进活动能力。

4. 增加关节周围的血液循环和活血化瘀作用

实践证明，推拿具有活血化瘀、通经活络的作用。在病变关节处按摩，可使关节滑液代谢增加，提高关节囊及韧带的韧性，具有强筋壮骨通利关节的作用，有利于关节运动功能障碍的恢复。

第二节　小儿推拿的注意事项

1. 推拿时手指甲必须剪修圆滑，长短适宜，以不触痛小儿皮肤为宜。

2. 天气寒冷时，先将双手搓热，手暖时方可进行推拿按摩，以防小儿受到冷刺激不能很好地配合。室内要保持一定的温度，最理想的室温应保持在摄氏 25 ~ 26 度，不可让小儿过冷过热，空气流通，环境安静。

3. 在推拿中，态度和蔼，与小儿说些亲切温馨的话语，唱轻松愉快的歌曲，伴放一些柔和的轻音乐，让小儿处于快乐放松的状态，保持自然舒适的体位，最好选择能适应的姿势和适宜的手法而进行推拿。

4. 推拿手法不论强与弱，刺激力度都要由轻到重，平稳着实，均匀有力，刚柔相济，力度速度适宜。

5. 推拿顺序，一般先推主穴，后推配穴。先从人体最上部开始，依次向下按穴位推拿。先做刺激轻、时间短的推拿，后做刺激强、时间长的推拿。也可根据小儿的病情灵活运用。

6. 推拿时间的长短，对疗效有一定的影响。时间过短往往达不到疗效，时间过长，可能对局部组织不利。应根据小儿的年龄、病情的轻重、体质的强弱而定。一般病在局部，推拿时间短约 10 ~ 15 分钟，若病在全身推拿时间应延长，在 20 ~ 30 分钟。若年龄大，病变部位多，推拿时间也可适当延长。

7. 推拿时需要配用一些介质，润滑小儿的皮肤，防止擦伤。常用的介质有：滑石粉、薄荷水（薄荷用水浸泡后，滤汁去渣即可应用，夏天推拿时多用）、姜水（生姜捣烂，滤汁去渣加入适量的水便可应用，冬春季节多用）、葱水（取葱白切碎，用适量酒精浸泡 24 小时后，滤汁去渣即可应用，冬春季节用）、鸡蛋清、芝麻油等。

8. 小儿骨折、皮肤病、出血等部位不宜推拿。

第三节　小儿推拿的常用手法

针对小儿具有脏腑娇嫩、形气未充、生机蓬勃、发育迅速的生理特点和容易生病、传变较快、易于康复的病理特点，在推拿治疗中，应根据不同的病症，而选择不同的推拿手法。推拿手法的熟练程度及如何适当地运用手法，对推拿效果有直接影响。推拿手法的种类很多，下面介绍几种小儿常用的推拿手法。

一、直推法

1. 拇指直推法：用拇指外侧的指面或指腹按在一定部位或穴位上，做单方向直线推动（图 5 - 1 - 1）。手法频率每分钟 200～300 次。

2. 食中指直推法：用食指与中指两指腹按在一定部位或穴位上，做单方向直线推动（图 5 - 1 - 2）。手法频率每分钟 200～300 次。

直推法操作时不宜歪斜，手法轻快柔和，平稳着实，不要用力按压穴位。

5 - 1 - 1　拇指直推法　　　　5 - 1 - 2　食中指直推法

图 5 - 1　直推法

二、分推法

用两手拇指外侧的指面或指腹自穴位向两侧分向推动（图 5 - 2）。手法频率每分钟 200～300 次。

三、合推法

用两手拇指外侧的指面或指腹自穴位两侧向中间合拢推动（图 5 - 3）。手法频率每分钟 200～300 次。

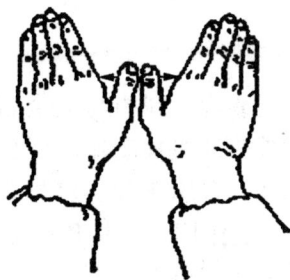

图 5 - 2　分推法

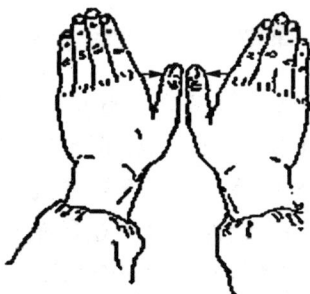

图 5 - 3　合推法

四、抹法

用单手或双手的拇指面紧贴皮肤，做上下、左右、弧形的来回抹动（图 5 - 4）。一般操作 100 ~ 200 次。操作时用力均匀，轻而不浮，重而不滞，动作缓和。

图 5 - 4　抹　法

五、摩法

1. 指摩法：用一只手的食、中、无名和小指指腹伸直并拢，附着于一定部位或穴位上做环形摩动（图 5 - 5 - 1）。多用于婴儿。一般操作 100 ~ 200 次。

2. 掌摩法：用全手掌附着于一定部位或穴位上，以腕关节为中心，连同前臂做节律性的环形摩动（图 5 - 5 - 2）。多用于婴幼儿。一般操作 100 ~ 300 次或一分钟 120 次。

摩动的速度与压力宜均匀，一般指摩法宜轻快，掌摩法宜重缓，摩动时带动皮下组织。

5 - 5 - 1　指摩法

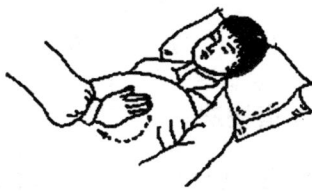

5 - 5 - 2　掌摩法

图 5 - 5　摩　法

六、拿法

捏而提起谓之拿。用大拇指与食、中两指或者大拇指与其余四指做对称性相对用力，在一定部位和穴位上进行有规律的提捏动作。可分为三指拿法（图5-6-1）、五指拿法（图5-6-2）。多用于颈、肩与四肢，一般操作1~2分钟，具有松肌疏筋、活血行气之作用。提捏用劲要由轻到重，再由重到轻，不可突然用力，动作要柔和而有连贯性。

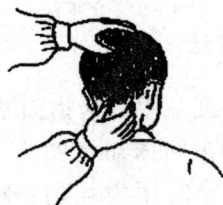

5-6-1　三指拿法　　　　　　　　5-6-2　五指拿法

图5-6　拿　法

七、掐法

用拇指指甲重刺穴位（图5-7）。操作时手握空拳，伸直拇指，指甲逐渐用力，垂直掐压穴位。注意不要掐破皮肤，掐后轻揉局部，以缓解疼痛感。一般掐10~20下。

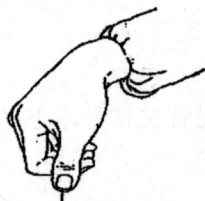

图5-7　掐法　　　　　　　　　图5-8　指按法

八、指按法

用拇指指腹按压在一定的部位或穴位上（图5-8）。操作时着力部位要紧贴体表，用力由轻到重，不可突然用力按压。一般操作半分钟。

九、揉法

1. 拇指揉法：用拇指指端在穴位上做顺时针或逆时针旋转揉动（图5－9－1）。手法频率每分钟200~300次。

2. 中指揉法：用中指指端在穴位上做顺时针或逆时针旋转揉动（图5－9－2）。手法频率每分钟200~300次。

操作时用力宜轻柔而均匀，以腕关节和掌指关节为主，带动指端做顺时针或逆时针旋转揉动。手指不要离开皮肤，使该处的皮下组织随手指的揉动而滑动，不要在皮肤上摩擦，并产生温热感。

3. 大鱼际揉法：用手掌大鱼际（拇指掌根处）按压在一定的部位或穴位上做顺时针或逆时针旋转揉动（图5－9－3）。揉动时腕关节放松，以肘为支点，前臂主动摆动，操作1~2分钟。

4. 掌根揉法：用手掌根按压在一定的部位或穴位上（图5－9－4），以腕关节连同前臂做顺时针或逆时针旋转揉动。用力先轻后重，常用于腰部及下肢，操作2~3分钟。

5－9－1　拇指揉

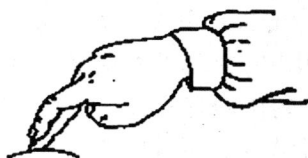

5－9－2　中指揉

5－9－3　大鱼际揉

5－9－4　掌根揉

图5－9　揉　法

十、捏法

1. 三指捏法：用拇指外侧缘顶住皮肤，食、中两指指腹前按，三指

同时用力提拿皮肤（图5-10-1）。小儿捏脊疗法时，在脊柱两旁，用双手同时提拿皮肤捻动向前（图5-10-2）。一般捏3~5遍。

2. 两指捏法：食指屈曲，用食指中节顶住皮肤，拇指指腹前按，两指同时用力提拿皮肤，也可以用双手同时提拿皮肤捻动向前（图5-10-3），捏3~5遍。

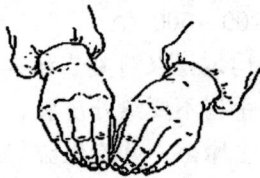
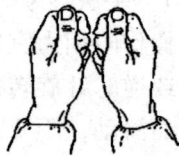

5-10-1　单手三指捏　　5-10-2　双手三指捏　　5-10-3　双手两指捏

图5-10　捏　法

捏起的皮肤多少及提拿用力大小都要适宜，不可拧转。捏的太少，不容易提起皮肤，捏多了则不易向前捻动推进。捻动向前时，需作直线前进，不可歪斜。

十一、击法

1. 中指击法：用中指尖有节奏地叩击在一定部位或穴位上（图5-11-1）。叩击时指端用力要稳，垂直叩击，击后立即抬起，轻巧而有弹性，速度均匀协调有节奏。一般一分钟叩击100次左右。

2. 五指击法：手握空拳用五手指尖叩击在一定部位或穴位上（图5-11-2）。腕关节充分放松，叩击着力要稳，收发自如，快慢适中，有节奏。

3. 拳击法：手握拳，以小指侧着力在一定部位或穴位上（图5-11-3）。

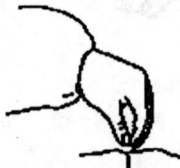

5-11-1　中指击　　　5-11-2　五指击　　　5-11-3　拳击

图5-11　击　法

十二、搓法

用双手掌面挟住一定部位，相对用力做快速挟搓，同时做上下往返移动（图5－12）。挟搓时双手对称用力，搓动要快，移动要慢。一般搓揉3～5遍。

图5－12　搓法

十三、擦法

1. 掌擦法：用全手掌面贴在体表一定的部位上，用力快速地来回直线摩擦（图5－13－1）。

2. 大鱼际擦法：用手掌大鱼际侧着力于体表一定的部位上，用力做前后方向来回摩擦（图5－13－2）。

3. 小鱼际擦法：用小鱼际侧着力于体表一定的部位上，用力做前后方向来回摩擦（图5－13－3）。

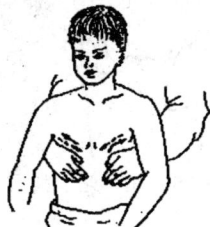

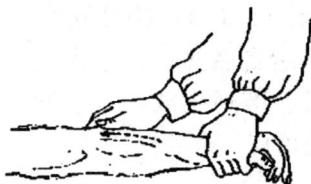

5－13－1　全掌擦法　　　5－13－2　大鱼际擦法　　　5－13－3　小鱼际擦法

图5－13　擦　法

擦法是推拿常用手法之一，是一种柔和温热的刺激，一般擦至局部透热为佳。掌擦法产生的热量较低，大鱼际擦法中等，小鱼际擦法热量较高。擦时要紧贴皮肤，压力不要太大，用力要稳，动作均匀连续，自然呼吸，不宜屏气。不论上下左右方向擦，都应直线往返，不可歪斜。

十四、摇法

1. 颈部摇法：一只手扶住头顶，另一只手扶其下颌，双手相对用力向同一方向做环形运动，使头部做被动的旋转运动（图5－14－1）。

2. 肩关节摇法：一只手扶住肩部，另一只手握住腕部或肘部，做顺时针或逆时针旋转，使肩关节做被动的旋转运动（图5－14－2）。

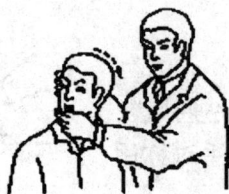

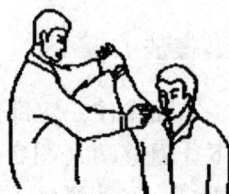

5 - 14 - 1　颈部摇法　　　　　5 - 14 - 2　肩关节摇法

图 5 - 14　摇　法

十五、捻法

用手的拇指与食指罗纹面捏住一定部位，做对称搓捻（图 5 - 15）。操作时拇指与食指相对用力，如捻线状地快速捻搓，动作灵活，移动缓慢，主要适用于四肢小关节。

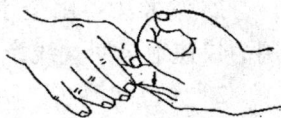

图 5 - 15　捻　法

十六、拍法

用虚掌拍打体表（图 5 - 16）。拍法可单手、双手操作。操作时手指自然并拢，掌指关节微屈，使掌心空虚。腕关节适当放松，前臂主动用力，平稳有节奏地拍打一定的部位。

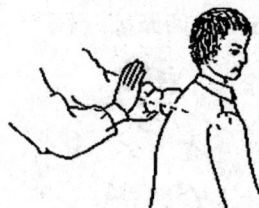

图 5 - 16　拍　法

十七、拔伸法

拔伸即牵拉，固定肢体或关节的一端，牵拉另一端（图 5 - 17）。小儿最常用指间关节拔伸。操作时用力要均匀而持久，动作要缓和，由轻到重逐渐用力。

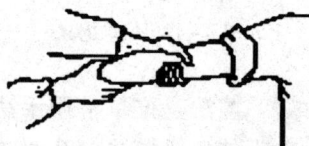

图 5 - 17　拔伸法

十八、抖法

用双手握住上肢或下肢远端，用力做连续的小幅度的上下抖动（图 5 - 18）。操作时颤动幅度要小，频率要快，手法频率每分钟 100 次左右。

图 5 - 18　抖　法

十九、按揉法

按揉法是由按法与揉法结合而成，具有双重作用，应做到按中含揉，揉中有按，注意节律性。按揉法刚柔并济，作用舒适，容易被小儿接受，临床应用较多。

1. 指按揉法：用单手或双手拇指罗纹面着力于体表一定的部位上，其余手指放置于对侧或相应的部位给以助力，进行节律性按压揉动。

2. 掌按揉法：一是单手掌按揉法，以掌根部着力于一定的部位上，手指自然伸直，进行有节奏地按压揉动。二是双手掌按揉法，双手掌重叠，增加力度，以手掌中部或掌根部着力于一定的部位上，进行有节奏地按压揉动。

二十、拿揉法

拿揉法是由拿法与揉法结合而成，在施用拿法时增加揉动，相对减弱了拇指与其余四手指捏持的对合力，使人感到舒适，愿意接受。

拿揉手法同拿法，拇指与其余手指在提捏时，增加了适度的旋转揉动，以拿为主，以揉为辅。主要适用于四肢及颈部操作。

第四节　小儿推拿常用的穴位

取穴与治疗效果密切相关，选择在适当的穴位与部位上运用适宜的手法推拿，对治疗效果非常重要，因此，必须掌握正确的定位法，定准穴位。

一、头颈部穴位

1. 印堂穴：两眉头连线的中点处（图5-19）。主治小儿惊风、痴呆、头痛、眩晕、失眠、健忘。

2. 攒竹穴：内眉头处（图5-19）。主治眼睑下垂、口眼歪斜、头痛、目赤肿痛、流泪。

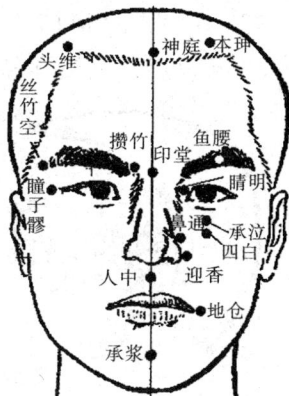

图5-19　头前部穴位

3. 鱼腰穴：眉毛正中点处（图5－19）。主治目赤肿痛、眼睑下垂、口眼歪斜、眉棱骨痛。

4. 丝竹空穴：外眉尾处（图5－19）。主治头痛、目疾、齿痛、癫痫。

5. 睛明穴：内眼角上0.1寸（图5－19）。主治视物不清、目赤肿痛、目眩、流泪、近视、急性腰扭伤、坐骨神经痛、心动过速。

6. 承泣穴：目直视，瞳孔直下0.7寸，眼球与下眼眶之间处（图5－19）。主治口眼歪斜、面肌痉挛、迎风流泪、近视、夜盲。

7. 迎香穴：鼻翼外缘低点旁开0.5寸，鼻唇沟中（图5－19）。主治感冒鼻塞、口歪、面瘫。

8. 人中穴：鼻唇沟正中线上1／3与下2／3交界处（图5－19）。主治癫痫、小儿惊风、昏迷、口眼歪斜、腰脊强痛。

9. 地仓穴：嘴角旁开0.4寸（图5－19）。主治口角歪斜、流涎、三叉神经痛。

10. 承浆穴：颌唇沟正中线中点（图5－19），属任脉。主治流涎、癫痫、齿龈肿痛。

11. 神庭穴：前发际直上0.5寸处（图5－19）。主治惊悸、失眠、目眩、目赤、癫痫。

12. 太阳穴：眉梢与外眼角连线中点向后1寸的凹陷处（图5－20－1）。主治面瘫、头痛、口眼歪斜。

13. 耳门穴（风门穴）：耳屏上切迹之前方0.5寸，耳珠上缺口处（图5－20－1）。主治耳聋、耳鸣、齿痛。

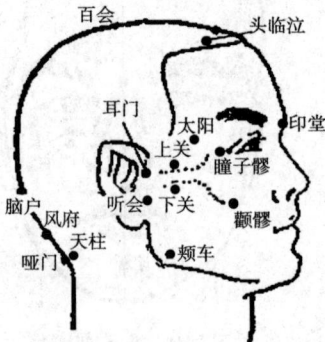

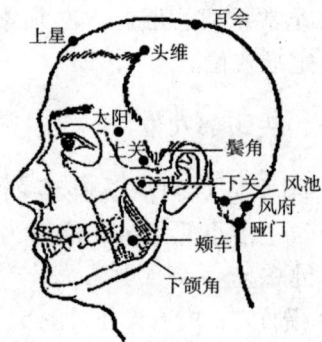

5－20－1　　图5－20　头侧面穴位　　5－20－2

14. 听会穴：耳屏下切迹之前方 0.5 寸，耳珠下缺口处（图 5 - 20 -
1）。主治耳聋、耳鸣、齿痛、口眼歪斜。

15. 颊车穴（牙关穴）：耳下 1 寸，下颌骨凹陷中（图 5 - 20 - 1），咀
嚼时咬肌隆起最高处。主治牙关紧闭、颊肿、口渴、齿痛。

16. 风府穴：后发际正中直上 1 寸（图 5 - 20 - 1）。主治头痛、颈强
直、眩晕、失语、癫痫、中风、咽喉肿痛。

17. 哑门穴：后发际正中点（图 5 - 20 - 1）。主治舌强不语、头痛、
颈项强痛、癫痫。

18. 天柱穴：后发际正中直上 0.5 寸，旁开 1.3 寸（图 5 - 20 - 1）。
主治头痛、颈强直、肩背痛、癫痫。

19. 风池穴：后发际两侧的凹陷处，平风府穴（图 5 - 20 - 2）。主治
头痛、眩晕、颈项强痛、耳聋、耳鸣、癫痫、感
冒、中风、口眼歪斜。

20. 百会穴：头顶正中，从两耳尖直上，头顶
正中连线交点处（图 5 - 21）。主治头痛、眩晕、
中风、痴呆、失语、失眠、健忘、癫痫、癔病、耳
鸣。

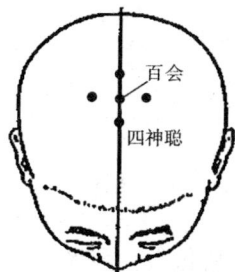

22. 四神聪穴：百会穴前后左右各 1 寸处（图
5 -21）。主治头痛、眩晕、失眠、健忘、癫痫。

图 5 - 21 头顶部穴位

二、胸腹部穴位

1. 云门穴：胸部正中线旁开 6 寸，锁骨下缘（图 5 - 22）。主治肩痛、
胸痛、咳嗽、气喘。

2. 中府穴：云门穴直下 1 寸（图 5 - 22）。主治肩痛、胸痛、咳嗽、
气喘。

3. 膻中穴：在胸骨中线上，平第四肋间隙，两乳头正中点（图 5 -
22）。主治咳嗽、心悸、胸痛、气喘。

4. 上脘穴：上腹部正中线脐上 5 寸（图 5 - 22）。主治癫痫、胃痛、
呕吐、腹胀。

5. 中脘穴：上腹部正中线脐上 4 寸（图 5 - 22）。主治癫痫、胃痛、

呕吐、纳呆、黄疸。

6. 关元穴：腹正中线脐下 3 寸处（图 5 - 22）。主治遗尿、尿闭，温肾壮阳。

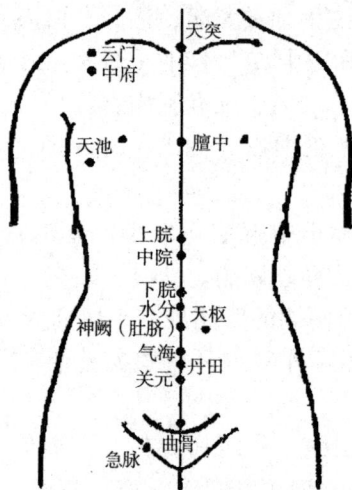

图 5 - 22　胸腹部穴位

7. 急脉穴：耻骨联合下缘中点旁开 2.5 寸，腹股沟处（图 5 - 22）。主治腹痛，改善局部血供，止痛。

8. 丹田穴：在腹部脐下 2.5 寸（图 5 -22）。让小儿仰卧位，用手掌根摩之称摩丹田（图 5 - 23）。用拇指或中指端揉之称揉丹田。用指端按之称按丹田。摩 2 ~ 3 分钟，揉 100 ~ 300 次，按 0.5 ~ 1 分钟。有培肾固本、温补下元的作用。

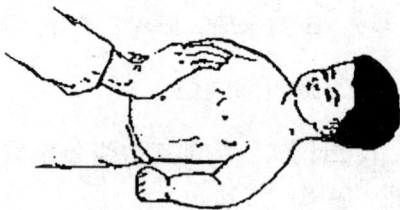

图 5 - 23　摩丹田

三、背腰部穴位

1. 大椎穴：第 7 颈椎棘突下，与肩相平（图 5 - 24）。主治颈项强痛、脊痛、癫痫、小儿惊风、咳嗽。

2. 肩井穴：在大椎与肩峰连线的中点（图 5 - 24）。主治颈项强痛、肩背疼痛、上肢不遂。

3. 心俞穴：第5胸椎棘突下旁开1.5寸（图5 – 25 – 1）。主治咳嗽、吐血、心痛、惊悸、健忘、失眠、癫痫、盗汗、梦遗。

4. 脾俞穴：第11胸椎棘突下旁开1.5寸（图5 – 25 – 1）。主治背痛、腹胀、便血、水肿、黄疸。

5. 胃俞穴：第12胸椎棘突下旁开1.5寸（图5 – 25 – 1）。主治胃脘痛、呕吐、腹胀、肠鸣。

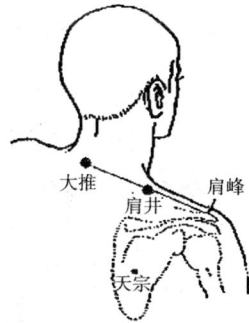

图5 – 24　颈肩部穴位

6. 肾俞穴：第2腰椎棘突下旁开1.5寸（图5 – 25 – 1）。主治腰痛、遗尿、耳聋、耳鸣、头晕。

7. 命门穴：第2腰椎棘突下（图5 – 25 – 2）。主治腰脊强痛、下肢萎痹、腰痛、尿频、遗精等。

8. 腰阳关穴：第4腰椎棘突下（图5 – 25 – 2）。主治腰骶痛、下肢萎痹等。

9. 腰俞穴：在第4骶椎棘突下（图5 – 25 – 2）。主治腰脊强痛、腹泻、便秘、便血等。

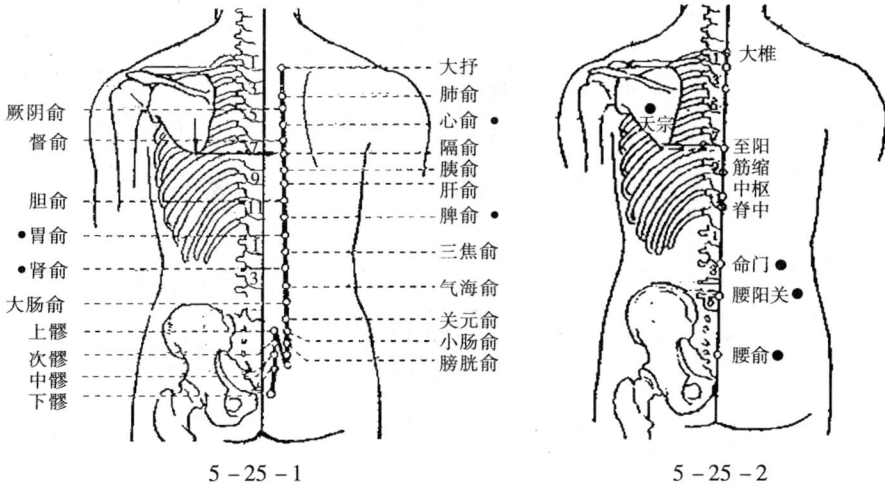

5 – 25 – 1

5 – 25 – 2

图5 – 25　背腰部穴位

四、上肢穴位

1. 肩髃穴：肩峰端下缘，肩峰与肱骨大结节之间的凹陷中（图5－26－1）。上臂平抬外旋时，肩上出现两个凹陷，前方的凹陷既是。主治肩臂痛、上肢不遂、荨麻疹。

2. 臂臑穴：上臂外侧，三角肌下缘中点略偏前方（图5－26－1）。主治肩臂痛、颈项拘挛、目疾。

3. 肩内陵穴：垂臂，腋前皱襞上1.5寸（图5－26－1）。主治上肢瘫痪、肩痛不举、肩关节周围疾患。

4. 曲池穴：屈肘，在外肘窝中点（图5－26－1）。主治上肢不遂、手臂肿痛、咽喉肿痛、腹痛。

5. 手三里穴：曲池穴下2寸（图5－26－2）。主治上肢不遂、颊痛、齿痛、腹痛、腹泻。

6. 外关穴：腕背部横纹上2寸，桡骨与尺骨之间（图5－26－2）。主治头痛、目赤肿痛、耳聋、耳鸣、胁肋痛、上肢臂痛、肘部挛弛。

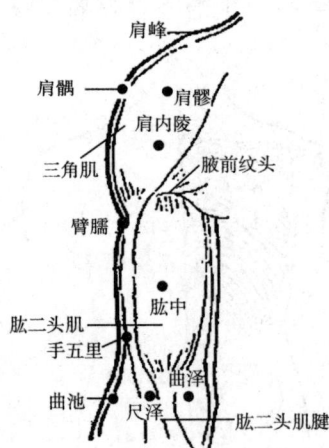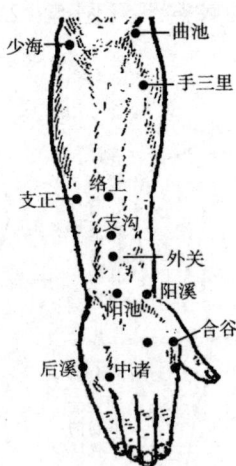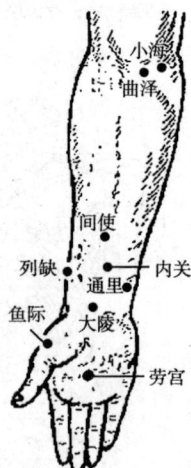

5－26－1　　　　5－26－2　　　　5－26－3

图5－26　上肢穴位

7. 阳溪穴：腕背横纹绕侧（拇指侧），当大拇指上翘时，拇长伸肌腱与拇短伸肌腱之间的凹陷中（图5－26－2）。主治头痛、目赤肿痛、耳聋、牙痛、手腕痛。

8. 合谷穴：在手背第1.2掌骨之间，近第2掌骨中点凹陷处（图5-26-2），取穴时拇、食指并拢，中间肌肉隆起的最高点。主治头痛、目赤肿痛、牙关紧闭、口眼歪斜、耳聋、疟腮、咽喉肿痛、牙痛。

9. 内关穴：腕部横纹上2寸，掌长肌腱与桡侧腕屈肌腱之间（图5-26-3）。主治心痛、心悸、胸闷、心动过速或过缓、肘臂疼痛、中风、癫痫、偏头痛、失眠、眩晕。

10. 鱼际穴：第1掌骨，掌面侧中点处（图5-26-3）。主治咽喉肿痛、失音、咳血。

11. 后溪穴：握拳，手背外缘第5指掌关节后纹头端（图5-27-1）。主治头颈项强痛、目赤、耳聋、手指与肘臂挛痛、癫痫。

12. 内劳宫穴：在掌心中，握拳屈指时中指尖下是穴（图5-27-2）。主治中风昏迷、癫痫、中暑、心痛、口疮、口臭。

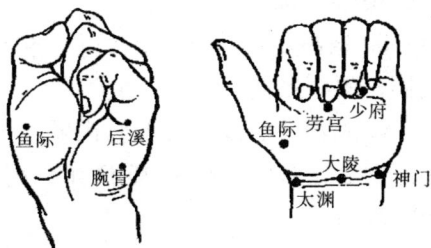

5-27-1　　　5-27-2

图5-27　手部穴位

五、下肢穴位

1. 环跳穴：臀部，股骨大转子高点与骶尾骨连线的外1/3与内2/3交点处（图5-28）。主治腰胯疼痛、下肢痿痹。

2. 髀关穴：大腿前面偏外侧，髌骨外上缘12寸（图5-28），与大腿后面臀横纹平齐。主治下肢痿痹、腰痛、膝冷。

3. 风市穴：大腿外侧正中，膝部腘横纹水平线上7寸，上肢下垂，中指尖触及处（图5-28）。主治下肢痿痹、麻木、半身不遂、遍身瘙痒。

4. 梁丘穴：膝关节髌骨外缘上2寸（图

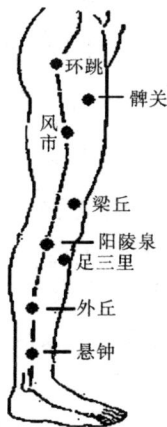

图5-28　下肢外侧穴位

5－28）。以左手掌放在左膝髌骨上，拇指外斜呈 45 度角，拇指尖下。主治下肢痿痹、胃痛、乳疾、血尿。

5. 阳陵泉穴：膝关节外下方，腓骨小头前下方凹陷中（图 5－28）。主治膝肿痛、下肢痿痹、小儿惊风、黄疸、胁痛、口苦、胆囊炎。

6. 足三里穴：外膝眼下 3 寸，胫骨前嵴外 1 横指处（图 5－28）。主治胃痛、便秘、下肢肿痛、肠痈、乳痈、虚劳羸瘦。

7. 外丘穴：外踝尖上 7 寸，腓骨前缘（图 5－28）。主治下肢痿痹、胸肋胀痛、癫痫。

8. 悬钟穴：外踝尖上 3 寸，腓骨前缘（图 5－28）。主治胁痛、下肢痿痹、颈项强直、痴呆、中风。

9. 血海穴：膝关节髌骨内缘上 2 寸（图 5－29－1）。以左手掌放在右膝髌骨上，拇指外斜呈 45 度角，拇指尖下。主治月经不调、痛经、荨麻疹、丹毒。

10. 解剪穴（后血海）：血海穴后 1.5 寸再上 4 寸（图 5－29－2）。主治下肢痿痹。

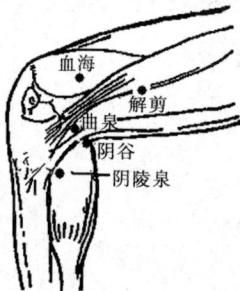
5－29－1

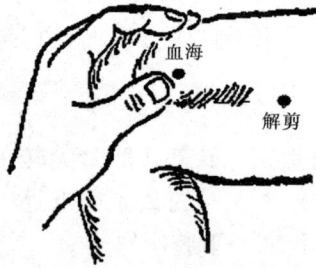
5－29－2

图 5－29　膝关节内侧穴位

11. 阴陵泉穴：膝关节内下方，胫骨内侧踝　下缘凹陷中（图 5－30）。主治膝痛、水肿、黄疸、小便不利。

12. 三阴交穴：内踝尖上 3 寸，胫骨后缘处（图 5－30）。主治肠鸣腹胀、遗尿、下肢痿痹、失眠、心悸。

13. 太溪穴：内踝高点与跟腱连线中点处（图 5－30）。主治咳嗽、胸痛、腰脊痛、目眩、失眠、健忘、耳鸣、耳聋、咽喉肿痛、牙痛。

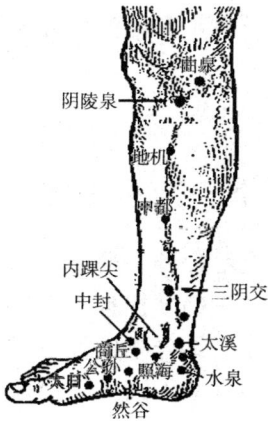

图 5 - 30　下肢内侧穴位

图 5 - 31　下肢后侧穴位

14. 委中穴：膝关节后面，腘窝正中（图 5 - 31）。主治下肢痿痹、小便不利、腰背痛、腹痛、遗尿、丹毒。

15. 承山穴：腓肠肌两肌腹之间凹陷的顶端，伸直小腿足背屈时，腓肠肌（小腿肚）人字纹下面凹陷中（图 5 - 31）。主治腰腿拘急疼痛，便秘、痔疾、脚气。

16. 昆仑穴：在外踝高点与跟腱中间凹陷处（图 5 - 31）。主治后头痛、颈项强直、目眩、腰骶痛、癫痫、足踝肿痛。

17. 仆参穴：昆仑穴直下，足跟外踝下凹陷中（图 5 - 31）。主治足跟痛、癫痫、下肢痿痹。

18. 解溪穴：足背踝关节横纹的中央处（图 5 - 32）。主治头痛、眩晕、癫痫、足下垂、腹胀、便秘。

19. 行间穴：足背，第 1 - 2 趾间缝纹头端（图 5 - 32）。主治头痛、目眩、目赤肿痛、癫痫、中风、肋痛、胸肋满痛、口歪。

图 5 - 32　足部穴位

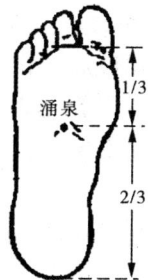

图 5 - 33　涌泉穴

20. 涌泉穴：足底，屈脚趾，在足掌心正中凹陷处（图5-33）。主治头痛、头晕、失眠、目眩、咽喉肿痛、失音、小儿惊风、癫痫、昏厥、中暑、足心热。

第五节　小儿智力低下的推拿手法

小儿智力低下宜补气补血、调阴阳、醒脑提神、通络开窍，以增智健脑的推拿手法为主。只要辩证地选用穴位，正确掌握推拿手法，循序渐进施力，耐心细致，持之以恒地坚持推拿矫正，结合早期教育对小儿进行认知、运动、语言、社会交往和生活自理能力等全面训练，使他们的智力潜能得到充分开发和发挥，就能提高小儿的智力发育水平，尽可能地防止智力低下地发生。

一、头部推拿手法

1. 五指梳法

用双手五指从头部前发际向上向后慢慢梳至后发际，把整个头顶部从前往后反复梳按5～10遍。

用双手指从前额到头顶部，从中间向两边分推5～10遍。

2. 击法

手握空拳状，用五手指叩击头部周围的各刺激区，每次2～3分钟。头部刺激区划分标准定位点（图5-34）。

（1）运动区

部位：上点在前后正中线中点往后0.5厘米处，下点在眉枕线和鬓角发际前缘相交处，上下两点连线即为运动区（图5-34）。运动区分为上、中、下三部。

图5-34　头部刺激区标定线

上部：运动区的上五分之一，为下肢与躯干运动区（图5-34）。主

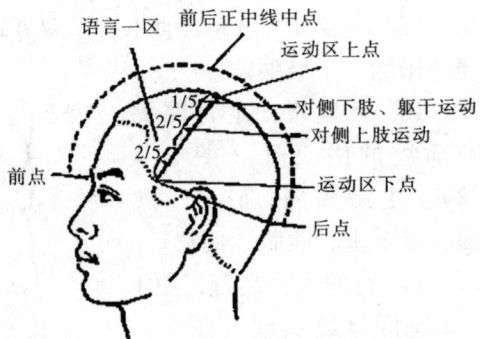

治对侧下肢与躯干部瘫痪。

中部：运动区的中五分之二，为上肢运动区（图 5－34）。主治对侧上肢瘫痪。

下部：运动区的下五分之二，为面运动区，亦称言语一区（图 5－34）。主治对侧中枢性面神经瘫痪、运动性失语、发音障碍。

（2）语言二区（图 5－35、37）

部位：从顶骨结节后下方 2 厘米处引一平行于前后正中线的直线，向下取 3 厘米长直线。主治命名性失语。

（3）语言三区（图 5－35）

部位：从耳尖直上 1.5 厘米处向后引 4 厘米长的水平线。主治理解语言能力障碍。

（4）感觉区（图 5－35、36）

部位：在运动区向后平移 1.5 厘米的平行线即为感觉区。感觉区可分为上、中、下三部。

上部：感觉区的上五分之一，为对侧下肢、头、躯干感觉区。主治对侧腰腿痛、感觉异常、后头颈部疼痛、头晕、耳鸣。

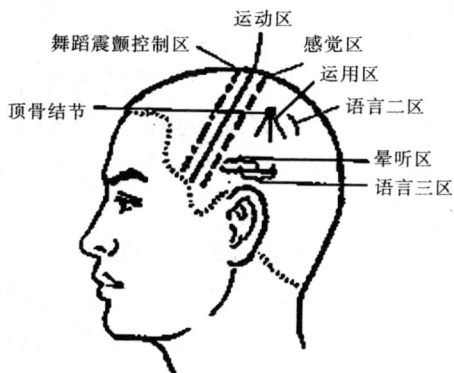

图 5－35　头侧面刺激区

中部：感觉区的中五分之二，为对侧上肢感觉区。主治对侧上肢疼痛、麻木、感觉异常。

下部：感觉区的下五分之二，为对侧面部感觉区。主治对侧面部麻木、偏头痛、颞颌关节炎。

（5）晕听区（图 5－35）

部位：从耳尖直上 1.5 厘米处，向前及向后各引 2 厘米的水平线。主治眩晕、耳鸣、听力障碍。

（6）运用区（图 5－35）

部位：从顶骨结节起分别引一垂直线和与该线夹角为 40 度的前后两线，长度均为 3 厘米。主治失用症，即肌力和基本运动正常，而技巧能力

障碍。

（7）舞蹈震颤控制区（图5-35）

部位：运动区向前平移1.5厘米处。主治舞蹈病、震颤麻痹综合症。

（8）足运感区（图5-36、37）

部位：在前后正中线的中点旁开左右1厘米，向后引3厘米长，平行于正中线。主治对侧下肢瘫痪、疼痛麻木、急性腰扭伤、夜尿。

（9）视区（图5-37）

部位：在前后正中线的后点旁开左右1厘米处的枕外粗隆水平线上，向上引平行于前后正中线的4厘米长直线。主治皮层性视力障碍。

（10）平衡区（图5-37）

部位：在前后正中线的后点旁开左右3.5厘米处的枕外粗隆水平线上，向下引平行于前后正中线的4厘米长直线。主治小脑疾病引起的共济失调、平衡障碍、头晕、脑干功能障碍引起的肢体麻木瘫痪。

图5-36　头顶面刺激区

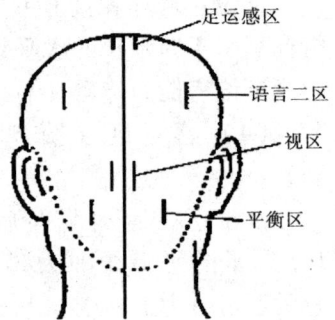

图5-37　头后面刺激区

3. 一指禅推法

用手的拇指端或罗纹面着力于经络穴位或一定部位，运用腕关节的摆动而带动拇指的屈伸运动，使之产生力度轻重交替，不断作用于

图5-38　一指禅推法

经络穴位上（图5-38）。一指禅推法以拇指端操作，接触面小，易于施力，刺激相对较强。如以拇指罗纹面操作，接触面相对较大，刺激相对平和。一般多用于颜面部、颈项及四肢推拿。

（1）开天门：在小儿两眉心连线中点至前发际正中神庭穴成一直线，用两拇指外侧或指端自下而上交替直推（图5-39）。每次50～100遍。

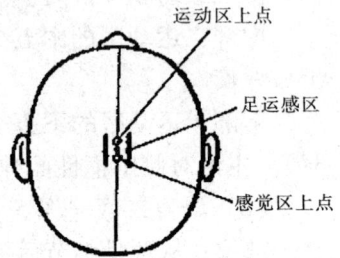

具有开窍醒脑、镇静安神、疏风解表之作用，主治风寒感冒、头痛、惊惕不安、精神萎靡等症。

图 5 – 39　开天门

图 5 – 40　推坎宫

（2）推坎宫（眉弓穴）：自眉头起沿眼眉向眉梢成一线，以两拇指端分别自眉头起向两侧眉梢分推（图 5 – 40），又叫推眉弓。每次 50～100遍。有醒脑明目、止头痛、疏风解表的作用，主治外感发热、头痛、目赤痛、惊风等症。

（3）推前囟门：前发际正中直上 2 寸，百会穴前骨陷中。以两手扶住小儿头部，两拇指自前发际向上交替推至囟门（图 5 – 41 – 1），再自囟门向两侧分推（图 5 – 41 – 2）。若囟门未闭合，仅推至囟门边缘，每次向上左右各推 50～100 遍。有镇惊、安神、通窍之作用，主治头痛、惊风、头晕、目眩、烦躁、神昏等症。

5 – 41 – 1

5 – 41 – 2

图 5 – 41　推囟门

4. 推法

推天柱骨：从后颈部下的大椎穴，以右手的食、中指并拢，用指端自下而上成一直线直推至后发际正中直上 1 寸的风府穴（图5 – 42）。每次 100～300 遍。有降逆止呕、祛风散寒的作用，主治颈项僵痛、后头痛、惊风、咽痛、外感发热等症。

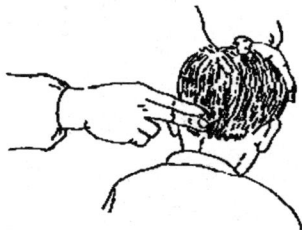

图 5 – 42　推天柱

5. 按揉法

（1）按揉印堂穴：两眉连线的中点处。用左手扶住小儿的头部，用右手拇指端罗纹面按揉眉心的印堂穴（图 5 - 43）。每次按揉 50 ~ 100 遍。以拇指甲掐之，称掐印堂，每次掐 20 ~ 30 下。治疗小儿惊厥用掐法。有醒脑提神、祛风通窍之作用，主治感冒头痛、昏厥抽搐、惊风等症。

（2）按揉太阳穴：眉后凹陷处，用两手的中指端分别按揉太阳穴（图 5 - 44），向眼前方向揉为补，向耳后方向揉为泻。揉 50 ~ 100 遍。有明目止痛、疏风解表、清热之作用，主治头痛、目赤痛、近视、惊风、感冒、发热等症。

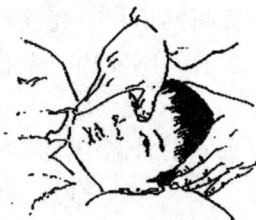

图 5 - 43　按揉印堂穴

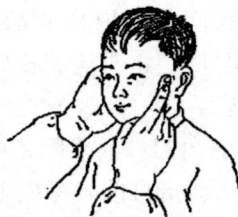

图 5 - 44　按揉太阳穴

（3）按揉百会穴：从两耳尖直上，头正中连线点，用一只手扶小儿头部，另一只手的拇指端先按后揉，每次先按压 30 ~ 50 遍，然后，顺时针按揉 50 ~ 100 遍（图 5 - 45）。有安神、镇惊、止痛之作用，主治头痛、眩晕、中风失语、遗尿、夜寝不安等症。

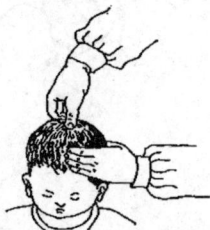

图 5 - 45　按揉百会穴

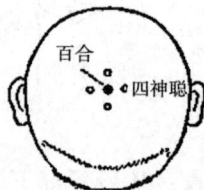

图 5 - 46　按揉四神聪穴

（4）按揉四神聪穴：百会穴前后左右各 1 寸处（图 5 - 46），用全手掌面按在百会穴四周的四神聪穴位上，顺时针旋转揉动，每次 50 ~ 100遍。按揉时要轻柔而均匀，手掌不要离开接触的皮肤，使该处的皮下组织随手掌的揉动而滑动，不要在皮肤上摩擦。有安神、镇惊之作用，主治头痛、眩晕、失眠、健忘、癫痫等症。

（5）按揉牙关穴（颊车穴）：耳下1寸，下颌骨凹陷中。小儿坐位，以两手中指端按揉之，称为按揉牙关（图5-47）。每次按揉50~100遍。有疏风开窍、止痛作用，主治牙关紧闭、口眼歪斜等症。

图5-47　按揉牙关穴　　　　　图5-48　按揉承浆穴

（6）按揉承浆穴：在颌唇沟正中，用食指或拇指甲先掐之（图5-48），继以揉之。一般每次先掐20~30下，后揉50~100遍。具有祛风、开窍、醒神等作用，主治惊风、抽搐、口眼歪斜、面瘫、暴哑不语、三叉神经痛等症。

（7）按揉耳门穴（风门穴）：在耳屏上切迹之前方，张口凹陷处。小儿坐位，以两手食指端或拇指端按揉之，称按揉耳门（图5-49），又称运耳门。每次按揉50~100遍。具有镇惊、开窍、聪耳、止牙痛等作用，主治耳聋、耳鸣、口眼歪斜、牙痛等症。

图5-49　按揉耳门穴　　　　　图5-50　按揉风池穴

（8）按揉风池穴：后发际两侧的凹陷处。以双手之四指扶住小儿头部两侧，用两拇指端按揉风池穴（图5-50）。每次按揉50~100遍。具有发汗解表、祛风散寒之作用，主治头痛、颈项强直、中风、耳鸣等症。

6. 掐法

（1）掐攒竹穴：在眉头凹陷处，用一只手扶小儿头部，用另一只手的拇指甲掐之（图5-51），每次掐10~20下。具有开窍、醒目、定神之作

用，主治小儿惊风、抽搐、目视不清等症。

图 5 - 51　掐攒竹穴

图 5 - 52　掐准头穴

（2）掐准头穴：在鼻尖中央，以拇指或食指甲掐之（图 5 - 52）。每次掐 20～30 下。具有开窍醒神、解表散结之作用，主治小儿惊风、抽搐、窒息、外感、鼻塞不通等症。

（3）掐人中穴：在人中沟正中线上 1／3 与下 2／3 交界处，用拇指甲掐之，称为掐人中穴（图 5 - 53）。每次掐 20～30 下。有开窍醒神之作用，治疗昏迷、惊厥、抽搐、窒息等症。

7. 拿捏法

拿捏颈后部：用拇指与食、中两指或者拇指与其余四指做对称性，相对用力地拿捏颈后部肌肉（图 5 - 54），从上向下重复拿捏 30～50 遍。主治颈项僵痛、头痛、惊风等症。

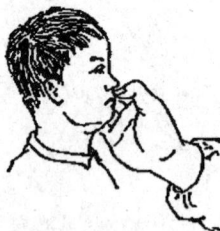

图 5 - 53　掐人中穴

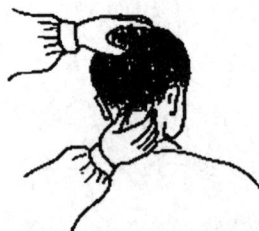

图 5 - 54　拿捏颈后部

二、四肢的推拿手法

1. 一指禅推法

（1）推拇指（补脾经）：在左手拇指外侧边缘，从指尖至指根成一线。先用左手握住小儿的左手，以拇、食两指捏住小儿拇指，使之微屈，再用右手拇指自小儿手的拇指尖推向指根（图 5 - 55）。每次推 100～300

遍。有健脾胃、补气血作用，主治腹泻、食欲不振、肌肉消瘦等症。

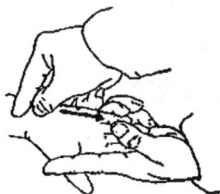

图 5-55　推拇指　　　　　　　　图 5-56　推小手指

（2）推小手指（补肾经）：在左手小指掌面外侧边缘，从小手指根至指尖成一线。先用左手握住小儿的左手，使手掌向上，再用右手拇指自小儿的小手指掌根直推至指尖（图 5-56）。每次 100～300 遍。补肾经有滋肾壮阳、强筋健骨之作用，主治先天不足、久病体虚等症。

2. 按揉法

（1）按揉内劳宫穴：在掌心中，握拳屈指时中指尖中点处。用左手握住小儿四手指，使手伸直，用中指端按揉旋转运之为运内宫，又称按揉内劳宫穴（图 5-57）。用右手拇指甲掐揉之，称掐揉内劳宫。一般按揉 100～300 遍，掐 10～20 下。有清热除烦，熄风凉血之作用，主治五心烦热、口舌生疮等症。

图 5-57　按揉内劳宫穴　　　　　图 5-58　按揉外劳宫穴

（2）按揉外劳宫穴：在手背中，与内劳宫相对处，用中指端按揉之（图 5-58），每次 100～300 遍。有温阳散寒，升阳举陷之作用，主治腹痛肠鸣、腹泻腹胀等症。

（3）按揉五指节：在手指背面，在各手指的第一指间关节处。让小儿手掌面朝下，用拇、食指上下按揉各手指（图 5-59）。各手指每次按揉 20～30 遍。有祛风、通关窍、安神镇惊之作用，主治惊风、胸闷等症。

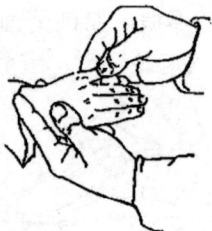

图 5 –59　按揉五指节　　　　　图 5 –60　按揉涌泉穴

（4）按揉涌泉穴：屈脚趾，在足掌心正中凹陷处，用拇指端按揉涌泉穴（图 5 –60）。每次按揉 100 ~ 300 遍。用拇指腹向足趾方向直推，称推涌泉穴。有引火归元、退虚热之作用，主治五心烦热、烦躁不安、吐泻等症。

3. 掐法

（1）掐中冲穴：在中指尖端，用拇指甲重掐之（图 5 –61）。每次掐 10 ~ 20 下。有通络开窍之作用，主治五心烦热、心绞痛、昏迷、舌强不语等症。

（2）掐老龙穴：在中指甲后 1 公分处，用拇指甲掐之（图 5 –62）。每次掐 10 ~ 20 下。有开窍醒神之作用，主治急惊风、高热惊厥、不省人事等症。

图 5 –61　掐中冲穴

（3）掐威灵穴：在手背第 2.3 掌骨骨缝间。用拇指甲掐之（图 5 –63）。每次掐 10 ~ 20 下。有开窍醒神之作用，主治惊风抽搐、昏迷不醒等症。

图 5 –62　掐老龙穴　　　　　图 5 –63　掐威灵穴

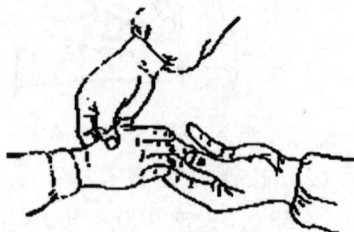

三、腰背部推拿手法

1. 捏法

1. 捏脊法：从大椎穴至尾骨的长强穴成一线，在小儿脊柱底部两旁，用双手拇指指端顶住皮肤，再用食、中两指端前按，双手三指同时用力提拿皮肤和肌肉，用捏法自尾骨长强穴开始，沿督脉上升，从下往上捏捻向前，捏至颈部下的大椎穴为止（图5-64）。每捏三下将皮肤肌肉提一下。捏脊一般捏3~5遍。有调阴阳、理气血、通经络、培元气、强壮身体之作用，主治先天与后天不足的一些慢性病症。

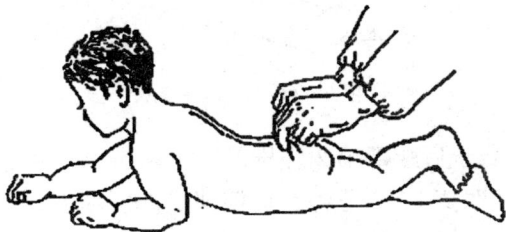

图5-64　捏　脊

在捏脊疗法前，先在小儿背部轻轻抚触按摩几遍，使肌肉放松后容易捏拿。操作时捏起皮肤和肌肉的多少及提拿力度要适当，不可拧转，不可歪斜。捏脊疗法是通过对小儿脊柱部位的推拿，疏通经络与血脉，对神经系统的发育有一定的促进作用。

2. 按揉法

1. 按揉大椎穴：在第7颈椎棘突下，用中指或拇指端按揉之（图5-65）。每次按揉50~100遍。有清热解表、通经活络之作用，主治颈项强直等症。

2. 按揉肾俞穴：在第2腰椎棘突下旁1.5寸（见前图5-25-1），用两手拇指端分别按揉双侧肾俞穴。每次按揉100~300遍。有滋阴壮阳、补益肾气之作用，主治肾虚、下肢痿软乏力、腰背痛等症。

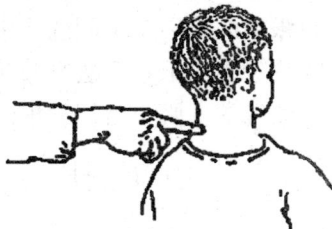

图5-65　按揉大椎穴

3. 按揉腰俞穴（腰眼）：在第4骶椎棘突下旁凹陷中（见前图5-25-2），用双手拇指或食、中两指端按揉之。每次按揉50~100遍。有通经活络之作用，主治腰痛、下肢瘫痪等症。

4. 按揉龟尾穴：在尾椎骨低端，用中指端按揉（图5-66）。每次按揉100~300遍。有调督脉之经气，调理大肠之功能，既能止泻，又

能通便。

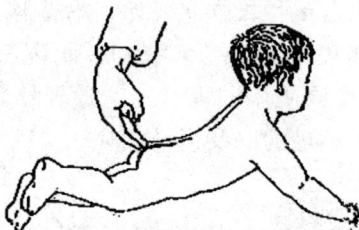

图 5 - 66　按揉龟尾穴

3. 摩擦法

用全手掌附着于后腰部第 2 腰椎棘突下两旁 1.5 寸的肾俞穴（见前图 5 - 25 - 1），来回摩擦 1 ~ 2 分钟，推擦至局部发热为宜。有滋阴壮阳、补益肾气之作用。

第六节　小儿运动姿势异常的推拿手法

小儿运动落后与运动姿势异常要针对不同肌群的障碍而选择不同部位的推拿手法，同时配合适当的矫正手法。不同的推拿手法对神经传导与肌肉张力的作用是不同的，强而快的推拿手法可引起神经、肌肉的兴奋，而轻柔缓慢的推拿手法可起到抑制的作用。因此，肌张力高的推拿手法宜以轻缓为主，肌张力低的推拿手法宜以快速力度大的按揉与叩击为主。

一、矫正头后仰

1. 小儿俯卧位，先用温暖的双手触摸并轻轻按揉其颈背部肌肉，以减轻小儿颈背肌肉的紧张。

2. 头后仰是由颈背肌肉张力增高所致。用手的五指腹有节奏地轻缓叩击颈背部肌肉 1 ~ 2 分钟，逐渐加重到用手指尖中度叩击。此为颈背脱敏叩击疗法，可以减轻颈背肌肉的牵张反射。

3. 用双手轻缓拿揉颈后部肌肉与颈部两侧的胸锁乳突肌和斜方肌 1 ~ 2 分钟，以减轻颈背肌肉张力。

4. 采用让小儿向前屈伸抬头与左右转动头部的牵拉方法，每次向前屈伸抬头、转头各 10 ~ 20 遍，逐渐增加力度，以增加颈深肌力，牵拉痉挛的颈后部肌肉。

二、矫正紧张性头偏斜

1. 用手轻缓拿揉头部偏向侧的颈部斜方肌和胸锁乳突肌2~3分钟。

2. 用较大力度拿揉、叩击面部朝向侧的斜方肌和胸锁乳突肌2~3分钟。

3. 用较大力度拿推面部朝向侧的桥弓穴与胸锁乳头肌。用手的拇、食两指自上而下拿之，称为拿捏桥弓（图5-67-1）。用拇指自上而下推之，称为推桥弓（图5-67-2）。每次拿30~50下，推100~200遍，有舒筋活络之作用，减轻头偏斜。

5-67-1 拿捏桥弓   5-67-2 推桥弓

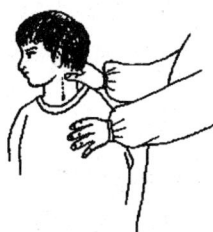

4. 向相反方向转头牵拉颈部痉挛肌20~30次。

三、矫正手的紧握拳与拇指内收

1. 用五手指指尖由远而近轻轻叩击小儿的手背肌肉。

2. 用手较大力度地拿揉、叩击前臂外侧伸肌2~3分钟。

3. 用左手握住小儿的手，用右手食、中两指固定小儿腕部，用右手拇指端力度较大的按揉合谷穴（图5-68）。每次按揉100~200遍。

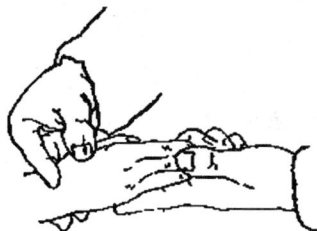

图5-68 按揉合谷穴   图5-69 按揉曲池穴

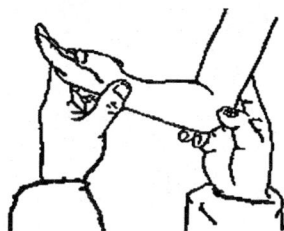

4. 让小儿屈肘，在外肘窝肘横纹中点，用一只手托住腕部，用另一只手握住小儿肘部，并用拇指端按揉曲池穴（图5-69）。每次按揉100~200遍。

5. 用拇指端较大力度地按揉手三里穴、外关穴（见前图5-26-2）。

6. 用手轻缓拿揉前臂内侧屈肌及手掌屈肌。

7. 用拇指端轻缓按揉内劳宫穴（见前图5-57）。每次按揉100~200遍。

8. 用拇指端轻缓按揉内关穴、鱼际穴（见前图5-26-3）。

9. 用拇指向外推压外展小儿的拇指，使拇指伸展，同时向手背推伸小儿的其余四手指1~2分钟。

10. 用手握住小儿的手指，将手掌向手背侧进行伸展牵拉，每次10~20遍。

四、矫正屈肩

1. 在肩部两侧，大椎与肩峰连线的中点，用手的拇指与食、中两指对称用力地捏拿肩井穴（图5-70）。每次捏拿100~300遍。有宣通气血之作用。

2. 用拇指端按揉肩井穴（见前图5-24），每次按揉100~200遍。

3. 用手掌轻缓按揉胸背部肌肉，以获得上臂后部肱三头肌收缩，降低手臂屈肌张力。

4. 用较大力度捏拿、按揉、叩击肩胛部的岗上肌、三角肌（见图5-71）。

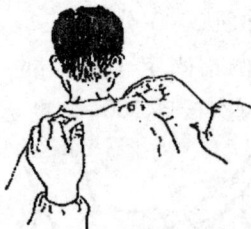

图5-70 捏拿肩井穴

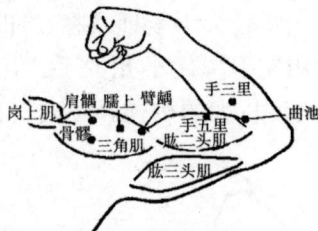

图5-71 推拿肩胛部肌肉

五、矫正手臂内收

1. 用单手掌轻缓按揉患侧胸背部肌群。

2. 用手轻缓拿揉前臂内侧屈肌。

3. 用拇指端力度较大地按揉肩井穴（见前图5–24）与肩髃穴（见前图5–26–1）。

4. 用手力度较大地拿揉肩胛部的冈上肌（肩胛骨冈上窝至肱骨大结节上面）和三角肌（见图5–71）。

六、矫正屈肘

1. 用手轻缓拿揉上臂前侧的肱二头肌（见图5–71）。

2. 力度较大地拿揉上臂后侧的肱三头肌（见图5–71）与肘前臂后侧的肱桡肌。

3. 用一只手握住小儿的腕关节，用另一只手扶住肘关节，缓慢地使肘关节外展伸直。每次20~30遍。

七、矫正下肢剪刀步

1. 用手的拇指轻缓按揉血海穴、解剪穴（见前图5–29）。
2. 用手轻缓拿揉大腿内侧的内收肌群。
3. 用手的拇指力度较大地按揉环跳穴、风市穴（见前图5–28）。
4. 力度较大地拿揉、叩击臀部与大腿外侧肌群。

八、矫正站立时尖足

1. 用手力度较大地拿揉、叩击小腿前侧肌群。
2. 用拇指端力度较大地按揉足三里穴（图5–72、28），以达到引发数次足背屈动作。

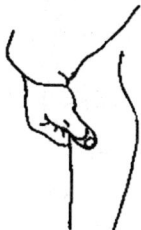

图5–72　拇指按揉足三里穴　　　　　图5–73　按揉解溪穴

3. 用拇指端力度较大地按揉踝关节横纹中点的解溪穴（见图5–73、32）。

4. 用手轻缓拿揉小腿后侧肌群。

5. 用拇指或食指端轻缓按揉三阴交穴（图5－74、30）与悬钟穴（见前图5－28），每次按揉50～100遍。

6. 在腘窝中央，两大筋中间，用拇指轻缓按揉腘窝中的委中穴（见前图5－31）。每次按揉50～100遍，有止惊、通络之作用。

图5－74 按揉三阴交穴

7. 用拇指端轻缓按揉小腿腓肠肌腹下凹陷中的后承山穴（图5－75、31）。每次按揉50～100遍。用右手拇指与食、中指拿之，称拿后承山穴。每次拿捏20～30下，有止抽搐、通经络作用。

九、矫正屈膝

1. 用手轻缓拿揉膝后部的腘肌腱与大腿后侧肌群，每次2～3分钟。

2. 用手力度较大地拿揉大腿前侧肌群。

图5－75 按揉后承山穴

3. 用双手重叠放于小儿的膝关节处缓慢按压，每次按压50～100下（见后图5－83）。

4. 小儿仰卧位，用一只手抓住足掌用力往足背屈曲，用另一只手按压膝关节处。每次50～100遍（见后图5－84）。

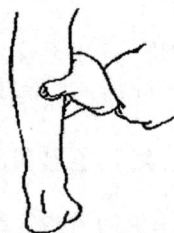

十、矫正膝关节过度伸展

1. 用拇指端力度较大地按揉外膝眼下8寸，距胫骨前嵴1横指处的前承山穴（图5－76）。每次按揉100～200遍，有止惊、舒筋、通络之作用。

2. 用拇指端力度较大地按揉内踝上3寸处的三阴交（图5－74、30）。每次按揉100～200遍，有通血脉、活经络之作用。

图5－76 按揉前承山穴

3. 用拇指力度较大地按揉外膝眼下3寸，胫骨前嵴外1横指处的足三

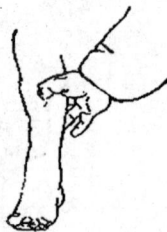

里穴（见图5-72、28）。每次按揉100~200遍，有健脾胃、强壮身体之作用。

十一、矫正足内翻

1. 足外侧负重出现足内翻，用较大力度拿揉、叩击小腿外侧肌群，用手捏拿腓骨长短肌，可促进足向外翻的动作（见图5-77）。

2. 用拇指端力度较大地按揉膝关节外下方、腓骨小头前下方凹陷中的阳陵泉穴（图5-78）。

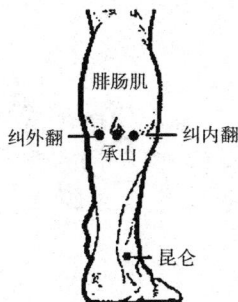

图5-77　矫正足内外翻

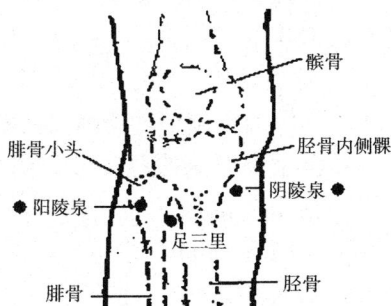

图5-78　阴、阳陵泉穴

十二、矫正足外翻

1. 足内侧负重出现足外翻，力度较大地拿揉、叩击、捏拿小腿内侧群肌，可纠正足向内翻的动作（见图5-77）。

2. 用拇指端力度较大地按揉膝关节内下方、胫骨内侧踝下缘凹陷中的阴陵泉穴（图5-78）。

第七节　小儿运动姿势异常的矫正方法

一、上肢牵拉矫正

1. 抬肩法

适用于肩关节活动障碍的矫治。

一种方法是用一只手固定住小儿的肘部，肘关节屈曲90度，用另一

只手将小儿前臂上抬至额部（图5－79－1）。

5－79－1

5－79－2

图5－79　抬肩法

另一种方法是用一只手固定住小儿的肩部，用另一只手扶手腕部将胳膊高举达180度（图5－79－2）。

2. 前臂旋后法

适用于对前臂旋后功能障碍的矫治。

小儿坐位，把他的肘关节屈曲90度，用一只手固定住小儿的肘关节，用另一只手扶前臂向外旋转（图5－80）。

图5－80　前臂旋后法

3. 屈腕伸肘法

适用于对肘关节挛缩、腕关节下垂的矫治。

用一只手握住腕关节，用另一只手托住肘关节，使肘关节充分伸展伸直（图5－81），同时尽可能地背曲腕关节。

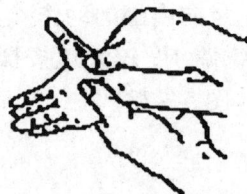

图5－81　屈腕伸肘法

图5－82　伸指法

4. 伸指法

适用于对手指屈曲挛缩与拇指内收的矫治。

用双手拇指按摩小儿的手掌，由手心向各手指推进，然后再向各手指尖推按（图5－82）。

二、下肢牵拉矫正

1. 压膝法

适用于对膝关节挛缩屈曲的矫治。

小儿仰卧位，双手重叠放于小儿的膝关节处缓慢按压（图5-83）。

2. 屈足按膝法

适用于对尖足和足内翻的矫治。

小儿仰卧位，用一只手抓握住足掌用力往足背屈曲，用另一只手按压膝关节（图5-84）。

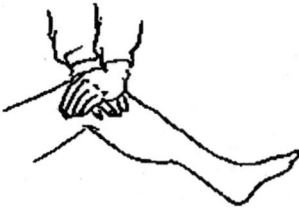

图5-83　压膝法

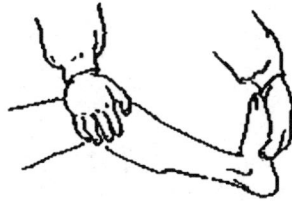

图5-84　屈足按膝法

3. 按臀法

适用于对髋关节挛缩的矫治。

小儿俯卧位，用一只手握住小儿的腿给以固定，用另一只手放于小儿臀部向下按压（图5-85-1）。或者另一个人将小腿固定，用双手按压臀部（图5-85-2）。

5-85-1

图5-85　按臀法

5-85-2

5. 分髋法

适用于对髋关节内收挛缩的矫治。

小儿仰卧位，两腿屈曲外展，用双手按在小儿双膝关节的内侧，向外上方按压（图5－86）。

图5－86　分髋法

第六章　婴儿健身操

　　为保证出生后的婴儿能健康成长，进行合适的体格锻炼，采用正确的婴儿健身操，是促进婴儿生长发育、增强体质、减少疾病、提高健康水平的有效措施。

　　给孩子做健身操的目的是为了让出生后的婴儿尽快适应环境，提高身体免疫能力，使运动能力和智力发育水平不断提高。因此，健身操应该从婴儿出生后开始，年龄愈小，训练愈是重要，愈是有成效。健身操是根据婴儿身体生长发育的特点和大脑运动神经的发育规律，设计出的一套训练婴儿全身运动的被动体操与被主动体操动作。这样父母可以有计划、有步骤地进行运动训练，合理安排婴儿的运动强度，由易到难，由简到繁，循序渐进，逐步发展婴儿的运动能力，提高智力水平。

　　婴儿健身操适合于一周岁以内的孩子。健身操不仅能促进婴儿肌体的血液循环，增强肺部呼吸功能，而且使肌肉发达，关节灵活，体格健壮，有利于身体的生长发育。同时它也增强了大脑皮质中枢对身体运动的控制功能，促进了婴儿运动神经发育与智力发育。婴儿大脑神经中枢对全身运动的控制功能，必须经过多次重复的强化训练后，才能在婴儿大脑皮质中枢建立起来。给婴儿进行健身操训练，使婴儿的全身运动从不适应到适应，从不会到会，从不协调到协调，从不灵活到灵活，再到运动熟练自如，必须经过多次重复才能形成。通过健身操的长久训练，婴儿的运动能力会逐步提高与熟练。大脑神经支配运动的条件反射建立起来，也就建立了对身体运动的控制能力，并不断地巩固和发育成熟。在婴儿运动功能不断发育成熟的同时，婴儿的运动范围扩大，接触的周围事物也不断增多，提高了认知能力，也促进了智力发育。婴儿健身操是促进体格发育和智力发育的有效训练方法，只要持之以恒地坚持训练，一定能取得良好的效果。

根据婴儿生长发育的特点和运动发育规律，把婴儿健身操分为被动操和被主动操两个方面进行训练。6 个月以内的小婴儿必须由父母帮助，进行四肢关节伸屈的被动功能性运动训练，同时还要进行抬头、翻身、拉坐、跳跃等被主动性运动训练，促进全身大运动的发育。6 ~ 12 月的婴儿除了继续进行被动健身操训练外，还要在家长的适当扶助下进行坐、爬、站、走、蹲的主动活动训练，促使全身大运动的发育成熟。通过健身操的运动训练，婴儿运动功能不断提高，运动协调能力增强，四肢配合性运动也逐渐成熟，进一步促进着孩子身体平衡和协调运动功能的发育，这对婴儿全身性运动发育有很大的好处。所以，每天坚持给婴儿做健身操，能使婴儿身体各关节的运动灵活起来，促进身体发育与智能发育，有利于身体健康，对小儿的健康成长非常有益。这些都已被科学研究和实践所证实。

第一节　婴儿被动健身操

一、被动健身操前的注意事项

1. 婴儿被动健身操应在小儿两次吃奶之间进行，每天 1 ~ 2 次。
2. 床面应稍硬，撤去尿布，给婴儿穿比较宽大轻便的衣服。
3. 健身操之前，成人需洗净双手，取下饰物与手表。
4. 给婴儿做健身操时，要用亲切的语言与小儿说话，放轻松愉快的音乐，手的抓握不要过紧，帮助婴儿做运动时要轻柔有节奏，不要用力过大，以免损伤婴儿。
5. 婴儿健身操前的准备活动：简单地按揉小儿的四肢肌肉。让婴儿呈自然轻松仰卧位，成人用一只手握住婴儿的手腕部，用另一只手从婴儿的手腕到肩部轻轻地来回按揉，把双上肢各按揉 4 遍。然后，用一只手握住婴儿的脚腕部，用另一只手从脚腕到大腿上部也轻轻地来回按揉，把双下肢各按揉 4 遍。最后，成人把双手放在婴儿胸上部两侧，从上往下呈螺旋状按揉到下腹部，重复按揉 4 遍。

二、上肢运动

准备姿势： 婴儿自然放松仰卧位，成人把双手拇指放在婴儿的手掌心中，让婴儿的手握住拇指，用其余的四手指握住婴儿的双手，把婴儿的双手臂自然贴在婴儿身体两侧（图6-1），按照口令"一、二、三、四"有节奏地进行健身操。

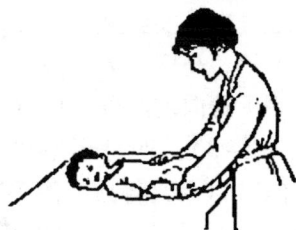

图6-1　准备姿势

如果婴儿不配合，不可以勉强，特别是做四肢屈曲运动时，不要用力压婴儿的肢体，手的抓握也不要太紧，保持婴儿活动自如。

（一）双臂伸展运动

准备姿势后，一是将婴儿的两手臂同时向身体两侧伸展，把手臂伸直上抬，高度与肩膀齐平，与躯体成直角（图6-2-1）；二是将两手臂同时向身体前方抬举伸直，使婴儿的双手掌相对（图6-2-2）；三是将两手臂同时向身体左右侧平伸展（图6-2-3）；四是还原成准备姿势（图6-2-4）。双臂伸展运动操作4遍。

6-2-1

6-2-2

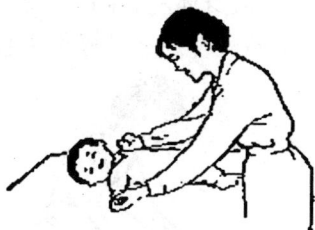

6-2-3

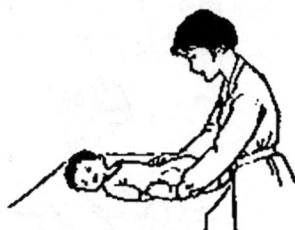

6-2-4

图6-2　双臂伸展运动

（二）单臂伸屈运动

准备姿势后，一是将婴儿的两手臂同时向身体两侧伸展，把手臂伸直上抬，高度与肩膀齐平，与躯体成直角（图6－3－1）；二是将婴儿的一侧手臂向前胸部屈曲（图6－3－2）；三是将屈曲的手臂向外平伸展（图6－3－3）；四是还原成准备姿势（图6－3－4），然后按"一、二、三、四"口令，将另一侧手臂做伸屈运动。两手臂交替伸屈运动操做8遍。

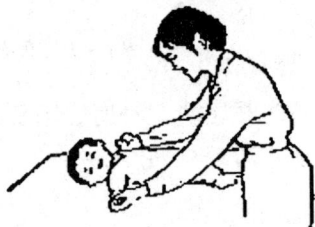

6－3－1

6－3－2

6－3－3

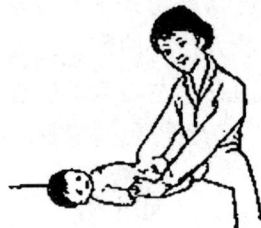

6－3－4

图6－3　单臂伸屈运动

（三）双臂伸屈运动

准备姿势后，一是将婴儿的两手臂同时向身体两侧伸展，把手臂伸直上抬，高度与肩膀齐平，与躯体成直角（图6－4－1）；二是将两手臂同时向前胸部屈曲（图6－4－2）；三是将两手臂同时向身体左右侧平伸展（图6－4－3）；四是还原成准备姿势（图6－4－4）。双臂伸屈运动操作4遍。

6－4－1

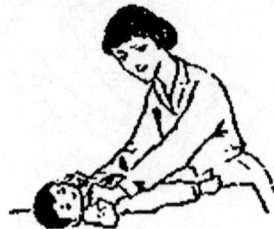

6－4－2

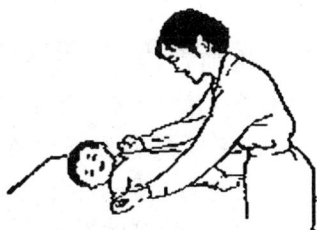
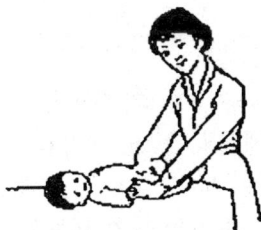

6 - 4 - 3　　　　　　　　　6 - 4 - 4

图 6 - 4　双臂伸屈运动

（四）双臂胸前交叉运动

准备姿势后，一是将婴儿的两手臂同时上抬，向身体左右侧伸展伸直，高度与肩膀齐平，与躯体成直角（图 6 - 5 - 1）；二是轻轻地拉起拉直婴儿的两手臂，把两手臂交叉放在胸前，这时成人的手臂也成交叉状（图 6 - 5 - 2）；三是将婴儿的两手臂同时向身体左右侧伸展伸直（图 6 - 5 - 3）；四是还原成准备姿势（图 6 - 5 - 4）。然后按"一、二、三、四"口令，再将两手臂拉起在胸前交叉时，交换一下婴儿两手臂上下交叉的位置，完成双臂胸前交叉运动。双臂胸前交叉运动操作 8 遍，注意双臂交叉时的上下交替位置各 4 次。

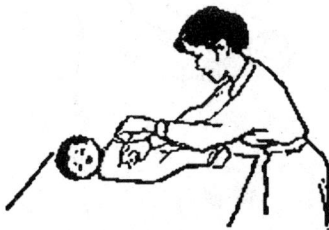

6 - 5 - 1　　　　　　　　　6 - 5 - 2

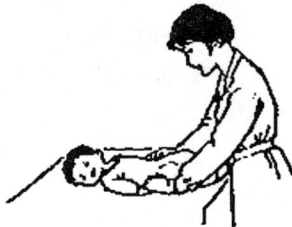

6 - 5 - 3　　　　　　　　　6 - 5 - 4

图 6 - 5　双臂胸前交叉运动

（五）单臂旋转运动

准备姿势后，一是将婴儿的一侧手臂向胸前直抬起（图 6 - 6 - 1）；二是以肩为轴，由胸前向头部外侧斜上方伸展（图 6 - 6 - 2）；三是从斜上方环绕到身体下方（图 6 - 6 - 3）；四是还原到准备姿势（图 6 - 6 - 4）。然后按"一、二、三、四"口令，将婴儿的另一侧手臂向胸前抬起，也从胸前向头部外侧斜上方伸展，并从斜上方环绕到身体下方，还原到准备姿势。两手臂交替旋转运动操作 8 遍。

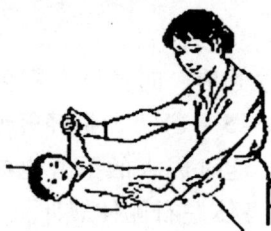
6 - 6 - 1

6 - 6 - 2

6 - 6 - 3

6 - 6 - 4

图 6 - 6　单臂旋转运动

（六）双臂旋转运动

准备姿势后，一是将婴儿的两手臂同时向胸前直抬起（图 6 - 7 - 1）；二是以肩为轴，两手臂同时由胸前向头部外侧斜上方伸展（图 6 - 7 - 2）；三是从斜上方同时环绕到身体下方（图 6 - 7 - 3）；四是还原到准备姿势（图 6 - 7 - 4）。双臂旋转运动操作 4 遍。注意双手臂旋转时要统一对称，其中有扩展胸的动作。

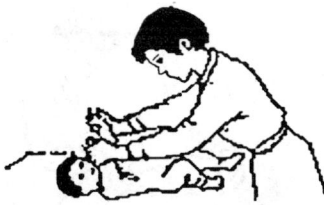

6-7-1

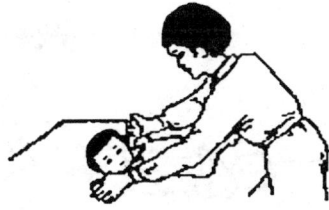

6-7-2

6-7-3

图 6-7　双臂旋转运动

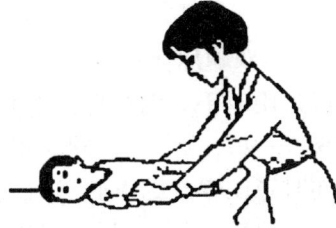

6-7-4

三、下肢运动

准备姿势：婴儿自然放松仰卧位，两腿伸直。成人用双手握住婴儿双脚腕的踝关节处，不要抓握得太紧。

（一）单腿屈伸运动

成人用双手分别抓握住婴儿的双脚踝关节处，一是把双腿伸直拼在一起（图6-8-1）；二是抬起婴儿的一侧腿屈曲，把屈曲的腿朝上推，使大腿轻压下腹部（图6-8-2）；三是拉回大腿，使膝关节成屈曲呈直角（图6-8-3）；四是把腿放下伸直，还原到准备姿势（图6-8-4）。然后按"一、二、三、四"口令，再抬起婴儿的另一侧腿屈伸，重复以上动作，像蹬车一样，双腿交替屈伸运动操作8遍。

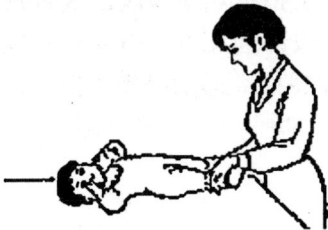

6-8-1

6-8-2

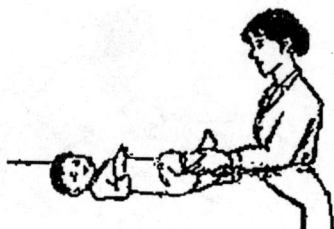

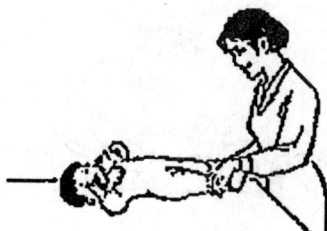

6 - 8 - 3

6 - 8 - 4

图 6 - 8　单腿屈伸运动

（二）双腿屈伸运动

成人用双手分别抓握住婴儿的双脚踝关节处，一是把双腿伸直拼在一起（图 6 - 9 - 1）；二是同时抬起婴儿的双腿屈曲，把双腿朝上推，使双大腿同时轻压婴儿的下腹部（图 6 - 9 - 2）；三是将双腿一起拉回，使双膝关节屈曲呈直角；四是把双腿放下伸直，还原到准备姿势。双腿屈伸运动操做 4 遍。

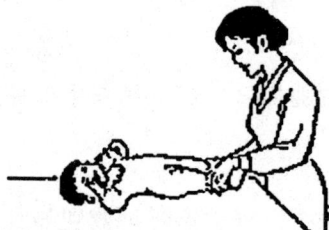

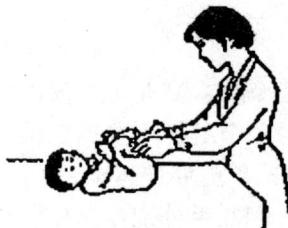

6 - 9 - 1

6 - 9 - 2

图 6 - 9　双腿屈伸运动

（三）双腿伸展抬举运动

成人用双手抓握住婴儿的双膝关节处，大拇指放在膝部后，其余四手指抓住膝关节前部，不要抓握得太紧。一是双手同时轻压婴儿的双膝关节处，使腿伸直（图 6 - 10 - 1）；二是同时向上抬举双腿与腹部成直角（图 6 - 10 - 2）；三是把双腿向上推按，轻压住腹部（图 6 - 10 - 3）；四是把双腿一起放下伸直（图 6 - 10 - 4）。双腿伸展抬举运动操做 4 遍。注意两腿伸直抬举时，臀部不要抬起离开原位置。

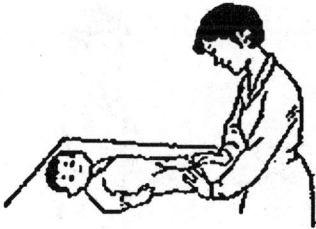

6 - 10 - 1

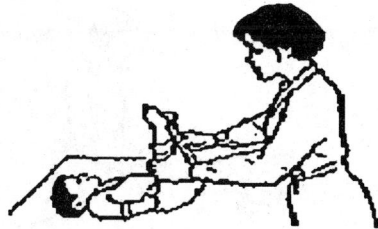

6 - 10 - 2

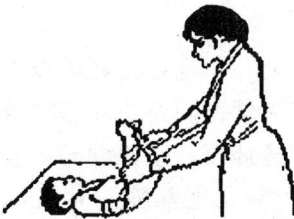

6 - 10 - 3

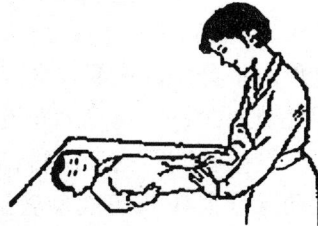

6 - 10 - 4

图 6 - 10　双腿伸展抬举运动

（四）单腿旋转运动

　　成人用双手分别抓握住婴儿的双脚踝关节处，不要握得太紧，一是把双腿伸直拼在一起（图 6 - 11 - 1）；二是将婴儿的一侧腿抬起，使膝关节屈曲（图 6 - 11 - 2）；三是以大腿近端髋关节为轴，把腿向身体外上方转动，并向下旋转（图 6 - 11 - 3）；四是把腿伸直，还原到准备姿势（图 6 - 11 - 4）。然后按"一、二、三、四"口令，再将婴儿的另一侧腿抬起屈曲，也以大腿近端髋关节为轴，做单腿旋转运动。双腿交替旋转运动操作 8 遍。旋转动作一定要在自然活动的范围内，婴儿不配合时，不要硬旋转腿部。

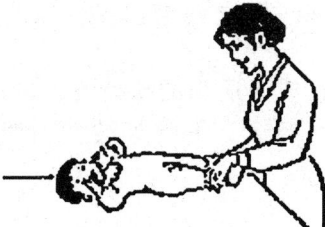

6 - 11 - 1

6 - 11 - 2

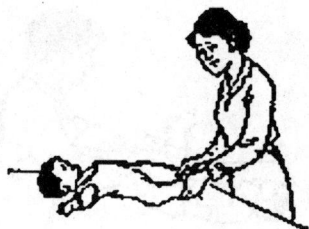

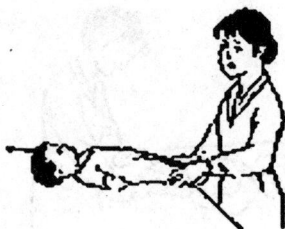

6-11-3　　　　　　　　　　　　6-11-4

图 6-11　单腿旋转运动

（五）双腿旋转运动

成人用双手分别握住婴儿的双脚踝关节处，一是将婴儿的双腿同时抬起，使膝关节屈曲；二是以大腿近端髋关节为轴，同时把双腿向身体外上方转动；三是把腿同时向下旋转；四是把双腿伸直，还原到准备姿势。双腿旋转运动操作要领与单腿旋转运动相同，只是把双腿同时旋转到腿下方，把双腿伸直还原。双腿旋转运动操作 4 遍。

（六）踝关节旋转运动

成人用一只手托住婴儿的小腿后部，用另一只手抓握住脚的中前部（图 6-12），按"一、二、三、四"口令，向顺时针方向旋转踝关节 4 圈后，再向逆时针方向旋转踝关节 4 圈。然后，用手托起另一侧的踝关节处，重复以上旋转运动，按"一、二、三、四"口令，向左右侧旋转各 4 圈。

图 6-12　膝关节旋转运动

第二节　婴儿被主动健身操

婴儿被主动操是根据不同的月龄，在成人适当的扶持下，进行抬头、翻身、拉坐、跳跃、坐立、爬行、站立、行走、下蹲等被主动性运动训练。

（一）抬头运动

新生儿后期或满月后，除了做被动健身操外，还应该做辅助抬头的运动训练。

在两次喂奶之间，让婴儿呈俯卧位，使两臂向前伸，成人用双手从婴儿双腋下托起胸上部，使婴儿头部抬起约 30～45 度角（图 6－13），持续几秒钟后放回，注意胸上部不要抬起得过高。操作要领可参考第二章中辅助抬头运动训练操作图进行。只要婴儿自己能用力抬起头，就可以经常让婴儿俯卧位，用能发出响声的玩具，在他眼前逗引他主动抬头，每日 3～5 次，每次几分钟。

图 6－13　抬头运动

除了让婴儿练习俯卧位抬头运动外，还要做头部竖直与转动的运动训练。每次给婴儿喂奶后，成人用手托扶住婴儿的头部竖抱几分钟，练习头部竖立挺直的控制能力。也可以把婴儿竖抱起来，让他的头靠在你的肩膀上，你用一只手扶持住他的头部，让婴儿顺其自然地挺直颈部，竖起头，隔着你的肩膀看到你身后的东西。为了使婴儿能持续保持挺头，最好在他的眼前与他说话，或者利用发声的玩具逗引他挺住头去注视。

（二）翻身运动

2 个多月的婴儿应加做翻身运动的训练，以培养主动翻身的能力。

让婴儿呈仰卧位，先训练仰卧位翻身。成人用一只手扶住婴儿的胸腹部，另一只手垫在婴儿的背部（图 6－14－1），垫在背部的手轻轻用力，先帮助婴儿翻身呈侧卧位（图 6－14－2），持续几秒钟后，放在背部的手再轻轻用力把婴儿翻身呈俯卧位（图 6－14－3）。经过多次重复训练后，婴儿有仰卧位主动翻身的意识，但还不会翻身，成人就可以扭动婴儿一侧下肢进行被主动翻身训练，也可以扭动一侧上肢促进婴儿翻身。婴儿会仰卧位翻身后，再训练俯卧位翻身。成人用一只手扶住婴儿的腰臀部，另一只手垫在胸腹部轻轻用力（图 6－15－1），帮助婴儿翻身呈仰卧位（图 6－15－2）。只要婴儿会主动翻身，就尽量让婴儿做翻身运动，把鲜艳带响声的玩具放在婴儿身旁，引诱婴儿主动翻身去够取。如果婴儿翻身确实有困难时，成人可以稍微给予帮助。

6 - 14 - 1

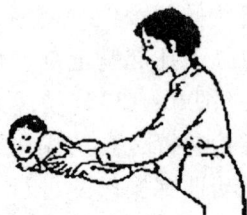
6 - 14 - 2

6 - 14 - 3

图 6 - 14　仰卧翻身运动

6 - 15 - 1

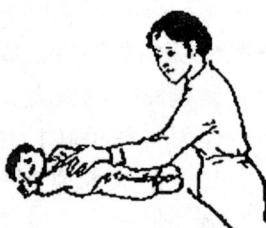
6 - 15 - 2

图 6 - 15　俯卧翻身运动

（三）拉双臂坐起运动

婴儿 4 个月时，除了做被动健身操外，还要进行拉双臂坐起运动训练，促进婴儿头部前屈的运动能力。

婴儿呈仰卧位，让婴儿的双手紧握住成人的双拇指，成人其余的四手指紧握住婴儿的双手腕（图 6 - 16 - 1），把婴儿的双手臂拉起（图 6 - 16 - 2）。由仰卧位慢慢地

6 - 16 - 1

把婴儿拉起，拉到 45 度角时（图 6 - 16 - 3），稍停一会，让婴儿能向前用力抬头成为坐立位，再稍微停一会儿，然后将婴儿慢慢地放回仰卧位。拉婴儿坐起时，不要用力过猛，要让婴儿主动抬头，自己用力拉着成人的双手坐起来。

6 – 16 – 2　　　　　　　　　　　　　6 – 16 – 3

图 6 – 16　拉双臂坐起运动

（四）腰部运动

婴儿 5 个月时，可以进行腰部运动训练，增强腰部肌张力，为能坐立做准备。

让婴儿呈仰卧位，成人用右手托住婴儿的腰部，用左手按住婴儿双脚的踝关节处（图 6 – 17 – 1）。成人把托婴儿腰部的右手略微抬起，使婴儿腹部挺起，呈弓形（图 6 – 17 – 2），然后放下躺平（图 6 – 17 – 3）。

6 – 17 – 1

6 – 17 – 2　　　　　　　　　　　　　6 – 17 – 3

图 6 – 17　腰部运动

注意托起婴儿腰部时，不要抬得过高，不要使婴儿的头枕部抬起离开平面。

（五）跳跃运动

6 个月的婴儿可以进行双下肢跳跃运动的训练。

成人与婴儿面对面地站立，用双手扶抱住婴儿的两腋下（图 6 – 18 – 1），把婴儿轻轻地举起（图 6 – 18 – 2）；放下时设法让婴儿两腿稍微屈膝，以活动膝关节；然后，让婴儿两腿伸直站立（图 6 – 18 – 3）。

6-18-1

6-18-2

6-18-3

图6-18　跳跃运动

注意做双下肢跳跃运动时，一定要轻柔有节奏，双手要稍用力抱住婴儿，不要让婴儿的两腿过于持重。

（六）腿后屈运动

6个月的婴儿，双手肘支撑着已经能抬起头和前胸，就可以进行腿后屈的运动训练。

婴儿呈俯卧位，使两臂屈曲支撑。成人用双手分别抓握住婴儿两只脚的踝关节处（图6-19-1），然后双手同时提起婴儿的双腿后屈（图6-19-2）。持续几秒钟后，放下双腿伸直（图6-19-3）。

6-19-1

6-19-2

6-19-3

图6-19　腿后屈运动

注意在提起婴儿的双腿时，一定要让婴儿的双手肘支撑着抬起头和前胸，这样可以训练身体后屈运动的平衡能力。

（七）拉单臂坐起运动

6个月的婴儿会坐立后，可以进行拉单臂坐起的运动训练。

让婴儿呈仰卧位，成人用右手握住婴儿的左手腕，同时把大拇指放在婴儿的掌心里，让婴儿抓握住，然后用左手按住婴儿的双膝部（图6-20-1）。稍用力把婴儿的左手臂拉起（图6-20-2），由仰卧位慢慢地拉起呈坐立位。让婴儿稍坐一会，还原呈仰卧位。成人再用左手握住婴儿的右手腕，进行拉单臂坐起的运动，左右手臂交替拉起训练。

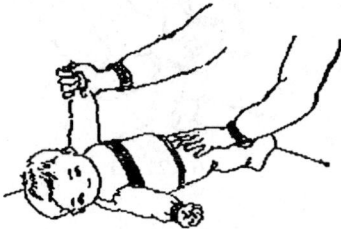 

6 – 20 – 1　　　　　　　　　　　6 – 20 – 2

图 6 – 20　拉单臂坐起运动

（八）爬行运动

7 个月的婴儿还不会爬行，可以进行爬行运动的训练。

让婴儿俯卧位，两手臂向前伸展，头抬起，两腿屈曲。在婴儿的头前方伸手能抓取的地方放一婴儿喜爱的玩具，逗引婴儿向前爬行去拿取。婴儿要想拿到玩具，就会浑身用力向前爬动，但是爬不动，这时成人就要用双手分别顶住婴儿的双脚，让婴儿用力蹬着成人的手掌向前爬行。可是，婴儿通过努力仍爬不到放玩具处，还要用双手分别轻轻推动婴儿的两脚，帮助婴儿向前爬行，让婴儿拿到玩具高兴地玩耍。注意尽量让婴儿自己努力爬行，经常更换婴儿喜爱的玩具，逗引他主动爬行去抓取。经过训练，婴儿能独自爬行后，应想方设法引诱婴儿多爬行，这样能不断增强四肢运动的协调能力，促进脑功能发育。

（九）跪起站立运动

9 个月的婴儿可以进行跪起站立运动的训练。

让婴儿俯卧位，成人用双手托扶住婴儿的双前臂（图 6 – 21 – 1），先扶婴儿从卧位跪起跪直（图 6 – 21 – 2），再扶着婴儿站立起来（图 6 – 21 – 3），让婴儿站立着玩一会儿，然后扶着婴儿跪下跪直（图 6 – 21 – 4），再让婴儿恢复到俯卧位（图 6 – 21 – 5）。

6 – 21 – 1

6 - 21 - 2

6 - 21 - 3

6 - 21 - 4

6 - 21 - 5

图 6 - 21　跪起站立运动

注意扶婴儿跪着站立起来时，一定要让婴儿自己用力站起来。

（十）扶肘站立运动

婴儿 10 个月时，搀扶着能站立，可以进行扶肘站立运动的训练。

婴儿呈俯卧位，成人用双手抓握住婴儿双手臂的肘部（图 6 - 22 - 1），稍用力把婴儿扶起呈站立位，扶着婴儿的双手腕，站立一会儿（图 6 - 22 - 2）。然后，再扶着婴儿双手臂的肘部，让他呈俯卧位（图 6 - 22 - 3）。注意在扶起的过程中要发挥婴儿的主动性，尽量让婴儿能支撑着成人的手站起来。刚开始时，婴儿站起的能力较弱，成人可以试着用力把婴儿扶站起来。

6 - 22 - 1

6 - 22 - 2

6 - 22 - 3

图 6 - 22　扶肘站起运动

也可以进行拉站运动，婴儿仰卧位，让婴儿的双手分别紧握住成人的两拇指，成人其余的四手指紧握婴儿的双手腕部。先将婴儿拉起呈坐立位，继而拉起呈站立位。在婴儿站起的同时，可以让婴儿蹬着成人的身体，这样容易用力站起来。

（十一）身体前倾运动

婴儿11个月时，站立运动比较稳妥后，可以进行身体前倾的运动训练。

让婴儿的背部靠着成人的前胸部，面向同一方向站立在一起，成人用左手扶抱住婴儿的双膝部，右手扶抱住下腹部（图6－23－1）。在婴儿的脚前约30厘米处放上婴儿喜爱的玩具，逗引他身体前倾（图6－23－2），弯腰去捡起放在脚前的玩具，然后直起腰站立起来（图6－23－3）。如果婴儿身体前倾后，不能站立起来时，成人要立刻把左手移动到婴儿的胸部，帮助婴儿站立起来。身体前倾主要是训练婴儿腰部的活动能力，为下蹲运动做准备。

6－23－1　　　　　　　　6－23－2　　　　　　　　6－23－3

图6－23　身体前倾运动

（十二）走步运动（竹竿操）

婴儿12个月能够平稳站立后，可以进行搀扶走步训练，具体方法可参照第二章中扶着走步训练进行。在婴儿能扶着行走的基础上，每天要进行竹竿操训练。

成人与婴儿面对面地站立，让婴儿用双手抓握住竹竿，成人用双手握住婴儿的双手，一步一步慢慢地往后退步，带动婴儿向前迈步，走"一、二、三、四"步。然后让婴儿双手扶竹竿上举、下蹲、站立起来、再向前走"一、二、三、四"步的竹竿操训练（见前图2－23）。竹竿操不仅能激发小儿行走的兴趣，使之感到高兴，而且能让小儿理解动作的词意，对语言功能发育也有好处。注意竹竿操训练时，要随着小儿的动作，不要硬拉硬扯，防止小儿摔倒。

第七章　婴儿皮肤按摩

　　皮肤是面积最大的体表感觉器官，为中枢神经的外感受器。出生后的婴儿最先出现的是皮肤感觉，对身体各部位皮肤进行触摸刺激都会引起他的灵敏性反应。对哭闹中的小婴儿进行触摸与轻轻拍打可以使烦躁不安的小儿安静下来，对那些易激惹的孩子，慢节奏地轻轻抚触也能起到抚慰的作用。尽早地对婴儿进行全身皮肤抚触按摩，对皮肤进行有规律地触觉刺激能促进感知觉功能的发育，有利于体格与神经系统的发育，对小儿的身心健康有很大好处。

第一节　皮肤按摩的注意事项

　　1. 温暖的房间

　　按摩的房间需要保持适宜的温度，最理想的室温应该保持在摄氏25～26度，一般穿短衬衫感到暖。如果室温不能达到使婴儿在全裸体的状态下接受全身皮肤按摩，可以对婴儿有步骤地、分部位地脱衣，在部分裸体的状态下进行皮肤抚触按摩。

　　2. 最佳的按摩时间

　　按摩时间一般在婴儿沐浴后，午睡或晚上就寝前，或者在给婴儿穿衣服的过程中进行，也可以在两次喂奶之间或者进食后一小时半进行。给婴儿做皮肤按摩时婴儿不易太饱或太饿，最好在婴儿情绪良好，高兴而且配合的时候进行。当婴儿表现出疲劳、烦躁、饥饿和不舒服时都不适合进行按摩，需让婴儿吃饱睡眠休息后再进行按摩。

　　3. 保持安静和清洁的环境

　　要有一个安宁温馨的环境，确保按摩时不受打扰，并要让婴儿保持自然舒适的体位。在按摩中，与婴儿对视，边做边望着他，说些亲切温馨的话语，唱轻松愉快的歌曲，伴放一些柔和的轻音乐，帮助婴儿处于快乐放松的状态下，在宁静、舒适、温馨的环境中进行皮肤按摩。千万不要强迫婴儿做某种姿势，要留意他的反应，采用婴儿舒适喜欢的姿势进行按摩。

4. 做好皮肤护理

小婴儿的皮肤未发育成熟，显得特别地娇嫩敏感，最易受到刺激及感染，应该注意护理宝宝娇嫩的肌肤。在按摩中要选择不含刺激成分的润肤油和润肤露润滑婴儿的皮肤，在肌肤上留下一层滋润的保护膜，以防止因按摩擦伤皮肤而引起感染。

5. 按摩前的准备工作

按摩前要预备好毛巾、尿片及替换的衣服。父母首先需要温暖双手，把婴儿润肤油倒于手掌心，不能将润肤油直接倒在婴儿的皮肤上。双手摩擦温暖后，才能给婴儿进行皮肤抚触按摩。刚开始按摩时，手法要轻轻用力，然后逐渐增加压力。

6. 按摩手法

婴儿的按摩手法要轻柔而有压力，手指不要离开婴儿的皮肤，部位可以轮番多次地重复进行。对新生儿每次按摩10分钟即可，每天三次。对年龄大一些的婴儿，可以逐渐增加按摩力度和时间，以便适应婴儿的需要。有的婴儿常有皮肤感觉异常，对按摩的压力很敏感，需要轻轻按摩。有的婴儿却对按摩压力不敏感，需要重力度的按摩。婴儿会对按摩的感觉做出反应，家长应该注意观察孩子的适应性反应，随时调整按摩力度，给予孩子最舒适的皮肤按摩。任何粗糙的触摸与按摩，都会导致孩子的不适与惊恐，应当特别注意。

第二节 婴儿皮肤按摩技巧

一、头面部按摩手法

按摩时姿势，让婴儿呈自然放松仰卧位。

（一）头腮部按摩

1. 头部按摩

把双手掌面放在婴儿前额的上方，双手食指与前发际齐平（图7-1）。双手同时稍微用力向后滑动按摩到后发际，再沿着后发际边缘向前按摩，最后停止于两耳后的高骨下，用双手的食指与中指，在局部轻轻地按揉几下后，再用力地按压一下，完成头部按摩。按以上操作手法做6遍。

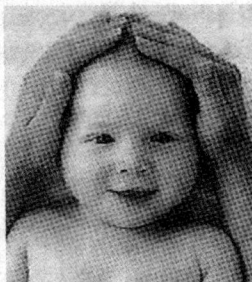

图7-1　头部按摩

图7-2　腮部按摩

2. 腮部按摩

用双手掌面从婴儿的两耳下部，沿着下颌部向前轻轻按摩到下颌中部（下巴），完成腮部按摩（图7-2）。腮部按摩6遍。

（二）面部按摩

1. 前额太阳穴按摩

把双手拇指紧贴在一起，按在婴儿前额中部前发际的下方，分别以直线轻柔而平稳地向外推按到太阳穴处，然后用双手拇指在太阳穴上轻轻按揉几下后，用力地按压一下。然后，把双手拇指放回前额中部的原位后下移1公分，同样向外推按到太阳穴处，用双手拇指按揉几下，再用力地按压一下。再把双手拇指放回再下移1公分，重复上述按摩手法，直到双

图7-3　前额太阳穴按摩

手拇指放在婴儿的双眉之间，轻柔地推按到太阳穴处，再按揉几下后，再用力地按压一下，完成整个前额部太阳穴按摩（图7-3）。整个前额部太阳穴按摩6遍。

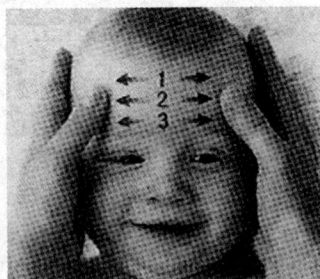

2. 面颊部按摩

把双手拇指分别放在婴儿鼻梁两侧的面颊上部，同时沿上面颊部向外轻轻推按，慢慢地按摩到面部两侧的双耳前停止。然后，把双手拇指放回鼻梁两侧的面颊部，位置稍低一些，重复以上按摩手法到双耳前，再把双手拇指放回鼻梁两侧，位置再低一些，将整个面颊部都按摩一遍（图7-4）。整个面颊部按摩6遍。

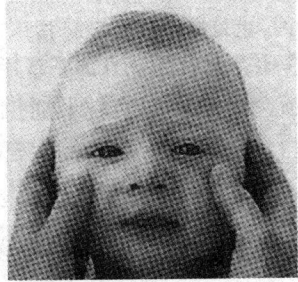

图7-4　面颊部按摩

3. 上下颌按摩

把双手拇指紧贴一起按在婴儿上嘴唇的中间部，同时沿口周皮肤向两侧下颌关节处推按（图7-5-1），然后再把双手拇指紧贴一起按在婴儿下嘴唇的中间部，也沿口周皮肤向两侧下颌关节处推按（图7-5-2）。上下口周交替按摩各6遍。

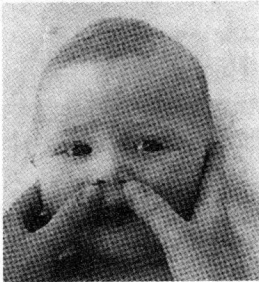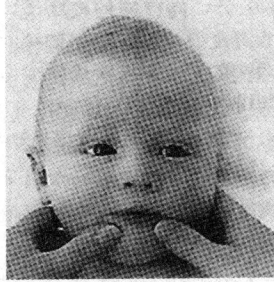

7-5-1　　　　　　　　7-5-2

图7-5　上下颌按摩

4. 口周按揉

把双手拇指紧贴一起按在婴儿上嘴唇外的中间部，轻轻按揉几下，向外移动少许，再轻轻按揉几下，再向外移动少许，一直按摩到口角处。然后，把双手拇指紧贴一起按在婴儿下嘴唇外的正中间，也是轻轻按揉几下，也向外移动少许，再轻轻按揉几下，再向外移动少许，一直按摩到口角处，完成口周部按揉。上下口周交替按揉各6遍。

婴儿口周皮肤对触觉非常敏感，是触觉刺激的主要部位。对口部肌肉长久按摩，对婴儿的吸吮、吞咽、咀嚼、萌牙和语言发育都有很大好处，是语言前期应该进行的口腔干预，也是增强构音器官运动的训练之一。每

天可以做 3 ~ 4 次。

5. 下颌边缘捏揉

先用一只手的拇指和食指捏住婴儿下颌中间底部边缘的肌肉,沿着下颌边缘慢慢地向耳下肌肉轻轻按揉(图7-6)。然后,用另一只手的拇指和食指也从下颌中间底部开始,捏着下颌边缘的肌肉,轻轻捏揉到另一侧的耳下肌肉。两侧下颌边缘捏揉各6遍。

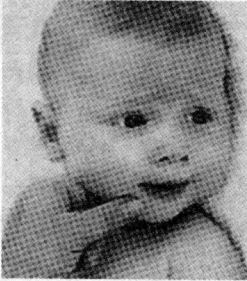

图7-6 下颌边缘捏揉

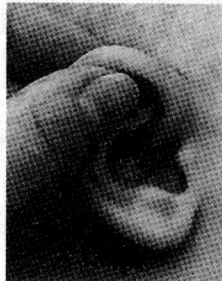

图7-7 耳廓边缘捏揉

(三)耳廓边缘的捏揉

用一只手的拇指和食指捏住婴儿耳外廓上部边缘位置(图7-7),沿耳廓外侧边缘向下捏揉,一直捏揉到耳垂肌肉。两耳廓从上往下捏揉按摩各6遍。

(四)头面部按摩结束动作

重复操作头腮部的按摩动作2遍,以结束头面部的全部按摩。

二、身体正面按摩手法

按摩时姿势,让婴儿呈自然放松仰卧位。

(一)胸部按摩

1. 前胸部按摩

把双手掌面分别放在婴儿胸下部的两侧,先用一只手朝对侧胸上部滑动按摩到肩膀,然后,再用另一只手也朝对侧胸上部滑动按摩到肩膀,双手在前胸部交替按摩各6遍。

2. 围绕乳头滑动按揉

用双手的食指与中指并拢放在婴儿的两乳头中间,右手按顺时针方向，左手按逆时针方向，双手同时在乳头周围边滑动边按揉（图7－8），围绕乳头滑动按揉6遍。

（二）腹部按摩

1. 腹部抚触

先把一只手掌横放在婴儿的上腹部，小手指外侧紧靠在胸部下方，用整个手掌从上腹部垂直抚触按摩到下腹底部，在这只手未抬起之前，另一只手掌紧接着放在上腹部，也从上往下抚触按摩（图7－9）。双手交替抚触按摩腹部各6遍。

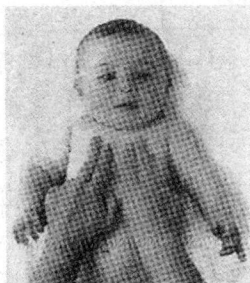

图7－8　围绕乳头滑动按揉

图7－9　腹部向下按摩

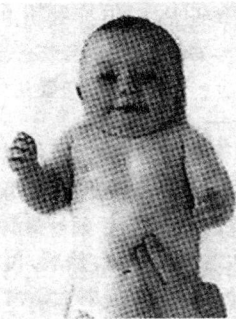

图7－10　脐旁小回旋按揉

2. 脐旁小回旋按揉

把右手的食指与中指并拢，放在婴儿脐旁的右上腹部，按揉几下后，用力按压一下。松开压力，手指按顺时针方向移动少许，按揉几下后，再用力按压一下。手指移动少许，围绕脐部，做小回旋按揉回到脐旁右上部（图7－10）。围绕脐旁小回旋按揉6遍。

3. 腹部大回旋按摩

用右手指腹（四个手指肚）从婴儿的右上腹垂直推按到右下腹，然后，把右手指放回右上腹，从右上腹横着推按到左上腹，再向下抚触按摩到左下腹。再抬起右手指放在右下腹部，从下往上按摩到右上腹，再横着按摩到左上腹，再向下按摩到左下腹，完成腹部大回旋按摩。腹部大回旋按摩6遍。

（三）双上肢按摩

1. 双手臂抚触按摩

先用一只手轻轻抓握住婴儿的一侧上手臂，从最上端往下轻轻抚触按摩到手指，从手指尖慢慢地滑出。在滑出之前，用另一只手也抓握住婴儿这只手臂的最上端，也从上往下轻轻地抚触按摩到手指，从手指尖慢慢地滑出。这样，双手从上往下交替抚触按摩手臂各 6 遍后，再换婴儿的另一侧手臂，用双手交替抚触按摩各 6 遍。

2. 双手臂转揉

把双手的食指和拇指弯曲套在婴儿一侧手臂的最上端，双手同时朝不同的方向转揉，边转揉边慢慢地滑向手腕处（图 7 - 11）。这只手臂从上往下转揉 6 遍后，再换婴儿的另一侧手臂从上往下转揉 6 遍。

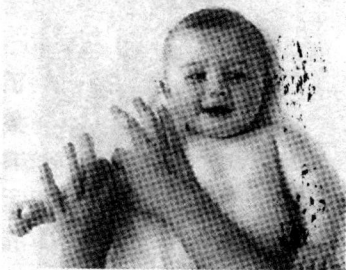

图 7 - 11　双手臂转揉

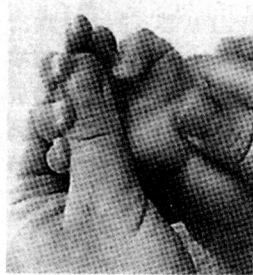

图 7 - 12　手掌伸展推按

3. 手掌伸展推按

先用一只手托扶住婴儿的一侧手腕，使婴儿的手掌心朝上，再用另一只手的拇指放在婴儿手掌面的腕部，其余四手指放在手背的腕部，从手腕向指尖轻轻推按伸展（图 7 - 12）。推按到手指尖时，用手抓握住婴儿的手指尖部，然后，用托扶手腕的那一只手用同样的手法，也从手腕向手指尖推按伸展。双手交替伸展按摩各 6 遍后，再换婴儿的另一只手掌，用双手交替伸展推按各 6 遍。

如果婴儿的手握拳很紧，难以打开，可以用一只手抓握住婴儿的手腕，使手掌心朝下，再用另一只手的拇指按在婴儿手背的腕部，其余四手指伸进婴儿的手掌心。用手指在手掌心稍微施压，从手腕向指尖伸展推按，然后用手抓握住婴儿的手指尖部，再用另一只手也从手腕向指尖伸展推按。用双手交替伸展推按各 6 遍后，再换婴儿的另一只手掌，用双手交替伸展推按各 6 遍。

对于那些 3 个月以后手持续握拳与拇指内收的小儿，每天要多做几次手掌的伸展牵拉，反复长久地进行手掌推按，直到手指自然张开，紧握拳姿势消失。

4. 手指捻揉

用一只手握住婴儿的一侧手腕，使他的手掌心朝上，再用另一只手的拇指与食指指腹，上下分别轻轻捏住婴儿手指根部的肌肉，沿着手指向指尖捻揉按摩（图 7-13）。捻揉到手指尖时，用手稍用力捏提小儿的手指一下，把婴儿一侧手指上下都捻揉 6 遍后，然后，换婴儿另一只手把每个手指也都捻揉按摩 6 遍。

把婴儿各手指上下捻揉按摩后，再捻揉婴儿手指的两侧肌肉，把每个手指两侧肌肉都捻揉按摩 6 遍。

图 7-13　手指捻揉

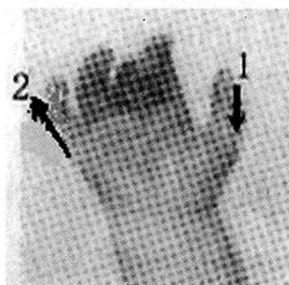

图 7-14　拇小指按摩

5. 拇指推按（补脾经）

用左手的拇指与食指抓握住婴儿的拇指，用右手的拇指指腹，从婴儿拇指掌外侧的指尖成一线推向拇指根部（图 7-14）。推按 12 遍后，换婴儿另一只手的拇指也用同样手法推按 12 遍。

6. 小手指推按（补肾经）

用左手的拇指与食指抓握住婴儿的小手指，用右手的拇指指腹，从婴儿手掌外侧根部成一线推向小手指尖（图 7-14）。推按 12 遍后，换婴儿另一只手的小手指也用同样手法推按 12 遍。

（四）双下肢按摩

1. 双腿部抚触按摩

用一只手抓握住婴儿一侧腿的踝关节（脚腕）处，再用另一只手抓握住婴儿大腿的上端，从大腿上部向下抚触按摩到踝关节时，用手抓握住踝关节，然后再用抓握婴儿踝关节的那一只手再去抓握住大腿的上端，也从大腿上部向下抚触按摩到踝关节处（图7-15）。双手从上到下交替抚触按摩各6遍后，再换另一侧腿，也用双手从上到下交替抚触按摩各6遍。

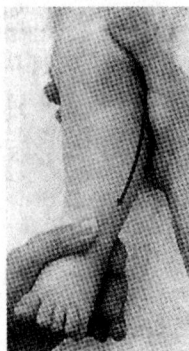

图 7 - 15　腿部抚触按摩

2. 双腿部转揉

用双手同时抓握住婴儿一侧大腿的上端，双手同时朝不同的方向轻轻转揉，从大腿上部向下边转揉边滑行到踝关节处（图7-16）。从上往下滑行转揉6遍后，换另一侧腿用双手从上往下也滑行转揉按摩6遍。

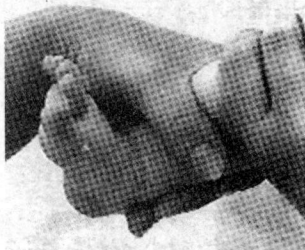

图 7 - 16　腿部转揉

图 7 - 17　足心按揉推按

3. 足心按揉与推按

先用右手拇指端按揉婴儿脚掌心正中凹陷处的涌泉穴，每次按揉50遍。然后，再用双手拇指从涌泉穴交替向大小脚趾方向推按（图7-17）。双手拇指交替推按各12遍后，再换婴儿的另一只脚的足心，也是先用右拇指按揉50遍后，再用双手拇指交替向大小脚趾方向推按各12遍。

4. 足底边缘按揉

先用一只手抓握住婴儿的踝关节，使婴儿脚趾朝上，再用另一只手的拇指按在婴儿脚底小脚趾根处，食指和中指按住脚背相对应的位置，沿足底边缘，以滑动螺旋状进行按揉，按揉到脚底跟部（图 7 - 18）。然后，换另一只手的拇指按在婴儿脚底大脚趾根处，食指和中指也按住脚背相对应的位置，沿足底边缘，以滑动螺旋状，向脚底跟部进行按揉。双手交替按揉足底边缘各 6 遍后，再换另一只脚，也用双手交替按揉各 6 遍。

5. 足背抚触按摩

用左手的拇指与食指、中指抓住婴儿的踝关节处，用右手的拇指按在婴儿脚腕的足背上，食、中两手指位于足底跟部，拇指稍用力，沿着足背轻轻抚触按摩到脚趾尖处（图 7 - 19）。足背抚触按摩 6 遍后，再换另一只脚背抚触按摩 6 遍。

6. 脚趾捻揉

用一只手抓握住婴儿的踝关节，用另一只手的拇指和食指指腹，上下分别轻轻捏住婴儿的脚趾根部，沿着脚趾向趾尖捻揉按摩。捻揉到脚尖时，稍用力提捏小儿脚趾一下。每个脚趾上下捻揉 6 遍后，再沿着脚趾两侧捻揉，把两只脚的每个脚趾两侧都捻揉按摩各 6 遍。

7. 足跟腱按揉

用一只手抓握住婴儿的一侧小腿，用另一只手的拇指和食指分别捏住婴儿踝关节的后部（脚后跟）两侧的肌肉，沿着脚后跟轻轻地从上往下按揉整个足跟腱 6 遍（图 7 - 20）。然后，再换另一只脚的足跟腱也从上往下按揉 6 遍。

（五）身体正面按摩结束动作

让婴儿自然放松呈仰卧位，把右手放在婴儿的右肩处，用整个手掌面往下成对角线抚触按摩到胸部、左下腹部，继续往下抚触按摩到左大腿上端时，把拇指放在大腿的前面，其余四手指放在大腿的后面，整个手掌稍微用力，继续往下一直抚触按摩到左脚趾处。用

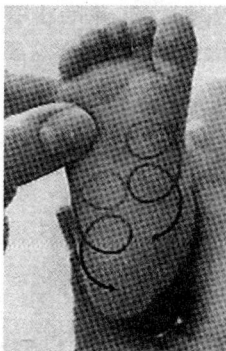

图 7 - 18 足底边缘按揉

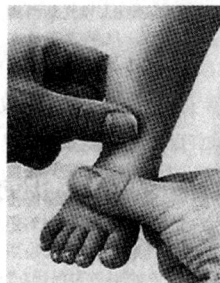

图 7 - 19 足背抚触按摩

图 7 - 20 足跟腱按揉

手抓握住婴儿的脚趾，然后再把左手放在婴儿的左肩处，也用整个手掌面往下成对角线抚触按摩到胸部，右下腹部，当向下抚触按摩到右大腿上端时，把拇指也放在大腿前面，其余四手指放在大腿后面，整个手掌稍微用力，往下抚触按摩到右脚趾处，同样用手抓握住婴儿的脚趾，右手重复以上抚触按摩手法，从上往下把身体正面整个皮肤都抚触按摩到。在整个抚触按摩过程中手法要稳，动作要连贯，始终有一只手与婴儿的身体保持接触，双手左右侧交替从上往下按摩各6遍。

三、身体背面按摩手法

按摩时姿势，让婴儿呈自然放松俯卧位。

（一）背部按摩

1. 背部抚触按摩

用一只手掌横放在婴儿颈部下的脊背上，轻微加压，整个手掌从上往下滑动，一直抚触按摩到臀部停止。停止前，再将另一只手掌也横放在颈部下的脊背上，也从上往下抚触按摩到臀部（图7-21）。双手交替抚触按摩背部各6遍。

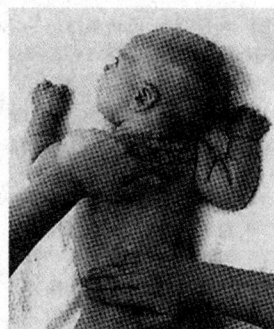

图7-21　背部抚触按摩

2. 脊柱旁按揉

把双手拇指放在婴儿颈部下方的脊柱两旁，右手按顺时针方向按揉，左手按逆时针方向按揉，双手同时以螺旋状往下按揉，一直按揉到臀部（图7-22），把整个脊柱旁从上往下按揉6遍。注意给婴儿按揉时，拇指不要离开皮肤，不要按揉在脊柱上。

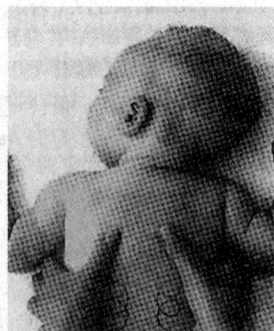

3. 背部肌肉推拉按摩

把双手臂呈交叉状斜放在婴儿的颈背中部两侧，双手同时向婴儿身体的两侧推按。推按到婴

图7-22　脊柱旁按揉

儿身体两侧的边缘后，接着同时拉回双手，在双手朝脊柱拉回时，位置稍低一些，并要轻轻地带起躯干两侧的肌肉。然后，双手再向身体两侧推按，这样从颈背部两侧往下重复推按拉回，一直到腰背部，将婴儿整个后

背躯干肌肉都推拉按摩到。从上往下推拉按摩背部肌肉 6 遍。

4. 骶部按揉

用一只手的手掌根部，平放在婴儿骶骨的凹陷处，轻轻按揉。按顺时针方向按揉 6 遍后，再按逆时针方向也按揉 6 遍（图 7 - 23）。

（二）臀部按揉

把双手掌面分别放在婴儿的臀部上，同时用双手掌按揉。右手掌按顺时针方向，左手掌按逆时针方向按揉。按揉时，双手掌在臀部上稍微移动，将整个臀部按揉 6 遍（图 7 - 24）。

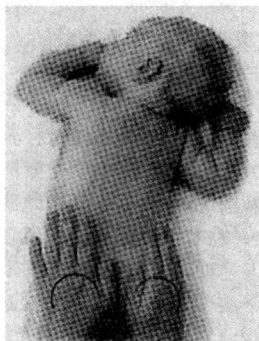

图 7 - 23　骶部按揉

图 7 - 24　臀部按揉

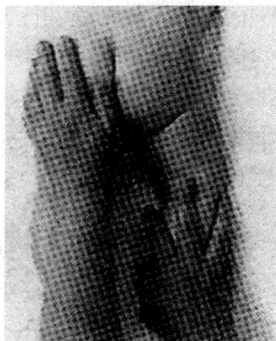

图 7 - 25　腿后部抚触按摩

（三）腿后部抚触按摩

把一只手放在婴儿的一侧大腿上端，整个手掌稍微施压，慢慢地从上往下抚触按摩到踝关节处。当抚触按摩到踝关节时，把另一只手放在婴儿的另一侧大腿的上端，也从上往下抚触按摩到踝关节处（图 7 - 25）。用双手把双腿从上往下抚触按摩各 6 遍。

（四）身体背面按摩结束动作

把左手掌面放在婴儿的右肩处，整个手掌面都要与婴儿的肌肤接触，成对角线朝下抚触按摩到婴儿的左臀部，然后继续向下抚触按摩到左后腿，最后按摩到左脚跟处。当手掌按摩到婴儿的脚跟时，再把右手掌面放在婴儿的左肩处，也成对角线朝下抚触按摩到右臀部，然后抚触按摩到右后腿，一直到右脚跟处。双手交替抚触按摩各 6 遍。注意抚触按摩的手法要轻柔稳妥，由轻到重，手掌面不要离开婴儿的皮肤，尽量把婴儿身体背面皮肤都抚触按摩到。

四、按摩结束运动

让婴儿呈仰卧位，用左手握住婴儿的右手腕，右手握住婴儿的左脚腕处，把婴儿的右手臂朝头外上部轻轻拉扯，把左腿稍微往外拉扯，用双手同时朝相反的方向轻轻地拉扯婴儿的右手臂和左腿（图7－26－1）。这时婴儿的右手臂和左腿形成对角线，持续几秒钟，再把婴儿的右手臂带向左上腹，把左腿带向右下腹（图7－26－2）。持续几秒钟，把双手朝相反的方向，再次轻轻地拉扯婴儿的右手臂和左腿，持续几秒钟后，然后把右手臂伸直带向右臀部外侧，把左腿提起带向左上腹（图7－26－3）。最后还原呈自然仰卧位。以上臂腿伸展运动操作6遍后，再换另一侧手臂和腿按以上动作，做伸展运动操作6遍。注意在不伤及婴儿的情况下，尽可能地将婴儿的手臂与腿拉扯到较远的位置，充分伸展婴儿的四肢。

7－26－1

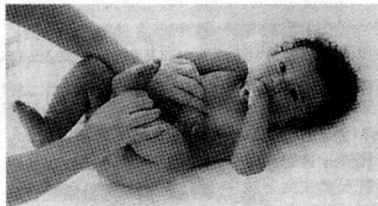

7－26－2

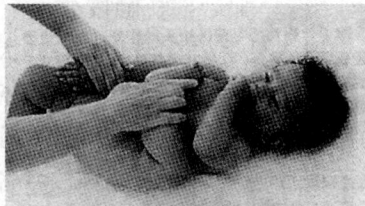

7－26－3

图7－26　按摩结束动作

第八章　体格发育评价标准

第一节　世界卫生组织儿童生长发育评价标准及参考值（2005年）

0～36个月男孩的年龄体重

月龄	均　值	标准差（体重：千克）						
		−3SD	−2SD	−1SD	中位数	+1SD	+2SD	+3SD
0	3.3464	2.1	2.5	2.9	3.3	3.9	4.4	5.0
1	4.4709	2.9	3.4	3.9	4.5	5.1	5.8	6.6
2	5.5675	3.8	4.3	4.9	5.6	6.3	7.1	8.0
3	6.3762	4.4	5.0	5.7	6.4	7.2	8.0	9.0
4	7.0023	4.9	5.6	6.2	7.0	7.8	8.7	9.7
5	7.5105	5.3	6.0	6.7	7.5	8.4	9.3	10.4
6	7.9340	5.7	6.4	7.1	7.9	8.8	9.8	10.9
7	8.2970	5.9	6.7	7.4	8.3	9.2	10.3	11.4
8	8.6151	6.2	6.9	7.7	8.6	9.6	10.7	11.9
9	8.9041	6.4	7.1	8.0	8.9	9.9	11.0	12.3
10	9.1649	6.6	7.4	8.2	9.2	10.2	11.4	12.7
11	9.4122	6.8	7.6	8.4	9.4	10.5	11.7	13.0
12	9.6479	6.9	7.7	8.6	9.6	10.8	12.0	13.3
13	9.8749	7.1	7.9	8.8	9.9	11.0	12.3	13.7

（续表）

月龄	均 值	标准差（体重：千克）						
		-3SD	-2SD	-1SD	中位数	+1SD	+2SD	+3SD
14	10.0953	7.2	8.1	9.0	10.1	11.3	12.6	14.0
15	10.3108	7.4	8.3	9.2	10.3	11.5	12.8	14.3
16	10.5228	7.5	8.4	9.4	10.5	11.7	13.1	14.6
17	10.7319	7.7	8.6	9.6	10.7	12.0	13.4	14.9
18	10.9385	7.8	8.8	9.8	10.9	12.2	13.7	15.3
19	11.1430	8.0	8.9	10.0	11.1	12.5	13.9	15.6
20	11.3462	8.1	9.1	10.1	11.3	12.7	14.2	15.9
21	11.5486	8.2	9.2	10.3	11.5	12.9	14.5	16.2
22	11.7504	8.4	9.4	10.5	11.8	13.2	14.7	16.5
23	11.9514	8.5	9.5	10.7	12.0	13.4	15.0	16.8
24	12.1515	8.6	9.7	10.8	12.2	13.6	15.3	17.1
25	12.3502	8.8	9.8	11.0	12.4	13.9	15.5	17.5
26	12.5466	8.9	10.0	11.2	12.5	14.1	15.8	17.8
27	12.7401	9.0	10.1	11.3	12.7	14.3	16.1	18.1
28	12.9303	9.1	10.2	11.5	12.9	14.5	16.3	18.4
29	13.1169	9.2	10.4	11.7	13.1	14.8	16.6	18.7
30	13.3000	9.4	10.5	11.8	13.3	15.0	16.9	19.0
31	13.4798	9.5	10.7	12.0	13.5	15.2	17.1	19.3
32	13.6567	9.6	10.8	12.1	13.7	15.4	17.4	19.6
33	13.8309	9.7	10.9	12.3	13.8	15.6	17.6	19.9
34	14.0031	9.8	11.0	12.4	14.0	15.8	17.8	20.2
35	14.1736	9.9	11.2	12.6	14.2	16.0	18.1	20.4
36	14.3429	10.0	11.3	12.7	14.3	16.2	18.3	20.7

0～36个月女孩的年龄体重

月龄	均值	标准差（体重：千克）						
		-3SD	-2SD	-1SD	中位数	+1SD	+2SD	+3SD
0	3.2322	2.0	2.4	2.8	3.2	3.7	4.2	4.8
1	4.1873	2.7	3.2	3.6	4.2	4.8	5.5	6.2
2	5.1282	3.4	3.9	4.5	5.1	5.8	6.6	7.5
3	5.8458	4.0	4.5	5.2	5.8	6.6	7.5	8.5
4	6.4237	4.4	5.0	5.7	6.4	7.3	8.2	9.3
5	6.8985	4.8	5.4	6.1	6.9	7.8	8.8	10.0
6	7.2970	5.1	5.7	6.5	7.3	8.2	9.3	10.6
7	7.6422	5.3	6.0	6.8	7.6	8.6	9.8	11.1
8	7.9487	5.6	6.3	7.0	7.9	9.0	10.2	11.6
9	8.2254	5.8	6.5	7.3	8.2	9.3	11.5	12.0
10	8.4800	5.9	6.7	7.5	8.5	9.6	10.9	12.4
11	8.7192	6.1	6.9	7.7	8.7	9.9	11.2	12.8
12	8.9481	6.3	7.0	7.9	8.9	10.1	11.5	13.1
13	9.1699	6.4	7.2	8.1	9.2	10.4	11.8	13.5
14	9.3870	6.6	7.4	8.3	9.4	10.6	12.1	13.8
15	9.6008	6.7	7.6	8.5	9.6	10.9	12.4	14.1
16	9.8124	6.9	7.7	8.7	9.8	11.1	12.6	14.5
17	10.0226	7.0	7.9	8.9	10.0	11.4	12.9	14.8
18	10.2315	7.2	8.1	9.1	10.2	11.6	13.2	15.1
19	10.4393	7.3	8.2	9.2	10.4	11.8	13.5	15.4
20	10.6464	7.5	8.4	9.4	10.6	12.1	13.7	15.7
21	10.8534	7.6	8.6	9.6	10.9	12.3	14.0	16.0
22	11.0608	7.8	8.7	9.8	11.1	12.5	14.3	16.4
23	11.2688	7.9	8.9	10.0	11.3	12.8	14.6	16.7
24	11.4775	8.1	9.0	10.2	11.5	13.0	14.8	17.0
25	11.6864	8.2	9.2	10.3	11.7	13.3	15.1	17.3
26	11.8947	8.4	9.4	10.5	11.9	13.5	15.4	17.7
27	12.1015	8.5	9.5	10.7	12.1	13.7	15.7	18.0
28	12.3059	8.6	9.7	10.9	12.3	14.0	16.0	18.3
29	12.5073	8.8	9.8	11.1	12.5	14.2	16.2	18.7
30	12.7055	8.9	10.0	11.2	12.7	14.4	16.5	19.0
31	12.9006	9.0	10.1	11.4	12.9	14.7	16.8	19.3
32	13.0930	9.1	10.3	11.6	13.1	14.9	17.1	19.6
33	13.2837	9.3	10.4	11.7	13.3	15.1	17.3	20.0
34	13.4731	9.4	10.5	11.9	13.5	15.4	17.6	20.3
35	13.6618	9.5	10.7	12.0	13.7	15.6	17.9	20.6
36	13.8503	9.6	10.8	12.2	13.9	15.8	18.1	20.9

0～36个月男孩的年龄身高

月龄	均 值	标准差（身长、身高：厘米）						
		−3SD	−2SD	−1SD	中位数	+1SD	+2SD	+3SD
0	49.8842	44.2	46.1	48.0	49.9	51.8	53.7	55.6
1	54.7244	48.9	50.8	52.8	54.7	56.7	58.6	60.6
2	58.4249	52.4	54.4	56.4	58.4	60.4	62.4	64.4
3	61.4292	55.3	57.3	59.4	61.4	63.5	65.5	67.6
4	63.8860	57.6	59.7	61.8	63.9	66.0	68.0	70.1
5	65.9026	59.6	61.7	63.8	65.9	68.0	70.1	72.2
6	67.6236	61.2	63.3	65.5	67.6	69.8	71.9	74.0
7	69.1645	62.7	64.8	67.0	69.2	71.3	73.5	75.7
8	70.5994	64.0	66.2	68.4	70.6	72.8	75.0	77.2
9	71.9687	65.2	67.5	69.7	72.0	74.2	76.5	78.7
10	73.2812	66.4	68.7	71.0	73.3	75.6	77.9	80.1
11	74.5388	67.6	69.9	72.2	74.5	76.9	79.2	81.5
12	75.7488	68.6	71.0	73.4	75.7	78.1	80.5	82.9
13	76.9186	69.6	72.1	74.5	76.9	79.3	81.8	84.2
14	78.0497	70.6	73.1	75.6	78.0	80.5	83.0	85.5
15	79.1458	71.6	74.1	76.6	79.1	81.7	84.2	86.7
16	80.2113	72.5	75.0	77.6	80.2	82.8	85.4	88.0
17	81.2487	73.3	76.0	78.6	81.2	83.9	86.5	89.2
18	82.2587	74.2	76.9	79.6	82.3	85.0	87.7	90.4
19	83.2418	75.0	77.7	80.5	83.2	86.0	88.8	91.5
20	84.1996	75.8	78.6	81.4	84.2	87.0	89.8	92.6
21	85.1348	76.5	79.4	82.3	85.1	88.0	90.9	93.8
22	86.0477	77.2	80.2	83.1	86.0	89.0	91.9	94.9
23	86.9410	78.0	81.0	83.9	86.9	89.9	92.9	95.9
24	87.1161	78.0	81.0	84.1	87.1	90.2	93.2	96.3
25	87.9720	78.6	81.7	84.9	88.0	91.1	94.2	97.3
26	88.8065	79.3	82.5	85.6	88.8	92.0	95.2	98.3
27	89.6197	79.9	83.1	86.4	89.6	92.9	96.1	99.3
28	90.4120	80.5	83.8	87.1	90.4	93.7	97.0	100.3
29	91.1828	81.1	84.5	87.8	91.2	94.5	97.9	101.2
30	91.9327	81.7	85.1	88.5	91.9	95.3	98.7	102.1
31	92.6631	82.3	85.7	89.2	92.7	96.1	99.6	103.0
32	93.3753	82.8	86.4	89.9	93.4	96.9	100.4	103.9
33	94.0711	83.4	86.9	90.5	94.1	97.6	101.2	104.8
34	94.7532	83.9	87.5	91.1	94.8	98.4	102.0	105.6
35	95.4236	84.4	88.1	91.8	95.4	99.1	102.7	106.4
36	96.0835	85.0	88.7	92.4	96.1	99.8	103.5	107.2

0~36个月女孩的年龄身高

月龄	均值	标准差（身长、身高：厘米）						
		−3SD	−2SD	−1SD	中位数	+1SD	+2SD	+3SD
0	49.1477	43.6	45.4	47.3	49.1	51.0	52.9	54.7
1	53.6872	47.8	49.8	51.7	53.7	55.6	57.6	59.5
2	57.0673	51.0	53.0	55.0	57.1	59.1	61.1	63.2
3	59.8029	53.5	55.6	57.7	59.8	61.9	64.0	66.1
4	62.0899	55.6	57.8	59.9	62.1	64.3	66.4	68.6
5	64.0301	57.4	59.6	61.8	64.0	66.2	68.5	70.7
6	65.7311	58.9	61.2	63.5	65.7	68.0	70.3	72.5
7	67.2873	60.3	62.7	65.0	67.3	69.6	71.9	74.2
8	68.7498	61.7	64.0	66.4	68.7	71.7	73.5	75.8
9	70.1435	62.9	65.3	67.7	70.1	72.6	75.0	77.4
10	71.4818	64.1	66.5	69.0	71.5	73.9	76.4	78.9
11	72.7710	65.2	67.7	70.3	72.8	75.3	77.8	80.3
12	74.0150	66.3	68.9	71.4	74.0	76.6	79.2	81.7
13	75.2176	67.3	70.0	72.6	75.2	77.8	80.5	83.1
14	76.3817	68.3	71.0	73.7	76.4	79.1	81.7	84.4
15	77.5099	69.3	72.0	74.8	77.5	80.2	83.0	85.7
16	78.6055	70.2	73.0	75.8	78.6	81.4	84.2	87.0
17	79.6710	71.1	74.0	76.8	79.7	82.5	85.4	88.2
18	80.7079	72.0	74.9	77.8	80.7	83.6	86.5	89.4
19	81.7182	72.8	75.8	78.8	81.7	84.7	87.6	90.6
20	82.7036	73.7	76.7	79.7	82.7	85.7	88.7	91.7
21	83.6654	74.5	77.5	80.6	83.7	86.7	89.8	92.9
22	84.6040	75.2	78.4	81.5	84.6	87.8	90.8	94.0
23	85.5202	76.0	79.2	82.3	85.5	88.7	91.9	95.0
24	85.7153	76.0	79.3	82.5	85.7	88.9	92.2	95.4
25	86.5904	76.8	80.0	83.3	86.6	89.9	93.1	96.4
26	87.4462	77.5	80.8	84.1	87.4	90.8	94.1	97.4
27	88.2830	78.1	81.5	84.9	88.3	91.7	95.0	98.4
28	89.1004	78.8	82.2	85.7	89.1	92.5	96.0	99.4
29	89.8991	79.5	82.9	86.4	89.9	93.4	96.9	100.3
30	90.6797	80.1	83.6	87.1	90.7	94.2	97.7	101.3
31	91.4430	80.7	84.3	87.9	91.4	95.0	98.6	102.2
32	92.1906	81.3	84.9	88.6	92.2	95.8	99.4	103.1
33	92.9239	81.9	85.6	89.2	92.9	96.6	100.3	103.9
34	93.6444	82.5	86.2	89.9	93.6	97.4	101.1	104.8
35	94.3533	83.1	86.8	90.6	94.4	98.1	101.9	105.6
36	95.0515	83.6	87.4	91.2	95.1	98.9	102.7	106.5

0～36个月男孩的年龄头围

月龄	均 值	标准差（头围：厘米）						
		−3SD	−2SD	−1SD	中位数	+1SD	+2SD	+3SD
0	34.4618	30.7	31.9	33.2	34.5	35.7	37.0	38.5
1	37.2759	33.8	34.9	36.1	37.3	38.4	39.6	40.8
2	39.1258	35.6	36.8	38.0	39.1	40.3	41.5	42.6
3	40.5135	37.0	38.1	39.3	40.5	41.7	42.9	44.1
4	41.6317	38.0	39.2	40.4	41.6	42.8	44.0	45.2
5	42.5576	38.9	40.1	41.4	42.6	43.8	45.0	46.2
6	43.3306	39.7	40.9	42.1	43.3	44.6	45.8	47.0
7	43.9803	40.3	41.5	42.7	44.4	45.2	46.4	47.7
8	44.5300	40.8	42.0	43.3	44.5	45.8	47.0	48.3
9	44.9998	41.2	42.5	43.7	45.0	46.3	47.5	48.8
10	45.4051	41.6	42.9	44.1	45.4	46.7	47.9	49.2
11	45.7573	41.9	43.2	44.5	45.8	47.0	48.3	49.6
12	46.0661	42.2	43.5	44.8	46.1	47.4	48.6	49.9
13	46.3395	42.5	43.8	45.0	46.3	47.6	48.9	50.2
14	46.5844	42.7	44.0	45.3	46.6	47.9	49.2	50.5
15	46.8060	42.9	44.2	45.5	46.8	48.1	49.4	50.7
16	47.0088	43.1	44.4	45.7	47.0	48.3	49.6	51.0
17	47.1962	43.2	44.6	45.9	47.2	48.5	49.8	51.2
18	47.3711	43.4	44.7	46.0	47.4	48.7	50.0	51.4
19	47.5357	43.5	44.9	46.2	47.5	48.9	50.2	51.5
20	47.6919	43.7	45.0	46.4	47.7	49.0	50.4	51.7
21	47.8408	43.8	45.2	46.5	47.8	49.2	50.5	51.9
22	47.9833	43.9	45.3	46.6	48.0	49.3	50.7	52.0
23	48.1201	44.1	45.4	46.8	48.1	49.5	50.8	52.2
24	48.2515	44.2	45.5	46.9	48.3	49.6	51.0	52.3
25	48.3777	44.3	45.6	47.0	48.4	49.7	51.1	52.5
26	48.4989	44.4	45.8	47.1	48.5	49.9	51.2	52.6
27	48.6151	44.5	45.9	47.2	48.6	50.0	51.4	52.7
28	48.7264	44.6	46.0	47.3	48.7	50.1	51.5	52.9
29	48.8331	44.7	46.1	47.4	48.8	50.2	51.6	53.0
30	48.9351	44.8	46.1	47.5	48.9	50.3	51.7	53.1
31	49.0327	44.8	46.2	47.6	49.0	50.4	51.8	53.2
32	49.1260	44.9	46.3	47.7	49.1	50.5	51.9	53.3
33	49.2153	45.0	46.4	47.8	49.2	50.6	52.0	53.4
34	49.3007	45.1	46.5	47.9	49.3	50.7	52.1	53.5
35	49.3826	45.1	46.6	48.0	49.4	50.8	52.2	53.6
36	49.4612	45.2	46.6	48.0	49.5	50.9	52.3	53.7

0~36个月女孩的年龄头围

月龄	均 值	标准差（头围：厘米）						
		-3SD	-2SD	-1SD	中位数	+1SD	+2SD	+3SD
0	33.7878	30.3	31.5	32.7	33.9	35.1	36.2	37.4
1	36.5463	33.0	34.2	35.4	36.5	37.7	38.9	40.1
2	38.2521	34.6	35.8	37.0	38.3	39.5	40.7	41.9
3	39.5328	35.8	37.1	38.3	39.5	40.8	42.0	43.3
4	40.5817	36.8	38.1	39.3	40.6	41.8	43.1	44.4
5	41.4590	37.6	38.9	40.2	41.5	42.7	44.0	45.3
6	42.1995	38.3	39.6	40.9	42.2	43.5	44.8	46.1
7	42.8290	38.9	40.2	41.5	42.8	44.1	45.5	46.8
8	43.3671	39.4	40.7	42.0	43.4	44.7	46.0	47.4
9	43.8300	39.8	41.2	42.5	43.8	45.2	46.5	47.8
10	44.2319	40.2	41.5	42.9	44.2	45.6	46.9	48.3
11	44.5844	40.5	41.9	43.2	44.6	45.9	47.3	48.6
12	44.8965	40.8	42.2	43.5	44.9	46.3	47.6	49.0
13	45.1752	41.1	42.4	43.8	45.2	46.5	47.9	49.3
14	45.4265	41.3	42.7	44.1	45.4	46.8	48.2	49.5
15	45.6551	41.5	42.9	44.3	45.7	47.0	48.4	49.8
16	45.8650	41.7	43.1	44.5	45.9	47.2	48.6	50.0
17	46.0598	41.9	43.3	44.7	46.1	47.4	48.8	50.2
18	46.2424	42.1	43.5	44.9	46.2	47.6	49.0	50.4
19	46.4152	42.3	43.6	45.0	46.4	47.8	49.2	50.6
20	46.5801	42.4	43.8	45.2	46.6	48.0	49.4	50.7
21	46.7384	42.6	44.0	45.3	46.7	48.1	49.5	50.9
22	46.8913	42.7	44.1	45.5	46.9	48.3	49.7	51.1
23	47.0391	42.9	44.3	45.6	47.0	48.4	49.8	51.2
24	47.1822	43.0	44.4	45.8	47.2	48.6	50.0	51.4
25	47.3204	43.1	44.5	45.9	47.3	48.7	50.1	51.5
26	47.4536	43.3	44.7	46.1	47.5	48.9	50.3	51.7
27	47.5817	43.4	44.8	46.2	47.6	49.0	50.4	51.8
28	47.7045	43.5	44.9	46.3	47.7	49.1	50.5	51.9
29	47.8219	43.6	45.0	46.4	47.8	49.2	50.6	52.0
30	47.9340	43.7	45.1	46.5	47.9	49.3	50.7	52.2
31	48.0410	43.8	45.2	46.6	48.0	49.4	50.9	52.3
32	48.1432	43.9	45.3	46.7	48.1	49.6	51.0	52.4
33	48.2408	44.0	45.4	46.8	48.2	49.7	51.1	52.5
34	48.3343	44.1	45.5	46.9	48.3	49.7	51.2	52.6
35	48.4239	44.2	45.6	47.0	44.4	49.8	51.2	52.7
36	48.5099	44.3	45.7	47.1	48.5	49.9	51.3	52.7

0~36个月男孩的身高体重

身长（cm）	体重均值	标准差（体重：千克）						
		−3SD	−2SD	−1SD	中位数	+1SD	+2SD	+3SD
49.0	3.1308	2.4	2.6	2.9	3.1	3.4	3.8	4.2
49.5	3.2276	2.5	2.7	3.0	3.2	3.5	3.9	4.3
50.0	3.3278	2.6	2.8	3.0	3.3	3.6	4.0	4.4
50.5	3.4311	2.7	2.9	3.1	3.4	3.8	4.1	4.5
51.0	3.5376	2.7	3.0	3.2	3.5	3.9	4.2	4.7
51.5	3.6477	2.8	3.1	3.3	3.6	4.0	4.4	4.8
52.0	3.762	2.9	3.2	3.5	3.8	4.1	4.5	5.0
52.5	3.8814	3.0	3.3	3.6	3.9	4.2	4.6	5.1
53.0	4.006	3.1	3.4	3.7	4.0	4.4	4.8	5.3
53.5	4.1354	3.2	3.5	3.8	4.1	4.5	4.9	5.4
54.0	4.2693	3.3	3.6	3.9	4.3	4.7	5.1	5.6
54.5	4.4066	3.4	3.7	4.0	4.4	4.8	5.3	5.8
55.0	4.5467	3.6	3.8	4.2	4.5	5.0	5.4	6.0
55.5	4.6892	3.7	4.0	4.3	4.7	5.1	5.6	6.1
56.0	4.8338	3.8	4.1	4.4	4.8	5.3	5.8	6.3
56.5	4.9796	3.9	4.2	4.6	5.0	5.4	5.9	6.5
57.0	5.1259	4.0	4.3	4.7	5.1	5.6	6.1	6.7
57.5	5.2721	4.1	4.5	4.9	5.3	5.7	6.3	6.9
58.0	5.418	4.3	4.6	5.0	5.4	5.9	6.4	7.1
58.5	5.5632	4.4	4.7	5.1	5.6	6.1	6.6	7.2
59.0	5.7074	4.5	4.8	5.3	5.7	6.2	6.8	7.4
59.5	5.8501	4.6	5.0	5.4	5.9	6.4	7.0	7.6
60.0	5.9907	4.7	5.1	5.5	6.0	6.5	7.1	7.8
60.5	6.1284	4.8	5.2	5.6	6.1	6.7	7.3	8.0
61.0	6.2632	4.9	5.3	5.8	6.3	6.8	7.4	8.1
61.5	6.3954	5.0	5.4	5.9	6.4	7.0	7.6	8.3
62.0	6.5251	5.1	5.6	6.0	6.5	7.1	7.7	8.5
62.5	6.6527	5.2	5.7	6.1	6.7	7.2	7.9	8.6
63.0	6.7786	5.3	5.8	6.2	6.8	7.4	8.0	8.8
63.5	6.9028	5.4	5.9	6.4	6.9	7.5	8.2	8.9
64.0	7.0255	5.5	6.0	6.5	7.0	7.6	8.3	9.1
64.5	7.1467	5.6	6.1	6.6	7.1	7.8	8.5	9.3
65.0	7.2666	5.7	6.2	6.7	7.3	7.9	8.6	9.4
65.5	7.3854	5.8	6.3	6.8	7.4	8.0	8.7	9.6
66.0	7.5034	5.9	6.4	6.9	7.5	8.2	8.9	9.7
66.5	7.6206	6.0	6.5	7.0	7.6	8.3	9.0	9.9
67.0	7.737	6.1	6.6	7.1	7.7	8.4	9.2	10.0
67.5	7.8526	6.2	6.7	7.2	7.9	8.5	9.3	10.2
68.0	7.9674	6.3	6.8	7.3	8.0	8.7	9.4	10.3

（续表）

身长（cm）	体重均值	标准差（体重：千克）						
		−3SD	−2SD	−1SD	中位数	+1SD	+2SD	+3SD
68.5	8.0816	6.4	6.9	7.5	8.1	8.8	9.6	10.5
69.0	8.1955	6.5	7.0	7.6	8.2	8.9	9.7	10.6
69.5	8.3092	6.6	7.1	7.7	8.3	9.0	9.8	10.8
70.0	8.4227	6.6	7.2	7.8	8.4	9.2	10.0	10.9
70.5	8.5358	6.7	7.3	7.9	8.5	9.3	10.1	11.1
71.0	8.648	6.8	7.4	8.0	8.6	9.4	10.2	11.2
71.5	8.7594	6.9	7.5	8.1	8.8	9.5	10.4	11.3
72.0	8.8697	7.0	7.6	8.2	8.9	9.6	10.5	11.5
72.5	8.9788	7.1	7.6	8.3	9.0	9.8	10.6	11.6
73.0	9.0865	7.2	7.7	8.4	9.1	9.9	10.8	11.8
73.5	9.1927	7.2	7.8	8.5	9.2	10.0	10.9	11.9
74.0	9.2974	7.3	7.9	8.6	9.3	10.1	11.0	12.1
74.5	9.401	7.4	8.0	8.7	9.4	10.2	11.2	12.2
75.0	9.5032	7.5	8.1	8.8	9.5	10.3	11.3	12.3
75.5	9.6041	7.6	8.2	8.8	9.6	10.4	11.4	12.5
76.0	9.7033	7.6	8.3	8.9	9.7	10.6	11.5	12.6
76.5	9.8007	7.7	8.3	9.0	9.8	10.7	11.6	12.7
77.0	9.8963	7.8	8.4	9.1	9.9	10.8	11.7	12.8
77.5	9.9902	7.9	8.5	9.2	10.0	10.9	11.9	13.0
78.0	10.0827	7.9	8.6	9.3	10.1	11.0	12.0	13.1
78.5	10.1741	8.0	8.7	9.4	10.2	11.1	12.1	13.2
79.0	10.2649	8.1	8.7	9.5	10.3	11.2	12.2	13.3
79.5	10.3558	8.2	8.8	9.5	10.4	11.3	12.3	13.4
80.0	10.4475	8.2	8.9	9.6	10.4	11.4	12.4	13.6
80.5	10.5405	8.3	9.0	9.7	10.5	11.5	12.5	13.7
81.0	10.6352	8.4	9.1	9.8	10.6	11.6	12.6	13.8
81.5	10.7322	8.5	9.1	9.9	10.7	11.7	12.7	13.9
82.0	10.8321	8.5	9.2	10.0	10.8	11.8	12.8	14.0
82.5	10.935	8.6	9.3	10.1	10.9	11.9	13.0	14.2
83.0	11.0415	8.7	9.4	10.2	11.0	12.0	13.1	14.3
83.5	11.1516	8.8	9.5	10.3	11.2	12.1	13.2	14.4
84.0	11.2651	8.9	9.6	10.4	11.3	12.2	13.3	14.6
84.5	11.3817	9.0	9.7	10.5	11.4	12.4	13.5	14.7
85.0	11.5007	9.1	9.8	10.6	11.5	12.5	13.6	14.9
85.5	11.6218	9.2	9.9	10.7	11.6	12.6	13.7	15.0
86.0	11.7444	9.3	10.0	10.8	11.7	12.8	13.9	15.2
86.5	11.8678	9.4	10.1	11.0	11.9	12.9	14.0	15.3
87.0	11.9916	9.5	10.2	11.1	12.0	13.0	14.2	15.5
87.5	12.1152	9.6	10.4	11.2	12.1	13.2	14.3	15.6
88.0	12.2382	9.7	10.5	11.3	12.2	13.3	14.5	15.8
88.5	12.3603	9.8	10.6	11.4	12.4	13.4	14.6	15.9

（续表）

身长（cm）	体重均值	标准差（体重：千克）						
		−3SD	−2SD	−1SD	中位数	+1SD	+2SD	+3SD
89.0	12.4815	9.9	10.7	11.5	12.5	13.5	14.7	16.1
89.5	12.6017	10.0	10.8	11.6	12.6	13.7	14.9	16.2
90.0	12.7209	10.1	10.9	11.8	12.7	13.8	15.0	16.4
90.5	12.8392	10.2	11.0	11.9	12.8	13.9	15.1	16.5
91.0	12.9569	10.3	11.1	12.0	13.0	14.1	15.3	16.7
91.5	13.0742	10.4	11.2	12.1	13.1	14.2	15.4	16.8
92.0	13.191	10.5	11.3	12.2	13.2	14.3	15.6	17.0
92.5	13.3075	10.6	11.4	12.3	13.3	14.4	15.7	17.1
93.0	13.4239	10.7	11.5	12.4	13.4	14.6	15.8	17.3
93.5	13.5404	10.7	11.6	12.5	13.5	14.7	16.0	17.4
94.0	13.6572	10.8	11.7	12.6	13.7	14.8	16.1	17.6
94.5	13.7746	10.9	11.8	12.7	13.8	14.9	16.3	17.7
95.0	13.8928	11.0	11.9	12.8	13.9	15.1	16.4	17.9
95.5	14.012	11.1	12.0	12.9	14.0	15.2	16.5	18.0
96.0	14.1325	11.2	12.1	13.1	14.1	15.3	16.7	18.2
96.5	14.2544	11.3	12.2	13.2	14.3	15.5	16.8	18.4
97.0	14.3782	11.4	12.3	13.3	14.4	15.6	17.0	18.5
97.5	14.5038	11.5	12.4	13.4	14.5	15.7	17.1	18.7
98.0	14.6316	11.6	12.5	13.5	14.6	15.9	17.3	18.9
98.5	14.7614	11.7	12.6	13.6	14.8	16.0	17.5	19.1
99.0	14.8934	11.8	12.7	13.7	14.9	16.2	17.6	19.2
99.5	15.0275	11.9	12.8	13.9	15.0	16.3	17.8	19.4
100.0	15.1637	12.0	12.9	14.0	15.2	16.5	18.0	19.6
100.5	15.3018	12.1	13.0	14.1	15.3	16.6	18.1	19.8
101.0	15.4419	12.2	13.2	14.2	15.4	16.8	18.3	20.0
101.5	15.5838	12.3	13.3	14.4	15.6	16.9	18.5	20.2
102.0	15.7276	12.4	13.4	14.5	15.7	17.1	18.7	20.4
102.5	15.8732	12.5	13.5	14.6	15.9	17.3	18.8	20.6
103.0	16.0206	12.6	13.6	14.8	16.0	17.4	19.0	20.8
103.5	16.1697	12.7	13.7	14.9	16.2	17.6	19.2	21.0
104.0	16.3204	12.8	13.9	15.0	16.3	17.8	19.4	21.2
104.5	16.4728	12.9	14.0	15.2	16.5	17.9	19.6	21.5
105.0	16.6268	13.0	14.1	15.3	16.6	18.1	19.8	21.7
105.5	16.7826	13.2	14.2	15.4	16.8	18.3	20.0	21.9
106.0	16.9401	13.3	14.4	15.6	16.9	18.5	20.2	22.1
106.5	17.0995	13.4	14.5	15.7	17.1	18.6	20.4	22.4
107.0	17.2607	13.5	14.6	15.9	17.3	18.8	20.6	22.6
107.5	17.4237	13.6	14.7	16.0	17.4	19.0	20.8	22.8
108.0	17.5885	13.7	14.9	16.2	17.6	19.2	21.0	23.1
108.5	17.7553	13.8	15.0	16.3	17.8	19.4	21.2	23.3
109.0	17.9242	14.0	15.1	16.5	17.9	19.6	21.4	23.6
109.5	18.0954	14.1	15.3	16.6	18.1	19.8	21.7	23.8
110.0	18.2689	14.2	15.4	16.8	18.3	20.0	21.9	24.1

0~36个月女孩的身高体重

身长（cm）	体重均值	标准差（体重：千克）						
		−3SD	−2SD	−1SD	中位数	+1SD	+2SD	+3SD
49.0	3.1560	2.4	2.6	2.9	3.2	3.5	3.8	4.2
49.5	3.2520	2.5	2.7	3.0	3.3	3.6	3.9	4.3
50.0	3.3518	2.6	2.8	3.1	3.4	3.7	4.0	4.5
50.5	3.4557	2.7	2.9	3.2	3.5	3.8	4.2	4.6
51.0	3.5636	2.8	3.0	3.3	3.6	3.9	4.3	4.8
51.5	3.6754	2.8	3.1	3.4	3.7	4.0	4.4	4.9
52.0	3.7911	2.9	3.2	3.5	3.8	4.2	4.6	5.1
52.5	3.9105	3.0	3.3	3.6	3.9	4.3	4.7	5.2
53.0	4.0332	3.1	3.4	3.7	4.0	4.4	4.9	5.4
53.5	4.1591	3.2	3.5	3.8	4.2	4.6	5.0	5.5
54.0	4.2875	3.3	3.6	3.9	4.3	4.7	5.2	5.7
54.5	4.4179	3.4	3.7	4.0	4.4	4.8	5.3	5.9
55.0	4.5498	3.5	3.8	4.2	4.5	5.0	5.5	6.1
55.5	4.6827	3.6	3.9	4.3	4.7	5.1	5.7	6.3
56.0	4.8162	3.7	4.0	4.4	4.8	5.3	5.8	6.4
56.5	4.9500	3.8	4.1	4.5	5.0	5.4	6.0	6.6
57.0	5.0837	3.9	4.3	4.6	5.1	5.6	6.1	6.8
57.5	5.2173	4.0	4.4	4.8	5.2	5.7	6.3	7.0
58.0	5.3507	4.1	4.5	4.9	5.4	5.9	6.5	7.1
58.5	5.4834	4.2	4.6	5.0	5.5	6.0	6.6	7.3
59.0	5.6151	4.3	4.7	5.1	5.6	6.2	6.8	7.5
59.5	5.7454	4.4	4.8	5.3	5.7	6.3	6.9	7.7
60.0	5.8742	4.5	4.9	5.4	5.9	6.4	7.1	7.8
60.5	6.0014	4.6	5.0	5.5	6.0	6.6	7.3	8.0
61.0	6.1270	4.7	5.1	5.6	6.1	6.7	7.4	8.2
61.5	6.2511	4.8	5.2	5.7	6.3	6.9	7.6	8.4
62.0	6.3738	4.9	5.3	5.8	6.4	7.0	7.7	8.5
62.5	6.4948	5.0	5.4	5.9	6.5	7.1	7.8	8.7
63.0	6.6144	5.1	5.5	6.0	6.6	7.3	8.0	8.8
63.5	6.7328	5.2	5.6	6.2	6.7	7.4	8.1	9.0
64.0	6.8501	5.3	5.7	6.3	6.9	7.5	8.3	9.1
64.5	6.9662	5.4	5.8	6.4	7.0	7.6	8.4	9.3
65.0	7.0812	5.5	5.9	6.5	7.1	7.8	8.6	9.5
65.5	7.1950	5.5	6.0	6.6	7.2	7.9	8.7	9.6
66.0	7.3076	5.6	6.1	6.7	7.3	8.0	8.8	9.8
66.5	7.4189	5.7	6.2	6.8	7.4	8.1	9.0	9.9
67.0	7.5288	5.8	6.3	6.9	7.5	8.3	9.1	10.0
67.5	7.6375	5.9	6.4	7.0	7.6	8.4	9.2	10.2
68.0	7.7448	6.0	6.5	7.1	7.7	8.5	9.4	10.3
68.5	7.8509	6.1	6.6	7.2	7.9	8.6	9.5	10.5
69.0	7.9559	6.1	6.7	7.3	8.0	8.7	9.6	10.6

（续表）

身长（cm）	体重均值	标准差（体重：千克）						
		-3SD	-2SD	-1SD	中位数	+1SD	+2SD	+3SD
69.5	8.0599	6.2	6.8	7.4	8.1	8.8	9.7	10.7
70.0	8.1630	6.3	6.9	7.5	8.2	9.0	9.9	10.9
70.5	8.2651	6.4	6.9	7.6	8.3	9.1	10.0	11.0
71.0	8.3666	6.5	7.0	7.7	8.4	9.2	10.1	11.1
71.5	8.4676	6.5	7.1	7.7	8.5	9.3	10.2	11.3
72.0	8.5679	6.6	7.2	7.8	8.6	9.4	10.3	11.4
72.5	8.6674	6.7	7.3	7.9	8.7	9.5	10.5	11.5
73.0	8.7661	6.8	7.4	8.0	8.8	9.6	10.6	11.7
73.5	8.8638	6.9	7.4	8.1	8.9	9.7	10.7	11.8
74.0	8.9601	6.9	7.5	8.2	9.0	9.8	10.8	11.9
74.5	9.0552	7.0	7.6	8.3	9.1	9.9	10.9	12.0
75.0	9.1490	7.1	7.7	8.4	9.1	10.0	11.0	12.2
75.5	9.2418	7.1	7.8	8.5	9.2	10.1	11.1	12.3
76.0	9.3337	7.2	7.8	8.5	9.3	10.2	11.2	12.4
76.5	9.4252	7.3	7.9	8.6	9.4	10.3	11.4	12.5
77.0	9.5166	7.4	8.0	8.7	9.5	10.4	11.5	12.6
77.5	9.6086	7.4	8.1	8.8	9.6	10.5	11.6	12.8
78.0	9.7015	7.5	8.2	8.9	9.7	10.6	11.7	12.9
78.5	9.7957	7.6	8.2	9.0	9.8	10.7	11.8	13.0
79.0	9.8915	7.7	8.3	9.1	9.9	10.8	11.9	13.1
79.5	9.9892	7.7	8.4	9.1	10.0	10.9	12.0	13.3
80.0	10.0891	7.8	8.5	9.2	10.1	11.0	12.1	13.4
80.5	10.1916	7.9	8.6	9.3	10.2	11.2	12.3	13.5
81.0	10.2965	8.0	8.7	9.4	10.3	11.3	12.4	13.7
81.5	10.4041	8.1	8.8	9.5	10.4	11.4	12.5	13.8
82.0	10.5140	8.1	8.8	9.6	10.5	11.5	12.6	13.9
82.5	10.6263	8.2	8.9	9.7	10.6	11.6	12.8	14.1
83.0	10.7410	8.3	9.0	9.8	10.7	11.8	12.9	14.2
83.5	10.8578	8.4	9.1	9.9	10.9	11.9	13.1	14.4
84.0	10.9767	8.5	9.2	10.1	11.0	12.0	13.2	14.5
84.5	11.0974	8.6	9.3	10.2	11.1	12.1	13.3	14.7
85.0	11.2198	8.7	9.4	10.3	11.2	12.3	13.5	14.9
85.5	11.3435	8.8	9.5	10.4	11.3	12.4	13.6	15.0
86.0	11.4684	8.9	9.7	10.5	11.5	12.6	13.8	15.2
86.5	11.5940	9.0	9.8	10.6	11.6	12.7	13.9	15.4
87.0	11.7201	9.1	9.9	10.7	11.7	12.8	14.1	15.5
87.5	11.8461	9.2	10.0	10.9	11.8	13.0	14.2	15.7
88.0	11.9720	9.3	10.1	11.0	12.0	13.1	14.4	15.9
88.5	12.0976	9.4	10.2	11.1	12.1	13.2	14.5	16.0
89.0	12.2229	9.5	10.3	11.2	12.2	13.4	14.7	16.2
89.5	12.3477	9.6	10.4	11.3	12.3	13.5	14.8	16.4

（续表）

身长（cm）	体重均值	标准差（体重：千克）						
		−3SD	−2SD	−1SD	中位数	+1SD	+2SD	+3SD
90.0	12.4723	9.7	10.5	11.4	12.5	13.7	15.0	16.5
90.5	12.5965	9.8	10.6	11.5	12.6	13.8	15.1	16.7
91.0	12.7205	9.9	10.7	11.7	12.7	13.9	15.3	16.9
91.5	12.8443	10.0	10.8	11.8	12.8	14.1	15.5	17.0
92.0	12.9681	10.1	10.9	11.9	13.0	14.2	15.6	17.2
92.5	13.0920	10.1	11.0	12.0	13.1	14.3	15.8	17.4
93.0	13.2158	10.2	11.1	12.1	13.2	14.5	15.9	17.5
93.5	13.3399	10.3	11.2	12.2	13.3	14.6	16.1	17.7
94.0	13.4643	10.4	11.3	12.3	13.5	14.7	16.2	17.9
94.5	13.5892	10.5	11.4	12.4	13.6	14.9	16.4	18.0
95.0	13.7146	10.6	11.5	12.6	13.7	15.0	16.5	18.2
95.5	13.8408	10.7	11.6	12.7	13.8	15.2	16.7	18.4
96.0	13.9676	10.8	11.7	12.8	14.0	15.3	16.8	18.6
96.5	14.0953	10.9	11.8	12.9	14.1	15.4	17.0	18.7
97.0	14.2239	11.0	12.0	13.0	14.2	15.6	17.1	18.9
97.5	14.3537	11.1	12.1	13.1	14.4	15.7	17.3	19.1
98.0	14.4848	11.2	12.2	13.3	14.5	15.9	17.5	19.3
98.5	14.6174	11.3	12.3	13.4	14.6	16.0	17.6	19.5
99.0	14.7519	11.4	12.4	13.5	14.8	16.2	17.8	19.6
99.5	14.8882	11.5	12.5	13.6	14.9	16.3	18.0	19.8
100.0	15.0267	11.6	12.6	13.7	15.0	16.5	18.1	20.0
100.5	15.1676	11.7	12.7	13.9	15.2	16.6	18.3	20.2
101.0	15.3108	11.8	12.8	14.0	15.3	16.8	18.5	20.4
101.5	15.4564	11.9	13.0	14.1	15.5	17.0	18.7	20.6
102.0	15.6046	12.0	13.1	14.3	15.6	17.1	18.9	20.8
102.5	15.7553	12.1	13.2	14.4	15.8	17.3	19.0	21.0
103.0	15.9087	12.3	13.3	14.5	15.9	17.5	19.2	21.3
103.5	16.0645	12.4	13.5	14.7	16.1	17.6	19.4	21.5
104.0	16.2229	12.5	13.6	14.8	16.2	17.8	19.6	21.7
104.5	16.3837	12.6	13.7	15.0	16.4	18.0	19.8	21.9
105.0	16.5470	12.7	13.8	15.1	16.5	18.2	20.0	22.2
105.5	16.7129	12.8	14.0	15.3	16.7	18.4	20.2	22.4
106.0	16.8814	13.0	14.1	15.4	16.9	18.5	20.5	22.6
106.5	17.0527	13.1	14.3	15.6	17.1	18.7	20.7	22.9
107.0	17.2269	13.2	14.4	15.7	17.2	18.9	20.9	23.1
107.5	17.4039	13.3	14.5	15.9	17.4	19.1	21.1	23.4
108.0	17.5839	13.5	14.7	16.0	17.6	19.3	21.3	23.6
108.5	17.7668	13.6	14.8	16.2	17.8	19.5	21.6	23.9
109.0	17.9526	13.7	15.0	16.4	18.0	19.7	21.8	24.2
109.5	18.1412	13.9	15.1	16.5	18.1	20.0	22.0	24.4
110.0	18.3324	14.0	15.3	16.7	18.3	20.2	22.3	24.7

第二节 小儿肥胖的诊断方法与标准

一、小儿肥胖的诊断方法

测量小儿的身高与体重，根据世界卫生组织的身高标准体重值，按小儿的性别进行肥胖的诊断与分度。

二、小儿肥胖的诊断标准

1. 超重：小儿体重超过世界卫生组织的身高标准体重的10%～19%。

2. 轻度肥胖：小儿体重超过世界卫生组织的身高标准体重的20%～29%。

3. 中度肥胖：小儿体重超过世界卫生组织的身高标准体重的30%～49%。

4. 重度肥胖：小儿体重超过世界卫生组织的身高标准体重的50%以上。

小儿肥胖的诊断标准（卧位）

身高（cm）	体重均值	男					女				
		均值	+10%	+20%	+30%	+50%	均值	+10%	+20%	+30%	+50%
49.0	3.1	3.4	3.7	4.0	4.7	3.3	3.6	4.0	4.3	5.0
49.5	3.2	3.5	3.8	4.2	4.8	3.4	3.7	4.1	4.4	5.1
50.0	3.3	3.6	4.0	4.3	5.0	3.4	3.7	4.1	4.4	5.1
50.5	3.4	3.7	4.1	4.4	5.1	3.5	3.9	4.2	4.6	5.3
51.0	3.5	3.9	4.2	4.6	5.3	3.5	3.9	4.2	4.6	5.3
51.5	3.6	4.0	4.3	4.7	5.4	3.6	4.0	4.3	4.7	5.4
52.0	3.7	4.1	4.4	4.8	5.6	3.7	4.1	4.4	4.8	5.6
52.5	3.8	4.2	4.6	4.9	5.7	3.8	4.2	4.6	4.9	5.7
53.0	3.9	4.3	4.7	5.1	5.9	3.9	4.3	4.7	5.1	5.9
53.5	4.0	4.4	4.8	5.2	6.0	4.0	4.4	4.8	5.2	6.0
54.0	4.1	4.5	4.9	5.3	6.2	4.1	4.5	4.9	5.3	6.2
54.5	4.2	4.6	5.0	5.5	6.3	4.2	4.6	5.0	5.5	6.3
55.0	4.3	4.7	5.2	5.6	6.5	4.3	4.7	5.2	5.6	6.5
55.5	4.5	5.0	5.4	5.8	6.6	4.4	5.0	5.3	5.7	6.6
56.0	4.6	5.1	5.5	6.0	6.9	4.5	5.0	5.4	5.9	6.8

（续表）

身高（cm）	体重均值	男				女				
		+10%	+20%	+30%	+50%	均值	+10%	+20%	+30%	+50%
56.5	4.7	5.2	5.6	6.1	7.1	4.6	5.1	5.5	6.0	6.9
57.0	4.8	5.3	5.8	6.2	7.2	4.8	5.3	5.8	6.2	7.2
57.5	5.0	5.5	6.0	6.5	7.5	4.9	5.4	5.9	6.4	7.4
58.0	5.1	5.6	6.1	6.6	7.7	5.0	5.5	6.0	6.5	7.5
58.5	5.2	5.7	6.2	6.8	7.8	5.1	5.6	6.1	6.6	7.7
59.0	5.4	5.9	6.5	7.0	8.1	5.3	5.8	6.4	6.9	8.0
59.5	5.5	6.1	6.6	7.2	8.3	5.4	5.9	6.5	7.0	8.1
60.0	5.7	6.3	6.8	7.4	8.6	5.5	6.1	6.6	7.2	8.3
60.5	5.8	6.4	7.0	7.5	8.7	5.7	6.3	6.8	7.4	8.6
61.0	5.9	6.5	7.1	7.7	8.9	5.8	6.4	7.0	7.5	8.7
61.5	6.1	6.7	7.3	7.9	9.2	6.0	6.6	7.2	7.8	9.0
62.0	6.2	6.8	7.4	8.1	9.3	6.1	6.7	7.3	7.9	9.2
62.5	6.4	7.0	7.7	8.3	9.6	6.2	6.8	7.4	8.1	9.3
63.0	6.5	7.2	7.8	8.5	9.8	6.4	7.0	7.7	8.3	9.6
63.5	6.7	7.4	8.0	8.7	10.1	6.5	7.2	7.8	8.5	9.8
64.0	6.8	7.5	8.2	8.8	10.2	6.7	7.4	8.0	8.7	10.1
64.5	7.0	7.7	8.4	9.1	10.5	6.8	7.5	8.2	8.8	10.2
65.0	7.1	7.8	8.5	9.2	10.7	7.0	7.7	8.4	9.1	10.5
65.5	7.3	8.0	8.8	9.5	11.0	7.1	7.8	8.5	9.2	10.7
66.0	7.4	8.1	8.9	9.6	11.1	7.3	8.0	8.8	9.5	11.0
66.5	7.6	8.4	9.1	9.9	11.4	7.4	8.1	8.9	9.6	11.1
67.0	7.7	8.5	9.2	10.0	11.6	7.5	8.3	9.0	9.8	11.3
67.5	7.8	8.6	9.4	10.1	11.7	7.7	8.5	9.2	10.0	11.6
68.0	8.0	8.8	9.6	10.4	12.0	7.8	8.6	9.4	10.1	11.7
68.5	8.1	8.9	9.7	10.5	12.2	8.0	8.8	9.6	10.4	12.0
69.0	8.3	9.1	10.0	10.8	12.5	8.1	8.9	9.7	10.5	12.2
69.5	8.4	9.2	10.1	10.9	12.6	8.2	9.0	9.8	10.7	12.3
70.0	8.5	9.4	10.2	11.1	12.8	8.4	9.2	10.1	10.9	12.6
70.5	8.7	9.6	10.4	11.3	13.1	8.5	9.4	10.2	11.1	12.8
71.0	8.8	9.7	10.6	11.4	13.2	8.6	9.5	10.3	11.2	12.9
71.5	8.9	9.8	10.7	11.6	13.4	8.8	9.7	10.6	11.4	13.2
72.0	9.1	10.0	10.9	11.8	13.7	8.9	9.8	10.7	11.6	13.4
72.5	9.2	10.1	11.0	12.0	13.8	9.0	9.9	10.8	11.7	13.5
73.0	9.3	10.2	11.2	12.1	14.0	9.1	10.0	10.9	11.8	13.7
73.5	9.5	10.5	11.4	12.4	14.3	9.3	10.2	11.2	12.1	14.0
74.0	9.6	10.6	11.5	12.5	14.4	9.4	10.3	11.3	12.2	14.1
74.5	9.7	10.7	11.6	12.6	14.6	9.5	10.5	11.4	12.4	14.3
75.0	9.8	10.8	11.8	12.7	14.7	9.6	10.6	11.5	12.5	14.4
75.5	9.9	10.9	11.9	12.9	14.9	9.7	10.7	11.6	12.6	14.6

（续表）

身高 （cm）	体重 均值	男				女				
		+10%	+20%	+30%	+50%	均值	+10%	+20%	+30%	+50%
76.0	10.0	11.0	12.0	13.0	15.0	9.8	10.8	11.8	12.7	14.7
76.5	10.2	11.2	12.2	13.3	15.3	9.9	10.9	11.9	12.9	14.9
77.0	10.3	11.3	12.4	13.4	15.5	10.0	11.0	12.0	13.0	15.0
77.5	10.4	11.4	12.5	13.5	15.6	10.1	11.1	12.1	13.1	15.2
78.0	10.5	11.6	12.6	13.7	15.8	10.2	11.2	12.2	13.3	15.3
78.5	10.6	11.7	12.7	13.8	15.9	10.3	11.3	12.4	13.4	15.5
79.0	10.7	11.8	12.8	13.9	16.1	10.4	11.4	12.5	13.5	15.6
79.5	10.8	11.9	13.0	14.0	16.2	10.5	11.6	12.6	13.7	15.8
80.0	10.9	12.0	13.1	14.2	16.4	10.6	11.7	12.7	13.8	15.9
80.5	11.0	12.1	13.2	14.3	16.5	10.7	11.8	12.8	13.9	16.1
81.0	11.1	12.2	13.3	14.4	16.7	10.8	11.9	13.0	14.0	16.2
81.5	11.2	12.3	13.4	14.6	16.8	10.9	12.0	13.1	14.2	16.4
82.0	11.3	12.4	13.6	14.7	17.0	11.0	12.1	13.2	14.3	16.5
82.5	11.4	12.5	13.7	14.8	17.1	11.1	12.2	13.3	14.4	16.7
83.0	11.5	12.7	13.8	15.0	17.3	11.2	12.3	13.4	14.6	16.8
83.5	11.6	12.8	13.9	15.1	17.4	11.3	12.4	13.6	14.7	17.0
84.0	11.7	12.9	14.0	15.2	17.6	11.4	12.5	13.7	14.8	17.1
84.5	11.8	13.0	14.2	15.3	17.7	11.5	12.7	13.8	15.0	17.3
85.0	11.9	13.1	14.3	15.5	17.9	11.6	12.8	13.9	15.1	17.4
85.5	12.0	13.2	14.4	15.6	18.0	11.7	12.9	14.0	15.2	17.6
86.0	12.1	13.3	14.5	15.7	18.2	11.8	13.0	14.2	15.3	17.7
86.5	12.2	13.4	14.6	15.9	18.3	11.8	13.0	14.2	15.3	17.7
87.0	12.3	13.5	14.8	16.0	18.5	11.9	13.1	14.3	15.5	17.9
87.5	12.4	13.6	14.9	16.1	18.6	12.0	13.2	14.4	15.6	18.0
88.0	12.5	13.8	15.0	16.3	18.8	12.2	13.4	14.6	15.9	18.3
88.5	12.7	14.0	15.2	16.5	19.1	12.3	13.5	14.8	16.0	18.5
89.0	12.8	14.1	15.4	16.6	19.2	12.4	13.6	14.9	16.1	18.6
89.5	12.9	14.2	15.5	16.8	19.4	12.5	13.8	15.0	16.3	18.8
90.0	13.0	14.3	15.6	16.9	19.5	12.6	13.9	15.1	16.4	18.9
90.5	13.1	14.4	15.7	17.0	19.7	12.7	14.0	15.2	16.5	19.1
91.0	13.2	14.5	15.8	17.2	19.8	12.8	14.1	15.4	16.6	19.2
91.5	13.3	14.6	16.0	17.3	20.0	12.9	14.2	15.5	16.8	19.4
92.0	13.4	14.7	16.1	17.4	20.1	13.0	14.3	15.6	16.9	19.5
92.5	13.5	14.9	16.2	17.6	20.3	13.1	14.4	15.7	17.0	19.7
93.0	13.7	15.1	16.4	17.8	20.6	13.3	14.6	16.0	17.3	20.0
93.5	13.8	15.2	16.6	17.9	20.7	13.4	14.7	16.1	17.4	20.1
94.0	13.9	15.3	16.7	18.1	20.9	13.5	14.9	16.2	17.6	20.3
94.5	14.0	15.4	16.8	18.2	21.0	13.6	15.0	16.3	17.7	20.4
95.0	14.1	15.5	16.9	18.3	21.2	13.8	15.2	16.6	17.9	20.7

（续表）

身高 （cm）	体重 均值	男				女				
		+10%	+20%	+30%	+50%	均值	+10%	+20%	+30%	+50%
95.5	14.3	15.7	17.2	18.6	21.5	13.9	15.3	16.7	18.1	20.9
96.0	14.4	15.8	17.3	18.7	21.6	14.0	15.4	16.8	18.2	21.0
96.5	14.5	16.0	17.4	18.9	21.8	14.2	15.6	17.0	18.5	21.3
97.0	14.7	16.2	17.6	19.1	22.1	14.3	15.7	17.2	18.6	21.5
97.5	14.8	16.3	17.8	19.2	22.2	14.4	15.8	17.3	18.7	21.6
98.0	14.9	16.4	17.9	19.4	22.4	14.6	16.1	17.5	19.0	21.9
98.5	15.1	16.6	18.1	19.6	22.7	14.7	16.2	17.6	19.1	22.1
99.0	15.2	16.7	18.2	19.8	22.8	14.9	16.4	17.9	19.4	22.4
99.5	15.4	16.9	18.5	20.0	23.1	15.0	16.5	18.0	19.5	22.5
100.0	15.5	17.1	18.6	20.2	23.3	15.2	16.7	18.2	19.8	22.8
100.5	15.7	17.3	18.8	20.4	23.6	15.3	16.8	18.4	19.9	23.0
101.0	15.8	17.4	19.0	20.5	23.7	15.5	17.1	18.6	20.0	23.3

小儿肥胖的诊断标准（立位）

身高 （cm）	体重 均值	男				女				
		+10%	+20%	+30%	+50%	均值	+10%	+20%	+30%	+50%
82.0	11.5	12.7	13.8	15.0	17.3	11.2	12.3	13.4	14.6	16.8
82.5	11.6	12.8	13.9	15.1	17.4	11.3	12.4	13.6	14.7	17.0
83.0	11.7	12.9	14.0	15.2	17.6	11.4	12.5	13.7	14.8	17.1
83.5	11.8	13.0	14.2	15.3	17.7	11.5	12.7	13.8	15.0	17.3
84.0	11.9	13.1	14.3	15.5	17.9	11.6	12.8	13.9	15.1	17.4
84.5	12.0	13.2	14.4	15.6	18.0	11.7	12.9	14.0	15.2	17.6
85.0	12.1	13.3	14.5	15.7	18.2	11.8	13.0	14.2	15.3	17.7
85.5	12.2	13.4	14.6	15.9	18.3	11.9	13.1	14.3	15.5	17.9
86.0	12.3	13.5	14.8	16.0	18.5	12.0	13.2	14.4	15.6	18.0
86.5	12.5	13.8	15.0	16.3	18.8	12.2	13.4	14.6	15.9	18.3
87.0	12.6	13.9	15.1	16.4	18.9	12.3	13.5	14.8	16.0	18.5
87.5	12.7	14.0	15.2	16.5	19.1	12.4	13.6	14.9	16.1	18.6
88.0	12.8	14.1	15.4	16.6	19.2	12.5	13.8	15.0	16.3	18.8
88.5	12.9	14.2	15.5	16.8	19.4	12.6	13.9	15.1	16.4	18.9
89.0	13.0	14.3	15.6	16.9	19.5	12.7	14.0	15.2	16.5	19.1
89.5	13.1	14.4	15.7	17.0	19.7	12.8	14.1	15.4	16.6	19.2
90.0	13.3	14.6	16.0	17.3	20.0	12.9	14.2	15.5	16.8	19.4
90.5	13.4	14.7	16.1	17.4	20.1	13.0	14.3	15.6	16.9	19.5
91.0	13.5	14.9	16.2	17.6	20.3	13.2	14.5	15.8	17.2	19.8
91.5	13.6	15.0	16.3	17.7	20.4	13.3	14.6	16.0	17.3	20.0
92.0	13.7	15.1	16.4	17.8	20.6	13.4	14.7	16.1	17.4	20.1
92.5	13.9	15.3	16.7	18.1	20.9	13.5	14.9	16.2	17.6	20.3
93.0	14.0	15.4	16.8	18.2	21.0	13.6	15.0	16.3	17.7	20.4
93.5	14.1	15.5	16.9	18.3	21.2	13.7	15.1	16.4	17.8	20.6

（续表）

身高 （cm）	体重 均值	男				女				
		+10%	+20%	+30%	+50%	均值	+10%	+20%	+30%	+50%
94.0	14.2	15.6	17.0	18.5	21.3	13.9	15.3	16.7	18.1	20.9
94.5	14.3	15.7	17.2	18.6	21.5	14.0	15.4	16.8	18.2	21.0
95.0	14.5	16.0	17.4	18.9	21.8	14.1	15.5	16.9	18.3	21.2
95.5	14.6	16.1	17.5	19.0	21.9	14.2	15.6	17.0	18.5	21.3
96.0	14.7	16.2	17.6	19.1	22.1	14.3	15.7	17.2	18.6	21.5
96.5	14.8	16.3	17.8	19.2	22.2	14.5	16.0	17.4	18.9	21.8
97.0	15.0	16.5	18.0	19.5	22.5	14.6	16.1	17.5	19.0	21.9
97.5	15.1	16.6	18.1	19.6	22.7	14.7	16.2	17.6	19.1	22.1
98.0	15.2	16.7	18.2	19.8	22.8	14.9	16.4	17.9	19.4	22.4
98.5	15.4	16.9	18.5	20.0	23.1	15.0	16.5	18.0	19.5	22.5
99.0	15.5	17.1	18.6	20.2	23.3	15.1	16.6	18.1	19.6	22.7
99.5	15.6	17.2	18.7	20.3	23.4	15.2	16.7	18.2	19.8	22.8
100.0	15.7	17.3	18.8	20.4	23.6	15.4	16.9	18.5	20.0	23.1
100.5	15.9	17.5	19.1	20.7	23.9	15.5	17.1	18.6	20.2	23.3
101.0	16.0	17.6	19.2	20.8	24.0	15.6	17.2	18.7	20.3	23.4
101.5	16.2	17.8	19.4	21.1	24.3	15.8	17.4	19.0	20.5	23.7
102.0	16.3	17.9	19.6	21.2	24.5	15.9	17.5	19.1	20.7	23.9
102.5	16.4	18.0	19.7	21.3	24.6	16.0	17.6	19.2	20.8	24.0
103.0	16.6	18.3	19.9	21.6	24.9	16.2	17.8	19.4	21.1	24.3
103.5	16.7	18.4	20.0	21.7	25.1	16.3	17.9	19.6	21.2	24.5
104.0	16.9	18.6	20.3	22.0	25.4	16.5	18.2	19.8	21.5	24.8
104.5	17.0	18.7	20.4	22.1	25.5	16.6	18.3	19.9	21.6	24.9
105.0	17.1	18.8	20.5	22.2	25.7	16.7	18.4	20.0	21.7	25.1
105.5	17.3	19.0	20.8	22.5	26.0	16.9	18.6	20.3	22.0	25.4
106.0	17.4	19.1	20.9	22.6	26.1	17.0	18.7	20.4	22.1	25.5
106.5	17.6	19.4	21.1	22.9	26.4	17.2	18.9	20.6	22.4	25.8
107.0	17.7	19.5	21.2	23.0	26.6	17.3	19.0	20.8	22.5	26.0
107.5	17.9	19.7	21.5	23.3	26.9	17.5	19.3	21.0	22.8	26.3
108.0	18.0	19.8	21.6	23.4	27.0	17.6	19.4	21.1	22.9	26.4
108.5	18.2	20.0	21.8	23.7	27.3	17.8	19.6	21.4	23.1	26.7
109.0	18.3	20.1	22.0	23.8	27.5	17.9	19.7	21.5	23.3	26.9
109.5	18.5	20.4	22.2	24.1	27.8	18.1	19.9	21.7	23.5	27.2
110.0	18.7	20.6	22.4	24.3	28.1	18.2	20.0	21.8	23.7	27.3
110.5	18.8	20.7	22.6	24.4	28.2	18.4	20.2	22.1	23.9	27.6
111.0	19.0	20.9	22.8	24.7	28.5	18.6	20.5	22.3	24.2	27.9
111.5	19.1	21.0	22.9	24.8	28.7	18.7	20.6	22.4	24.3	28.1
112.0	19.3	21.2	23.2	25.1	29.0	18.9	20.8	22.7	24.6	28.4
112.5	19.5	21.5	23.4	25.4	29.3	19.0	20.9	22.8	24.7	28.5
113.0	19.6	21.6	23.5	25.5	29.4	19.2	21.1	23.0	25.0	28.8
113.5	19.8	21.8	23.8	25.7	29.7	19.4	21.3	23.3	25.2	29.1
114.0	20.0	22.0	24.0	26.0	30.0	19.5	21.5	23.4	25.4	29.3
114.5	20.2	22.2	24.2	26.3	30.3	19.7	21.7	23.6	25.6	29.6
115.0	20.3	22.3	24.4	26.4	30.5	19.9	21.9	23.9	25.9	29.9

（续表）

身高 （cm）	体重 均值	男				女				
		+10%	+20%	+30%	+50%	均值	+10%	+20%	+30%	+50%
115.5	20.5	22.6	24.6	26.7	30.8	20.1	22.1	24.1	26.1	30.2
116.0	20.7	22.8	24.8	26.9	31.1	20.3	22.3	24.4	26.4	30.5
116.5	20.9	23.0	25.1	27.2	31.4	20.4	22.4	24.5	26.5	30.6
117.0	21.1	23.2	25.3	27.4	31.7	20.6	22.7	24.7	26.8	30.9
117.5	21.2	23.3	25.4	27.6	31.8	20.8	22.9	25.0	27.0	31.2
118.0	21.4	23.5	25.7	27.8	32.1	21.0	23.1	25.2	27.3	31.5
118.5	21.6	23.8	25.9	28.1	32.4	212	23.3	25.4	27.6	31.8
119.0	21.8	24.0	26.2	28.3	32.7	21.4	23.5	25.7	27.8	32.1
119.5	22.0	24.2	26.4	28.6	33.0	21.6	23.8	25.9	28.1	32.4
120.0	22.2	24.4	26.6	28.9	33.3	21.8	24.0	26.2	28.3	32.7
120.5	22.4	24.6	26.9	29.1	33.6	22.0	24.2	26.4	28.6	33.0
121.0	22.6	24.9	27.1	29.4	33.9	22.2	24.4	26.6	28.9	33.3
121.5	22.8	25.1	27.4	29.6	34.2	22.5	24.8	27.0	29.3	33.8
122.0	23.0	25.3	27.6	29.9	34.5	22.7	25.0	27.2	29.5	34.1
122.5	23.2	25.5	27.8	30.2	34.8	22.9	25.2	27.5	29.8	34.4
123.0	23.4	25.7	28.1	30.4	35.1	23.1	25.4	27.7	30.0	34.7
123.5	23.6	26.0	28.3	30.7	35.4	23.4	25.7	28.1	30.4	35.1
124.0	23.9	26.3	28.7	31.1	35.9	23.6	26.0	28.3	30.7	35.4
124.5	24.1	26.5	28.9	31.3	36.2	23.9	26.3	28.7	31.1	35.9
125.0	24.3	26.7	29.2	31.6	36.5	24.1	26.5	28.9	31.3	36.2
125.5	24.5	27.0	29.4	31.9	36.8	24.3	26.7	29.2	31.6	36.5
126.0	24.8	27.3	29.8	32.2	37.2	24.6	27.1	29.5	32.0	36.9
126.5	25.0	27.5	30.0	32.5	37.5	24.9	27.4	29.9	32.4	37.4
127.0	25.2	27.7	30.2	32.8	37.8	25.1	27.6	30.1	32.6	37.7
127.5	25.5	28.1	30.6	33.2	38.3	25.4	27.9	30.5	33.0	38.1
128.0	25.7	28.3	30.8	33.4	38.6	25.7	28.3	30.8	33.4	38.6
128.5	26.0	28.6	31.2	33.8	39.0	25.9	28.5	31.1	33.7	38.9
129.0	26.2	28.8	31.4	34.1	39.3	26.2	28.8	31.4	34.1	39.3
129.5	26.5	29.2	31.8	34.5	39.8	26.5	29.2	31.8	34.5	39.8
130.0	26.8	29.5	32.2	34.8	40.2	26.8	29.5	32.2	34.8	40.2
130.5	27.0	29.7	32.4	35.1	40.5	27.1	29.8	32.5	35.2	40.7
131.0	27.3	30.0	32.8	35.5	41.0	27.4	30.1	32.9	35.6	41.1
131.5	27.6	30.4	33.1	35.9	41.4	27.7	30.5	33.2	36.0	41.6
132.0	27.8	30.6	33.4	36.1	41.7	28.0	30.8	33.6	36.4	42.0
132.5	28.1	30.9	33.7	36.5	42.2	28.4	31.2	34.1	36.9	42.6
133.0	28.4	31.2	34.1	36.9	42.6	28.7	31.6	34.4	37.3	43.1
133.5	28.7	31.6	34.4	37.3	43.1	29.0	31.9	34.8	37.7	43.5
134.0	29.0	31.9	34.8	37.7	43.5	29.4	32.3	35.3	38.2	44.1
134.5	29.3	32.2	35.2	38.1	44.0	29.7	32.7	35.6	38.6	44.6
135.0	29.6	32.6	35.5	38.5	44.4	30.1	33.1	36.1	39.1	45.2
135.5	29.9	32.9	35.9	38.9	44.9	30.4	33.4	36.5	39.5	45.6
136.0	302	33.2	36.2	39.3	45.3	30.8	33.9	37.0	40.0	46.2
136.5	30.6	33.7	36.7	39.8	45.9	31.1	34.2	37.3	40.4	46.7
137.0	30.9	34.0	37.1	40.2	46.4	31.5	34.7	37.8	41.0	47.3

参考文献

1. 王玲主编：《婴儿早期教育与智能培养》，济南出版社 2004 年版。

2. 杨亚丽等主编：《实用小儿脑性瘫痪康复医学》，山东科学技术出版社 2003 年版。

3. 施炳培主编：《小儿脑瘫的防治》，复旦大学出版社、上海医科大学出版社 2001 年版。

4. 韩群英主编：《脑性瘫痪中医治疗与康复》，人民卫生出版社 2000 年版。

5. 严隽陶主编：《推拿学》，中国中医药出版社 2009 年版。

6. 王道全主编：《小儿推拿图解》，山东科学技术出版社 1998 年版。

7. 胡亚美等主编：《褚福堂实用儿科学》（第七版），人民卫生出版社 2002 年版。

8. 俞大方主编：《推拿学》，上海科学技术出版社 1990 年版。

9. 石淑华主编：《儿童保健学》，人民卫生出版社 1993 年版。

图书在版编目（CIP）数据

小儿早期教育与智能康复方法/曲敬师,于磊,冯冰主编.
—济南：济南出版社,2011.9
ISBN 978 - 7 - 5488 - 0327 - 0

Ⅰ.①小⋯　Ⅱ.①曲⋯ ②于⋯ ③冯⋯　Ⅲ.①婴幼儿—
早期教育 ②婴幼儿—智力开发　Ⅵ.①G61

中国版本图书馆 CIP 数据核字（2011）第 186594 号

责任编辑　朱向泓　吴敬华
封面设计　侯文英

出版发行　济南出版社
地　　址　济南市二环南路 1 号
邮　　编　250002
电　　话　(0531)86131727　86131731
印　　刷　山东省英华印刷厂
版　　次　2011 年 9 月第 1 版
印　　次　2011 年 9 月第 1 次印刷
规　　格　158×220 毫米　1/16
印　　张　20.25
字　　数　280 千字
定　　价　28.00 元